James Johnstone

Antiquitates Celto-Normannicae

Containing the Chronicle of Man and the isles, abridged by Camden, and now first published, complete, from the original ms. in the British Musaeum: with an English translation, and notes: to which are added extracts

James Johnstone
Antiquitates Celto-Normannicae
Containing the Chronicle of Man and the isles, abridged by Camden, and now first published, complete, from the original ms. in the British Musaeum: with an English translation, and notes: to which are added extracts

ISBN/EAN: 9783337410599

Printed in Europe, USA, Canada, Australia, Japan

Cover: Foto ©ninafisch / pixelio.de

More available books at **www.hansebooks.com**

ANTIQUITATES
CELTO-NORMANNICÆ,

CONTAINING

THE

CHRONICLE

OF

MAN AND THE *ISLES*,

ABRIDGED BY *CAMDEN*, AND NOW FIRST PUBLISHED, COMPLETE, FROM THE ORIGINAL MS. IN THE *BRITISH* MUSÆUM; WITH AN ENGLISH TRANSLATION, AND NOTES.

TO WHICH ARE ADDED

Extracts from the Annals of *Ulster*, and Sir *J. Ware's* antiquities of *Ireland:* *British* topography by *Ptolemy*, *Richard* of *Cirencester*, the Geographer of *Ravenna*, and *Andrew* Bishop of *Cathness:* together with accurate catalogues of the *Pictish* and *Scottish* Kings.

BY

The Rev. *JAMES JOHNSTONE*, A. M.

Rector of MAGHERA-CROSS; and member of the Royal Societies of EDINBURGH
and
COPENHAGEN.

Printed by *Aug. Frid. Stein* at *Copenhagen.*
MDCCLXXXVI.

TO

THE RIGHT REVEREND
JOHN HOTHAM D. D.
LORD BISHOP OF CLOGHER

AS A

TESTIMONY

OF

GRATITUDE

D. D. D.
MDCCLXXXVI.

CHRONICON MANNIÆ.

AD
LECTOREM
ADMONITIO.

A. aliorum auctoritas in chronologia Manniæ ante oculos ponitur.
C. circiter denotat.   L. autem, lege.
F. Nostram hic & illic conjecturam in medio proponimus.
M. Lectiones, Codicis membranei qvem secuti fuimus, marginales indicat, alia & manu & ævi seqvioris insertæ.
( ) Rasas denotat aliqvot literas & voces, qvæ, ut artis diplomaticæ amatores dicere solent, rescriptæ fuerunt ab aliqvo ignoto, in MS.

CHRONICON
MANNIÆ ET INSULARUM.

Incipiunt Chronica Regum MANNIÆ, & INSULARUM; & Episcoporum; & qvorundam Regum ANGLIÆ, SCOTIÆ, NORWEGIÆ.

Anno ab incarnatione Domini M. Rex Cnutus filius * Siourt, totius Angliæ, suscepit imperium. Postea, occiso Edwino & Clitone germanis Regis Edmundi, & filios Regis ejusdem Edmundum & Edwardum ad Regem *Suanourum occidendos misit, qui, nolens occidere pueros innocentes, eos ad Regem Hungariæ, Salomonem misit. Edmundus, autem processu temporis, ibidem vitam finivit; Edwardus vero Agatham, filiam Germani Imperatoris Henrici, in matrimonium accepit,

A 2 ex

Here beginneth the history of the Kings of MAN and the ISLES; of their Bishops; and of some Kings of ENGLAND, of SCOTLAND, and of NORWAY.

In the year after the Incarnation of our a. 1015 LORD 1000. King Canute, the son of I. Suan Snein, obtained the sovereignty of all England. After killing Edwin and Clito, the brothers german of King Edmund, he sent Edmund and Edward, the sons of Edmund, to the King of I. Sni- thiorum Sweden. That monarch knew it was expected he should make away with the young princes; yet, charmed with their innocence, he conveyed them to Solomon King of Hungary. Edmund, some time after, ended his days in Hungary; but

4 CHRONICON MANNIÆ.

ex qva *Margaretham*, postea *Scotorum* Reginam, & *Christinam* sanctimonialem virginem, & *Clitonem Edgarum* suscepit. *Cnutus* Rex duxit uxorem *Emmam*, ex qva suscepit *Hardecnutum* postea *Danorum* & *Anglorum* regem, & *Gunbildam* filiam qvæ nupsit postea *Hcurico Romanorum* Imperatori.

a. 1019   MII. Rex *Cnutus Anglorum* & *Danorum*, D *nmarc* adiens, ibidem per totam hyemem mansit gloriose.

a. 1020   MIII. Rex *Cnutus*, *Angliam* rediens, magnum concilium apud *Cyrecestrem*, in Pascha, tenuit.

a. 1028   MXI. Rex *Cnutus*, cum L. magnis navibus, *Norvegiam* devectus, *Olavum* Regem de illa expulit, sibiqve eam subjugavit.

a. 1029   MXII. Rex *Cnutus Anglorum*, & *Danorum*, & *Noreganorum*, rediit.

a. 1030   MXIII. Sanctus *Olavus* Rex , *Haraldi* Regis filius, qvem *Cnutus* expulerat, reversus est in *Norvegiam*; & injuste peremtus a *Noreganis*, glorioso coronatus martyrio, migravit ad Dominum.

a. 1031   MXIV. Rex *Cnutus* magno cum honore *Romam* profectus est; & ingentia munera in auro & argento Sancto *Petro* obtulit; & ut Schoa *Anglorum* libera effet, a *Johanne* Papa impetravit.

a. 1032   MXV. Ecclesia sancti *Edmundi* Regis & Martyris dedicata est, in qva Rex *Cnutus* communi consilio, præfulum, & Optimatum suorum, ejectis probrosis secularibus, monachos imposuit. Eodem anno, ignis inexftingvibilis multa per *Angliam* loca cremavit.

but Agatha *married the Emperor of Germany to whom she bore* Margaret *queen of* Scotland, Christina *who took the veil, and* Edgar Atheling. King Canute *married* Emma *by whom he had* Harde-Knut, *King both of* England *and* Danmark; *also a Daughter* Gunbilda *who was consort to* Henry *the Emperor of* Germany.

1002. Canute, *King of the* English *and* Danes, *going to* Denmark, *passed the winter there in much splendor.*

1003. *King* Canute *returning to* Britain *held a great Council, during* Easter, *at* Cirencester.

1011. Canute, *sailing with fifty ships for* Norway, *expelled king* Olave *, and reduced the country under his own dominion.*

1012. Canute *King of* England, Denmark, *and* Norway *returned.*

1013. St Olave, *the son of* Harald *King of* Norway, *after his expulsion by* Canute, *returned. Being iniquiously put to death by the* Norwegians *he received the crown of martyrdom, and departed to the* LORD.

1014. Canute *went to* Rome *with great pomp; he carried rich offerings, of Gold and Silver, to* St. Peter; *and obtained from pope* John *immunities for an* English *seminary.*

1015. *The church of* St. Edmund *the royal martyr was dedicated.* Canute *by the advice of his bishops, and nobility, turned out the immoral seculars, and gave it to the Monks. This year terrible fires destroyed many towns in* England.

CHRONICON MANNIÆ. 5

MXVII. *Malcolm* Rex *Scotorum* obiit, cui *Duncan* successit in Regnum.

MXVIII. *Cnutus* Rex *Anglorum*, ante suum obitum, super *Noreganos Suanum* filium suum constituit; super *Danos Hardecnutum* filium, & *Emmæ* reginæ filium, regem locavit; super *Anglos* vero *Haraldum* filium suum ex *Hamtunensi* (*Elfiva*) procreatum. Postea vero *Cnutus* Rex Id. Novembris apud *Scaftesburiam* præsenti vita decessit. *Vintoniæ* in veteri monasterio satis honorifice tumulatur. Non multo post, tamen, regnum *Angliæ* inter *Haraldum* & *Hardecnutum* dividitur. Eodem anno *Robertus* Dux *Normanniæ* obiit, cui successit filius ejus *Willelmus Bastard*, puer.

MXXII. *Haraldus*, Rex *Merciorum* & *Northumrorum*, eligitur ut per totam *Angliam* regnaret, spreto fratre suo *Hardecunto*, qvia nimium in *Danmarc* morabatur.

MXXIII. Obiit *Haraldus* Rex Lundoniis, & in *Westmunster* sepelitur, cui *Hardecnutus* successit.

MXXVII. *Magnus* Rex *Norvegiæ* Sti. *Olavi* Regis filius, fugato Regi *Danorum Suano*, *Danmarc* sibi subjugavit.

MXXVIII. *Magnus* Rex cum *Suano* prælium commisit; illum de *Dannemarc* expulit; & in illa regnavit, ac non multo post obiit.

MXXIX. *Suanus Danmarchiam* iterum recepit, & *Haraldus Horfagre* regis *Syvardi* filius *Norwegiam* recepit. Ipse vero, ex parte matris, frater Sti. *Olavi* erat, patruus scilicet *Magni* Regis. Hic cum *Anglorum* Rege per

1017. Maol-Colum *King of* Scotland a. 1034 *died;* Duncan *succeeded to the crown.*

1018. Canute *King of England, before* a. 1035 *his death, nominated his son* Suein *King of* Norway; Harde-Knute *his son by* Emma *King of* Denmark; *and* Harald *his son, by* Alfwina *of* Hamtun, *King of* England. Canute *departed this life on the* ides *of* November, *at* 15 Nov. Shaftsbury, *and was buried, with sufficient pomp, in the old monastery of* Winchester. *Soon after, the Kingdom of* England *was divided between* Harald *and* Harde-Knute. *This year* Robert *Duke of* Normandy *died, and was succeeded by his son* William *the* Bastard *a minor.*

1022. Harald, *King of* Mercia *and* North- a. 1037 umberland, *was placed on the* English *throne, in preference to his brother* Harde-Knute, *who, by residing too much in* Denmark, *had rendered himself unpopular.*

1023. King Harald *died at* London. *He* a. 1040 *was buried in* Westminster; *and was succeeded by* Hardecnute.

1027. Magnus *king of* Norway, *the son* a. 1046 *of St.* Olave, *having defeated* Suein *king of* Denmark, *assumed the sovereignty in that nation.*

1028. Magnus *gave battle to* Suein; a. 1047 *drove him out of* Denmark; *reigned in his place; and, not long after, died.*

1029. Suein *recovered* Denmark; *and* Harald a. 1048 Hardrade, *the son of* Sigurd, *regained* Norway. *This latter monarch, by his mother's side, was brother to St.* Olave, *consequently uncle to* Magnus Barelegs. *By his envoys he entered into a treaty*

A 3

nuntios suos pacem fecit. Eodem anno terræ motus extitit.

a. 1053   MXXXV. Dux *Northymbri rum Syvardus*, jussu Regis *Edwini Scotiam* cum multo exercitu intrans, prælium cum Rege *Scotiæ Macthearh* commisit, illumqve fugavit, & *Malcolmum*, ut Rex jusserat, regem constituit.

MXXXVI. MXXXVII. MXXXVIII. MXXXIX. MXL. MXLI. MXLII. MXLIII. MXLIV.

a. 1064   MXLV. *Norwalorum* Rex *Grifinus* a suis interfectus, caputqve ejus cum ornatura comiti *Haraldo* mittitur, qvod mox ille Regi *Edvardo* detulit. Rex vero *Edvardus* terram ipsius duobus fratribus suis concessit.

MXLVI.

a. 1066   MXLVII. Obiit piæ memoriæ *Edvardus* Rex *Angliæ*, de qvo dicitur, qvod erat honor & gloria *Anglorum* dum vixit, & eorundem ruina dum moritur. Cui successit in regnum *Haraldus* filius *Godvini*, contra qvem *Haraldus*
l. Hardraad. *Harfager Rex, Norwegiæ* prælium commisit apud *Steinfordbrige*; & *Angli* victores existentes maximam cladem *Norwegiensium* fecerunt, & omnes in fugam compulerunt. De qva fuga qvidam *Godredus* cognom. Cro- mento * (*Cronan*) filius *Haraldi Nigri* de
f. Irland * *Ysland*, fugiens venit ad *Godredum* filium
m. Fin- * (*Sytric*) qvi tunc regnavit in *Mannia*, &
gal. honorifice susceptus est ab eo. Eodem anno, *Wilhelmus Bastard Angliam* debellavit, *Haraldum* Regem occidit, & pro eo regnavit; & *Anglos* perpetua servitute subdidit. Præfuit autem genti *Anglorum* annis XX, mensibus XI, cui successit filius ejus.   MLI.

treaty of peace with England. *This year was remarkable for great earthquakes.*

1035. Siward *earl of* Northumberland, *by the orders of king* Edwin, *entered* Scotland *with a great army. Giving battle to* Mac Beath *he routed him, and, according to the injunctions of* Edwin, *placed* Maol-Colm *on the throne.*

1036. 1037. 1038. 1039. 1040. 1041. 1042. 1043. 1044.

1045. Griffin, *king of north* Wales, *was killed by his subjects. His head and ornaments were sent to earl* Harold. *He transmitted them to king* Edward, *who divided the principality between his two brothers.*

1046.

1047. Edward *the pious king of* England *died; of him it is said, that his life was the glory of* England, *and his death its ruin. He was succeeded by* Harald *the son of* Godwin. *He encountered* Harald *king of* Norway *at* Stainfordbridge, *where, victory declaring for the* English, *he made great havock of the* Norwegians, *and put them to the rout.* Godred, *surnamed* Cronan, *the son of* Harold *the* Black *of* Iceland, *escaping from this defeat, went to* Godred *the son of* Sygtrig, *who then reigned in* Man, *and met with an honourable reception. This year* William *the Bastard subdued the* English; *killed king* Harold; *reigned in his stead; and brought the* English *under perpetual subjection. After ruling over* England *twenty years and eleven months, he left the crown to his son.*

1051.

CHRONICON MANNIÆ.

MLI. *Malcolmus* Rex *Scotorum Angliam* vastavit usqve *Cliviam*, & *Magaretam* in matrimonium accepit. Eodem anno obiit *Godredus* filius * (*Sytric*) Rex *Manniæ* cui successit filius ejus *Fingal*.

MLVI. *Godredus Crouan* collegit multitudinem navium', & venit ad *Manniam*, prælium cum populo terræ commisit, sed superatus & fugatus est. Iterum exercitum, & naves coadunavit, venit ad *Manniam*, pugnavit cum *Mannensibus* victus & fugatus est. Tertio, congregavit multitudinem copiosam, & venit noctu ad portum, qvi vocatus est *Ramsö*, & trecentos viros occultavit in silva, qvæ erat in devexo montis supercilio, qvi vocatur *Scacafel*. Orto lucis sidere, *Mannenses* construxerunt aciem suam, & magno impetu facto, congressi sunt cum *Godredo*. Cumqve pugna vehemens esset, trecenti viri, surgentes de insidiarum loco a tergo, *Mannenses* debilitare coeperunt, & in fugam compellere. Cum autem vidissent se superatos, nec aliqvem diffugii sibi locum patere; nam reuma maris *Ramsö* amnis alveum impleverat, & hostes ex altera parte constanter perseqventes, qvi tunc remanserant, clamore miserabili, postulabant a *Godredo* vitam sibi donari. Ille autem flexus misericordia, & miserans calamitatem eorum, qvi apud ipsos per aliqvod tempus nutritus fuerat, revocavit exercitum, & prohibuit ne eos diutius perseqverentur; *Godredus* seqvente die optionem exercitui suo dedit, ut si mallent *Manniam* inter se dividere, & in ea habitare, vel cunctam substantiam terræ accipere, & ad pro-

1051. Mal·Colum *king of* Scotland, a. 1070 desolated England *as far as* Cleveland; *and married* Margaret. Godred, *the son of* Sygtryg, *king of* Man *died that year, and was* m. Fingal. *succeeded by his son* Fingâl.

1056. Godred. Cronan *assembled a multitude of ships, and, arriving at* Man, *gave battle to the inhabitants, but was worsted and repulsed. Recruiting his forces and navy, he, again, came to* Man, *and engaging was beat, and put to flight. He once more got together a considerable army; and, coming, by night, to the harbour called* Ramsö, *concealed three hundred men, in a wood, upon the declivity of the mountain* Scacafel. *At sun-rise the* Manks *drew up their troops, and attacked* Godred *with great fury. During the heat of the engagement, the three hundred men, issuing from an ambuscade, in the rear, galled the* Manks, *and obliged them to give ground. The* Manks *seeing themselves overpowered, losing all hopes of a retreat, as it was full tide in the harbour of* Ramsö *and the enemy at their heels, with pitiful cries begged of* Godred *to spare their lives. He, moved with compassion, and commiserating the situation of a people among whom he had been educated, called off his forces, and put an end to the pursuit. On the following day,* Godred *gave his troops the option of dividing the isle of* Man *among them for an inheritance; or of pillaging it, and returning home. They chose to plunder the country,*

propria remeare. Illis autem magis placuit totam insulam vastare, & de bonis illius ditari, & sic ad propria reverti. Godredus autem cum paucis, qvi secum remanserant de insulanis, australem partem insulæ, & reliqvis *Mannensium* aqvilonarem tali pacto concessit, ut nemo eorum aliqvando auderet jure hæreditario sibi aliqvam terræ partem usurpare. Unde accidit ut usqve in hodiernum diem tota insula solius Regis sit, & omnis reditus ejus ad ipsum pertineat.

c. 1068 Igitur *Godredus* subjugavit sibi *Dubliniam* & magnam partem de *Layneſtir*. *Scotos* vero ita perdomuit, ut nullus qvi fabricaret navem vel scapham, ausus esset plusqvam tres clavos inserere. Regnavit autem sexdecim annos &
c. 1087 mortuus est in insula, qvæ vocatur *Yle*. Reliqvit sane tres filios, *Lagmannum*, *Haraldum*, & *Olavum*. *Lagmannus* major natu, regnum arripiens, septem annos regnavit. Rebellavit autem contra eum *Haraldus* frater ejus multo tempore. Sed tandem captus a *Lagmanno*, genitalibus & oculis privatus est. Post hæc, *Lagmannus* poenitens, qvod fratris sui oculos eruisset, sponte regnum suum dimisit, & signo
c. 1096 Crucis Dominicæ insignitus, iter *Hierofolymitanum* arripuit, qvo & mortuus est.

a. 1093 MLXXIII. Occisus est *Malcolmus* Rex *Scotiæ* ab *Anglis*, cui successit *Duncanus*. Eodem anno obiit piæ memoriæ *Margareta* Regina *Scotiæ*.

MLXXV. Omnes proceres insularum audientes mortem *Lagmanni*, miserunt legatos ad *Murecardum* O-*Brien* Regem *Hiberniæ*, postulantes ut aliqvem virum industrium de regali

to enrich themselves with the booty, and then retire. Godred, however, distributed to such of the Islanders as remained with him the southern part of the island; and the northern division to the natives, on condition, that no one whatever should attempt the establishment of a hereditary claim to any part of the land. Hence it comes, that, to this day, the property of the whole island is vested in the Sovereign, and all its revenues belong to him alone.

Godred *subdued* Dublin, *with a considerable portion of* Leinster, *and, besides, humbled the* Scotch, *to such a degree, that no shipbuilder durst use above three bolts in any vessel. He reigned sixteen years, and died in the isle of* Ila, *leaving three sons,* Lag-man, Harald, *and* Olave. Lag-man *the eldest, mounting the throne, reigned seven years. His brother* Harald *continued, long, in rebellion against him. At last he was taken, and, after having his eyes put out, was emasculated.* Lag-man, *afterwards, repenting of his cruelty towards his Brother, spontaneously resigned the sceptre, and set out on a pilgrimage to* Jerusalem *where he died.*

1073. Maol-Colm, *the* Scottish *King, was slain by the* English; *and was succeeded by* Duncan. *This year the Queen of* Scotland, *famed for her piety, also, died.*

1075. *The Nobility of the isles, hearing of* Lag-man's *death, sent commissioners to* Muircheard O-Brian *King of* Ireland *requesting him, to send them some worthy person, of the royal*

CHRONICON MANNIÆ. 9

regali stirpe in regem eis mitteret, donec Olavus filius Godredi cresceret. Annuit eis Rex libentissime, & qvendam Domnaldum filium Tadæ ad eos misit, monens & præcipiens ei, ut cum omni benignitate & modestia regnum, qvod sibi non debebatur, gubernaret. Sed ille postqvam ad regnum pervenit, parvi pendens præcepta sui domini, cum magna tyrannide abusus est regno, & multis sceleribus perpetratis, tribus annis enormiter regnavit. Tunc omnes principes Insularum una conspiratione commoti, adversus eum congregati sunt, & expulerunt a finibus suis. Ille autem fugiens ad Hiberniam, non est ultra reversus ad eos.

MLXXVII. Quidam *Ingemundus* missus est a Rege *Norvegiæ*, ut regnum insularum arriperet. Cumqve ad insulam *Leodus* pervenisset, misit nuncios ad omnes principes insularum præcipiens cunctis in unum convenirent, & constituerent eum regem. Interim vero ipse cum sociis suis rapinis & comessationibus vacabat, mulierum & puellarum pudicitiam violabat, & cæteris voluptatibus & carnis illecebris operam dabat. Cumqve hæc nunciata fuissent, principibus insularum, jam in unum ad constituendum eum Regem congregatis, nimio succensi furore, domum in qva erat, combusserunt, & eum cum omnibus suis partim ferro, partim flammis extinxerunt.

MXCVIII. Fundata est Abbatia Stæ. *Mariæ Cistertii*. *Antiochia* a *Christianis* capta est, & cometa apparuit. Cometa est stella, qvæ, non omni tempore, sed maxime autem in obitu Regis, aut in excidio Religionis appa-

royal family, who might act as Regent till the son of Godred was of age to govern. The King willingly assenting, nominated Donald Mc'Tade to the office, and ordered him to rule a country which was not his own, with all possible bounty, and moderation. He however, finding himself possessed of the reins of government, disregarded the injunctions of his superior; he behaved most tyrannically, and his despotism was aggravated by the perpetration of many atrocious crimes. At length, the Hebridian chieftains, entering into a general association, collected their followers, and expelled him from the island.

1077. One Ingemund was then sent, by the King of Norway to fill the throne of the isles; and, on his arrival at the Lewes, he sent messengers to all the insular nobility, ordering them to hold an assembly, and nominate him King. In the mean while, he, and his retainers, spent the time in rapine, and revelling. They violated virgins and matrons, and gave themselves up to every sensual gratification and enjoyment. The Princes of the isles, already assembled for the election, were enraged at these enormities. During the night, they set fire to the house where he lodged; and either burnt or slew him and all his dependants.

1098. The Cistertian abbey of St. Mary was founded. Antiochia was taken; and a comet was observed. A comet is a meteor which does not regularly appear, but only before the death of a king, or the downfal of religion.

B

apparet. Eodem anno commissum est prælium inter *Mannenses* apud *Santwat*, & aquilonares victoriam obtinuerunt. In qvo bello occisi sunt *Other* Comes, & *Macmaras* principes ambarum partium.

Eodem anno *Magnus* Rex *Norvegiæ* filius *Olavi* filii *Haraldi Harfagre*, volens explorare incorruptionem *St. Olavi* Regis & martyris, præcepit ut ejus mausolæum sibi aperiretur. Episcopo autem & Clero resistente, ipse Rex audacter accessit, & vi regia aperiri sibi scrinium fecit. Cumqve & oculis vidisset, & manibus attractasset incorruptum corpus, subito timor magnus irruit in eum, & cum magna festinatione decessit. Seqvente nocte, *Olavus* Rex & martyr ei per visum apparuit, dicens: "Elige tu, inqvam, unum ex duobus, vel vitam "cum regno infra triginta dies amittere, vel a "*Norvegia* decedere, & eam amplius nunqvam "videre." Expergefactus Rex a somno, vocavit ad se principes, & majores natu, & exposuit eis visionem. Illi conterriti, hoc consilium dederunt ei, ut cum omni festinatione de *Norvegia* exiret. Ille sine mora coadunari fecit classem centum sexaginta navium, & ad *Orcades* insulas transfretat, qvas sibi statim subjugavit, & transitum faciens per universas insulas, easqve sibi subjiciens pervenit usqve ad *Manniam:* cumqve appl'cuisset ad insulam *St. Patricii*, venit videre locum pugnæ, qvam *Mannenses* paulo ante inter se commiserant: qvia multa adhuc corpora occisorum inhumata erant. Videns autem insulam pulcherrimam, placuit in oculis ejus, eamqve sibi in habitationem eligit, munitiones in ea construxit, qvæ

In the same year an engagement was fought between the Manks *themselves at* Sand-wath, *and the northern tribes gaind the victory. Earl* Ottar, *and* Macmarras, *the Generals of the respective parties fell in the rencounter.*

In the same year, Magnus Olaveson *King of* Norway, *& son of* Harold - Hardraade, *wanting to discover, whether the body of the royal martyr St.* Olave *was in a state of putrefaction, ordered his Tomb to be examined. The Bishop and clergy remonstrated; but the King audaciously persevered; and by royal mandate ordered the shrine to be opened. On seeing, and feeling, that the corpse was incorrupt, he fell into a violent tremor and departed in great haste.* During the ensuing night St. Olave *appeared in a vision and said:* "Come one of "two things, either to lose thy life and king- "dom within thirty days, or to leave Norway "and never see it more." *The king awaking called his chieftains, and counsellors; and related his vision. They were much alarmed; and advised him, without loss of time, to quit* Norway. *He, accordingly, gave immediate orders to prepare a fleet of* 160 *ships. He then sailed to the* Orkneys, *which he soon subdued He, next, proceeded through all the western isles; and having reduced them came to* Man. *Landing at* St. Patrick's isle, *he surveyed the Field of battle where the* Manks *had lately engaged; and where many dead bodies still lay unburied. The prospect of the country pleased him exceedingly; he determined to reside in it; and constructed some fortresses, which, to this day,*

CHRONICON MANNIÆ.

qvæ hodieqve ex ejus nomine nuncupantur. *Gallovedienses* ita constrinxit, ut cogeret eos ma'er'es lignorum cædere, & ad littus portare, ad munitiones construendas. Ad *Moiniam* insulam *Walliæ* navigavit, & duos *Hugones* Comites invenit in ea; unum occidit, alterum fugavit, & insulam subjugavit. *Wallenses* vero multa munera ei præbuerunt, & valedicens eis ad *Manniam* remeavit. Murecardo Regi *Hiberniæ* misit calceamenta sua, præcipiens ei, ut ea super humeros suos in die natalis *Domini* per medium domus suæ portaret, in conspectu nunciorum ejus, qvatenus intelligeret se subjectum esse *Magno* Regi. Qvod audientes *Hibernenses*, ægre ferebant, & indignati sunt nimis. Sed Rex seniori consilio usus, non solum, inqvit, calceamenta ejus portare, verumqve manducare mallem, qvam *Magnus* Rex unam provinciam in *Hibernia* destrueret. Itaqve complevit præceptum & nuncios honoravit. Multa qvoqve munera per eos *Magno* Regi transmisit, & foedus composuit. Nuncii vero redeuntes ad dominum suum narraverunt ei de situ *Hiberniæ*, & amoenitate, de frugum fertilitate & äeris salubritate. *Magnus* vero hæc audiens, nihil cogitabat, quam totam *Hiberniam* sibi subjugare. Itaqve præcepit classem congregare. Ipse vero cum sedecim navibus procedens, explorare volens terram, cum incaute a navibus discessisset, subito ab *Hibernensibus* circumvallatus, interiit cum omnibus fere qvi secum erant. Sepultus est autem juxta ecclesiam St. *Patricii* in * *Duno*. Regnavit, autem, in Regno insu-

day, bear his name. He humbled the Gallowaymen so effectually that he obliged them to cut down timber; carry it to the shore; and fix it on his entrenchments. He made an expedition to Anglesey in Wales, where he found Hugh Earl of Chester, and Hugh Earl of Shrewsbury. One of them he killed; routed the other; and subdued the island. He raised great contributions in Wales, and, leaving it, returned to Man. He sent Muircheard King of Ireland his shoes, with orders to carry them through the middle of his Palace on Christmas day, and to do it in presence of the Norwegian messengers, that he might feel to what a degree he was at the mercy of King Magnus. On learning this the Irish were greatly offended; and exasperated at the insult. The Sovereign, however, more prudent than his subjects, said, "I will not only carry the shoes, but even eat "them, rather than that Magnus should destroy ' any province of Ireland " He, therefore, did what was enjoined him; he paid every attention to the Envoys; sent many presents to Magnus; and proposed a treaty. The messengers, returning to their Sovereign, expatiated on the delightful situation of Ireland; its fertility in grain; and the salubrity of the climate. On learning this, Magnus, thought of nothing but how he might subjugate Ireland. He ordered his fleet to be assembled. He sailed, in person, with sixteen galleys to reconnoitre the coast, but, leaving his ships, & going carelessly a shore, he was suddenly surrounded by the Irish and cut off with almost all his followers. He was buried in the Church of St. Patrick at Cluain.

MSS. Cluu

He

insularum sex annis. Qvo mortuo, miserunt Principes insularum propter Olavum filium Godredi, (Crouan) de qvo superius mentionem fecimus, qvi tunc temporis degebat in curia Henrici Regis Angliæ filii Wilhelmi, & adduxerunt eum.

MCII. Olavus filius Godredi Crouan cepit regnare super omnes insulas, regnavitqve XL annis. Erat autem vir pacificus, habuitqve omnes Reges Hyberniæ, & Scotiæ, ita sibi confoederatos, ut nullus auderet pertubare regnum insularum omnibus diebus ejus. Accepit autem uxorem Afrecam nomine filiam Fergusii de Galwedia de qva genuit Godredum. Habuit & concubinas plures, de qvibus filios tres scilicet Reignaldum, Lagmannum & Haraldum, & filias multas generavit, qvarum una nupsit Sumerlido regulo Her. Ergaidel, qvæ fuit causa ruinæ totius regni insularum. Genuit namqve ex ea filios IV. Dubgallum, Raignaldum, Engus & Olavum, de qvibus latius in seqventibus dicemus.

MCXII. Fundata est Abbatia Stæ. Mariæ Saviniensis.

MCXXVI. Obiit Alexander Rex Scotiæ, cui successit David frater ejus. Eodem anno fundata est Abbatia Stæ. Mariæ de Furnes.

MCXXXIII. Fundata est Abbatia Stæ Mariæ Ricvallensis. Eodem anno, Eclipsis solis facta est qvarto Nonas Augusti, feria Wed-qvarta, ita ut dies in noctem verteretur, nesday
Augt.2. aliqvamdiu.

MCXXXIV.

He reigned over the Isles six years. After his decease, the Princes of the isles sent for Olave, the son of Godred Cronan whom we have already mentioned. At that time he lived at the Court of Henry King of England; and from thence they conducted him home.

1102. Olave the son of Godred Cronan, began his reign over all the western isles, and ruled them forty years. He was a Prince of a pacific disposition; and lived in so close a confederacy with the King. of Scotland, and Ireland, that none durst disturb the tranquillity of the isles while he lived. His Queen was Afreca, the daughter of Fergus Prince of Galloway. She was mother to Godred the Black. He also kept many concubines by whom he had three sons Ronald, Law-man, and Harald; together with many daughters. One of his daughters was married to Sumir-lid Prince of Argyle, which proved the ruin of the monarchy of the isles; for she bore to him four sons Dubh-Gál, Ronald, Aongus, and Olave, of whom we shall have occasion to speak in the sequel.

1112. St. Marys Abbey at Savigny was founded.

1126. Alexander King of Scotland died, and left the crown to his brother David. This year the Abbey of St. Mary at Fur-ness was founded.

1133. The Abbey of St. Mary of Rieval was founded. The same autumn, so great an eclipse of the sun happened, on the fourth of the nones of *August and the fourth feria, that, for some time, the day seemed turned into night.

1134.

MCXXXIV. Fundata est Abbatia Stæ. Mariæ de Caldra. Eodem anno Olavus Rex dedit Yvoñi Abbati de Furnes partem terræ suæ in Maunia ad Abbatiam constituendam, in loco qvi vocatur Russin; deditqve ecclesiis insularum terras, & libertates; & erat circa cultum divinum devotus & fervidus, tam DEO qvam hominibus acceptabilis, propter qvod plus isti domestico vicio Regum indulgebant.

MCXXXVI. Obiit Henricus Rex Angliæ, & Stephanus Comes Boloniæ, nepos ejus successit in Regnum, & in die coronationis suæ, ad Missam oblita est pax dari populo.

MCXXXIX. Fundata est Abbatia Stæ. Mariæ de Malros. Eodem anno commissum est bellum de Standarath inter Anglos & Scotos, & Scoti victi fugerunt.

(MCXL) Obiit Stus. Malachias episcopus & legatus Yberniæ apud Claram-Vallem, sepultusqve est in oratorio Beatæ virginis Mariæ in qvo sibi bene complacuit.

(MCXLI) Fundata est Abbatia Stæ. Mariæ de Holm-Coltran.

(MCXLII) Godredus filius Olavi transfretat ad Regem Norvegiæ, cui nomen erat Ingo, & homininm suum ei fecit, & moratus est apud eum, honorifice susceptus ab eo.

Eodem anno tres filii Haraldi fratris Olavi, qvi nutriti fuerant apud Dubliniam, congregantes magnam turbam hominum, & omnes presugos regis, venerunt ad Manniam postulantes ab eodem Rege medietatem totius Regni

1134. *The Abbey of* St. Mary *of* Caldra *was founded. This year King* Olave *gave to* Ivo *Abbot of* Fur-ness *a portion of his lands in* Man, *to found a Monastery at a place called* Russin; *and to other churches in the isles lands and privileges. He was in religious matters devout, and zealous for the honour of* GOD. *His subjects, therefore, respected him, and made allowances for the domestic foibles of their Prince.*

1136. Henry *King of* England *died; and his nephew* Stephen *Earl of* Boulogne *mounted the throne. At Mass, on the day of his coronation, by some mistake, the peace of GOD was forgotten to be pronounced over the people.*

1139. *The Abbey of* St. Mary, *at* Maolrôs, *was founded. This same year the battle of the* Standard *was fought, between the* English *and the* Scotch. *The Scotch were worsted, and routed.*

1140. St. Maol-Madoch *an Irish Bishop, and Legate, died at* Clara-vallis; *and, according to his previous request, was interred in the Oratory of the Blessed Virgin* Mary.

1141. *The Abbey of St.* Mary *at* Holmcultram *was founded.*

1142. Godred Olaveson *passed over to* Ingui *King of* Norway, *did homage to him, and, being well received, continued some time at his Court.*

That year the three sons of Harald, *brother to* Olave, *and who had been educated at* Dublin, *assembling a great multitude, and particularly of such as had been banished, came to* Man, *insisting that King* Olave *should give them half*

insularum sibi dari. Rex autem cum audisset, placare eos volens, respondet super hoc consilium se habiturum; cumqve diem & locum constituissent, ubi concilium haberi debuisset, interim illi neqvissimi de morte regis inter se tractabant. Constituta autem die convenerunt utræqve partes in portu, qvi vocatur *Ramsa*: sederuntqve seriatim rex cum suis ex una parte, illi una cum suis ex altera. *Regnaldus* autem medianus fuerat, qvi eum percussurus erat, stabat seorsim loqvens cum qvodam viro de principibus terræ. Cumqve vocatus venisset ad Regem; vertens se ad eum, qvasi salutans eum, securim fulgentem in altum levavit, & caput Regis uno ictu amputavit. Perpetrato autem tanto scelere statim terram diviserunt inter se. Paucis diebus transactis, congregata classe, transfretaverunt ad *Galwediam*, volentes sibi subjugare. *Galwedienses* autem conglobati & magno impetu facto, congressi sunt cum eis. Illi statim terga vertentes, fugerunt cum magna confusione ad *Manniam*, omnesqve *Galwedienses*, qvi in ea habitabant, qvosdam jugulaverunt, alios expulerunt.

of the isles. The King, having heard their demands, and wishing to pacify them, answered, "That he would take the affair into consideration;" He appointed both a time and place for adjusting the business; but, in the mean time, they villainously laid a plot for his assassination. On the day appointed, the two parties met at the harbour of Rams-ö, and sat down in lines; the King, with his retinue, on one side; and they, with their followers, on the other. Ronald, who was to give the fatal blow, stood in the middle talking to one of the insular chieftains. Being summoned to appear before the King he turned about, as if to salute him, and with one stroke of his gleaming battle-ax severed the Kings head from his body. On the perpetration of this crime, the murderers divided the island among them; and, a few days after, collecting a fleet they sailed for Galloway intending to make a conquest of that province. The Galloway-men, formed in a circle, and appeared eager for the combat. The enemy perceiving this fled, in great confusion, to Man; and either massacred or expelled all the Gallovidians they found in the Island.

MCXLIII. Obiit beatæ memoriæ *Bernardus* primus Abbas *Clarevallensis*. Eodem anno obiit *David* Rex *Scotiæ*, cui successit *Malcolm* nepos ejus, more regio in Regem sublimatus. In proximo anno occisus est *Olavius* Rex, sicut supra diximus, in die sanctorum apostolorum *Petri* & *Pauli*. In proximo autumno venit *Godredus* filius ejus de *Norvegia* cum qvinqve navi-

1143. St. Bernard, of pious memory, first Abbot of Claravallis died. David king of Scotland also departed this life, and was succeeded by his grandson Maol-Colm, who was inaugurated with regal pomp. During the foregoing year, king Olave, as we have already mentioned, was killed on the festival of the apostles St. Peter and St. Paul; and, in the succeeding autumn Godred his son, coming from Nor-

CHRONICON MANNIÆ.

navibus, & applicuit apud *Orcades*. Omnes autem Principes insularum, audientes eum venisse, gavisi sunt; &, convenientes in unum, ipsum unanimiter elegerunt sibi Regem. *Godredus* igitur ad *Manniam* veniens tres filios *Haraldi* comprehendit: & in ultionem Patris sui digna morte multavit. Fertur autem, qvod duorum oculos eruit, & unum occidit.

*(MCXLIV) Coepit regnare *Godredus* & XXXIII. annis regnavit de qvo multa memoriæ digna narrari potuissent, qvæ nos brevitatis causa omisimus. Tertio anno regni sui, miserunt propter illum *Dublinenses*, ut regnaret super se. Qvi, collecta navium multitudine, & copioso exercitu, *Dubliniam* venit, & gratanter a civibus cum magno tripudio susceptus est. Paucis vero diebus interjectis, communi consilio & consensu, eum in Regem sublimarunt. Qvod cum audisset *Murcardus* Rex *Yberniæ*, collecta innumerabili multitudine *Hibernensium*, properavit versus *Dubliniam*, ut *Godredum* expelleret & eam sibi subjugaret. Cum venisset prope civitatem qvæ vocatur *Cortcelis*, ibidem, fixis tentoriis, permansit. Crastino die, elegit tria millia eqvitum sibi, qvibus præfecit fratrem suum co-uterinum nomine *Osiblen*, & misit eum cum prædictis eqvitibus ad civitatem ut colloqvium cum civibus haberet, simul etiam ut virtutem eorum exploraret. Cum autem appropinqvarent civitati, *Godredus* cum suis, & omnes cives *Dubliniæ*, grandi cum strepitu exeuntes, & magno impetu facto, irruerunt in

Norway *with five ships, landed in the* Orkneys. *The Princes of the islands, hearing of his arrival, assembled there in a body with great joy; and, unanimously, declared him their sovereign.* Godred, *thus established in the throne of* Man, *seized the three sons of* Harald; *and, in revenge of his father's death, brought them to condign punishment. It is said that he killed one of them, and put out the eyes of the other two.*

1144. Godred *having obtained the sceptre reigned thirty three years; and of him we might record many anecdotes, which brevity obliges us to omit. In the third year of his reign, the people of* Dublin *invited him to be their king. He, immediately, procured a multitude of vessels, and, with a numerous army sailed for* Dublin. *He was welcomed by the inhabitants with every demonstration of joy; and, a few days after his arrival, they, with one assent, raised him to the throne.* Muircheard *King of* Ireland, *getting intelligence of this, prepared a mighty host of* Irish, *to march against* Dublin, *with an intention of expelling* Godred, *and reducing the City. On approaching the town* Cortchelis *he halted, and pitched his camp. Next day he selected three thousand horse, commanded by his uterine brother* O'Sbillan, *who was sent with this detachment to* Dublin, *that he might both reason with the inhabitants, and try their courage. No sooner had* O'Sbillan *appeared before the walls, than the citizens, rushing out at the gates, attacked his squadron with a tremenduous shout. They instantly fell upon* O'Sbil

f. 1154

m. Cortchelis.

f. O'Sbillan.

CHRONICON MANNIÆ.

in eos, & tanto imbre telorum eos debilitare coeperunt, ut continuo eos terga vertere coegissent. Osiblen autem frater Regis, cum audaciter resistere conaretur, circumseptus ab hostibus cum multis aliis interiit. Ceteri beneficio cornipedum evaserunt. Cum ad domum revertissent totam rem ordine ei retulerunt. Rex autem cum audisset fratrem suum esse occisum inconsolabili dolore luxit eum, & per nimiam tristitiam præcepit exercitibus suis, ut redirent unusqvisqve ad loca sua. Godredus vero, post paucos dies, reversus est in Manniam, dimisitqve omnes Principes insularum redire ad propria. Cumqve vidisset regnum confirmatum esse sibi, nullumqve ei poste resistere, coepit tyrannidem exercere contra principes suos; nam qvosdam eorum exhæreditavit, alios de dignitatibus ejecit, qvorum unus nomine *Thorfinus* filius *Oter*, ceterisqve potentior, accessit ad *Sumerlidum*, & postulavit ab eo *Dubgallum* filium suum ut constitueret eum Regem super insulas. Audiens hæc *Sumerlidus* gavisus est valde; & tradidit ei *Dubgallum* suum filium, qvi assumens eum circumduxit per omnes insulas, & subjugavit ei universas, accipiens obsides de singulis.

f. Paul Balkasun. Unus vero Princeps * *Paulus* nomine clam fugiens venit ad *Godredum*, & narravit ei omnia qvæ gesta fuerant. Audiens hæc *Godredus* consternatus est mente, & continuo præcepit suis naves præparare, & festinavit ire cis

O'Sbillau, with incredible fury, and showered such vollies of missile weapons as galled his men exceedingly, and obliged them to give ground. In this extremity O'Sbillau exerted himself manfully, but was, at last, surrounded and killed with many of his followers. The rest got off by the swiftness of their horses, and, going home, carried with them the sad tidings of their mischance. Muircheard received the news of his brothers death with extreme sorrow; and so disheartned was he, that he ordered his troops to disperse and return to their Families. Soon after, Godred sailed for Man, and dismissed the Captains who had attended him in the expedition. Being now secure in the kingdom, and seeing none able to oppose his dictates, he began to grow tyrannical to his troops, and even to his vassals, some of whom he dispossessed, and others he degraded from their dignities. Among these the most powerful was Thorfin the son of Ottar. This Chieftain, therefore, went to Sumer-lid, and requested to have his son Dubh-Gâl that he might set him on the throne of the isles. Sumer-lid gladly embraced the proposal, and delivered up Dubh-Gal to his care. Thorfin, accordingly, took the young prince, and conducting him through the isles, forced the grandees to acknowledge him for their Sovereign, and to give hostages for their allegiance. Paul Balka-Son, a powerful nobleman, however, thought proper to avoid such engagements. He, immediately, fled to Godred, and acquainted him with the intended revolution. The intelligence terrified Godred. He, instantly, ordered his vassals to get ready

their

CHRONICON MANNIÆ.

cis obviam. Sumerlidus vero cum suis collegit classem LXXX navium, & properavit obviam Godredo.

MCLVI. Commissum est navale prælium inter Godredum & Sumerlidum in nocte Epiphaniæ Domini, & magna strages hominum ex utraqve parte facta est. Cum, autem, dies illucesseret pacificati sunt; & diviserunt inter se regnum insularnm, factumqve est Regnum bipartitum a die illa usqve in præsens tempus; & hæc fuit causa ruinæ insularum, ex qvo filii *Sumerlidi* occupârunt illud.

MCLVIII. Venit *Sumerlidus* in *Manniam*, cum LIII. navibus, & commisit prælium cum *Godredo*, & fugavit eum, & totam insulam vastavit, & abiit. *Godredus* vero transfretavit ad *Norvegiam* qvæsitum auxilium contra *Sumerlidum*.

Hic inseruntur qvædam de *St. Machutø* confessore Domini.

Eodem tempore, cum *Sumerlidus* esset in *Mannia* in portu qvæ vocatur *Ramsö*, nuntiatum est exercitui ejus ecclesiam *Sti. Machuti* multis pecuniis esse refertam; hic, enim, locus omnibus ad se confugientibus, propter reverentiam sanctissimi confessoris sui *Machuti*, cunctis periculis, tutum refugium existebat. Unus, autem, ex principibus cæteris potentior, *Gil-colmus* nomine suggessit *Sumirlido* de prædictis pecuniis; nihilqve asserebat pertinere ad *Sti. Machuti* pacem, si ea animalia, qvæ

C   extra

their ships; and without delay sailed to meet the enemy. In the mean time Sumer-lid was not idle; he collected a fleet of eighty gallies and prepared for the combat.

1156. A sea-battle was fought between Godred and Sumer-lid, during the night of the Epiphany, with great slaughter on both sides. Next morning, however, at day-break, they came to a compromise, and divided the sovereignty of the isles; so, from that period, they have formed two distinct monarchies till the present time. The ruin of the isles may be dated from the moment that part of them were ceded to the sons of Sumer-lid.

1158. Sumer-lid, with a fleet of fifty three ships, came to Man, where, encountering Godred, he defeated that prince, and, after plundering the whole island, departed. Godred, on this, passed over to Norway, and craved assistance against Sumer-lid.

Here are some anecdotes concerning St. Machutus *the Confessor*.

While Somer-lid *was at* Ramsö, *in* Man, he was informed that his troops intended to plunder the church of Kil-Machou, where a great deal of money had been deposited, in hopes that the veneration due to St. Machutus, added to the sanctity of the place, would secure every thing within its precincts. One Gil-Colum, a very powerful chieftain, in particular, suggested some very broad hints to Sumer-lid about the money; and, besides, observed, that he did not see, how it was any breach of the peace against St. Machutus, if, for the sustenance of the army,

extra ambitum coemiterii pascebantur, ad victum exercitus ducerentur. At *Somerlidus* negare coepit, dicens se nullo modo posse permittere *Sti. Machuti* pacem violari. E contra *Gil-colmus* instabat magnis precibus, postulans ut sibi cum suis daretur licentia eundi illuc, & reatum sibi imputari concessit. Qvo audito, *Somerlidus*, licet invitus, permisit ei & dixit. "Inter te & Sanctum *Machutum* "sit — ego & exercitus innocentes erimus "— non prædæ vestræ participationem "curamus." Tunc *Gil-colmus* lætus effectus venit ad suos; convocatisqve tribus filiis suis & universis suis clientibus, præcepit ut, ea nocte, omnes essent parati, qvatenus, primo diluculo, facto impetu, irruerent, ex proviso, super ecclesiam *Sti. Machuti*, qvæ inde ad duo milliaria distabat. Rumor interim pervenit ad ecclesiam, de adventu hostium; qvi omnes tanto terrore perculit, ut multi ex populo qvi ibi erant fugerent de ecclesia, & in abditis rupium & specubus se occultarent. Cætera multitudo, infinitis clamoribus, tota nocte veniam DEI per merita Sti. *Machuti* implorabant. Sexus, vero, infirmior, dissolutis crinibus, ejulantes discurrebant circa parietes ecclesiæ, magnis vocibus clamantes. "Ubi "es modo *Machute* — ubi sunt miracula tua "qvæ usqve nunc operabaris in loco isto — "nunqvid propter peccata nostra nunc discedes, "& derelinqves populum tuum in tali "angustia? at, si non propter nos, saltem "propter honorem nominis tui, hac vice, nos "adjuva." His, & hujuscemodi vocibus, motus,

army, they drove off the cattle, which were feeding round the church-yard. Somer-lid objected to the proposal, and said, that he would allow no violence to be offered to St. Machutus. On this, Gil-Colum earnestly petitioned that he, with his followers, might be allowed to examine the place, and engaged to take the guilt upon his own head. Somer-lid, at last, though with some reluctance, consented, and pronounced these words. "*Let the affair rest between thee and* "*St.* Machutus — *let me and my troops be* "*innocent* — *we claim no share of thy sacri-* "*legions, booty.*" Gil-Colum, *exceedingly happy at this declaration, ran back and ordered his vassals to assemble.* He then desired, that his three sons should be ready, at day-break, to surprize the church of Kil-Machou, about two miles distant. Meanwhile, news was brought to those in the church, that the enemy were advancing, which terrified them to such a degree, that they, all, left the sanctuary and sought shelter in caves, and subterraneous dens. The other inhabitants of the district, with loud shrieks, spent the whole night in imploring the forgiveness of GOD, through the merits of Machutus. The weaker sex, also, with dishevelled locks, ran frantic about the walls of the church, yelling, and crying with a loud voice. "*Where art* "*thou departed holy* Machutus — *where are* "*the wonders that, in the old time before us,* "*thou wroughtest in this spot* — *hast thou* "*abandoned us for our transgressions* — *wilt* "*thou forsake thy people in such an extremity?* "*If not in compassion towards us, yet for thine* "*own honour, once more, send us deliverance.*"

Machu-

motus, ut credimus, Sanctus *Machutus* eorum miseriis miseratus, eos de instante periculo liberavit; & hostem eorum atroci generi mortis damnavit. Nam prædictus *Gillo-Colmus* cum se sopori dedisset in tentorio suo, apparuit ei Sanctus *Machutus* togâ candidâ præcinctus, baculumqve pastorale manu tenens. Cumqve ante lectum ejus astaret his eum verbis aggreditur. "Qvid, inqvit, mihi, & "tibi, est *Gil-Colme* — Qvid tibi, aut tuis, "nocui qvia nunc disponis locum meum præ-"dari. Ad hæc *Gil-Colmus* respondet." Qvis inqvit es tu? At ille ait. "Ego sum servus "CHRISTI *Machutus* cujus tu ecclesiam con-"taminari conaris — sed non proficies." Qvo dicto, baculum, qvem manu tenuerat, in sublime erexit, & punctum ei per cor illius transfixit. At ille, miser, diro clamore emisso, omnes qvi circumqvaqve in pavilionibus erant somno excussit. Iterum Sanctus eum transfixit — iterum ipse clamavit. Filius, vero, ejus, & omnes sui, his clamoribus turbati accurrunt, ad eum, sciscitantes qvidnam ei acciderat. "At ille vix lingvam movere "valens, cum gemitu dixit, "Sanctus *Machutus* "hic affuit, meqve, tribus ictibus, baculo suo "transfigens occidit. Sed ite, citius, ad "ecclesiam ejus, & adducite baculum, & pres-"byteros, & clericos, ut intercedant pro me "ad Sanctum *Machutum*, si forsitan indulgeat "mihi qvæ adversus eum facere disposui." Qvi celeriter jussa complentes rogaverunt clericos ut, sumpto baculo, Sancti *Machuti* secum

Machutus *mollified, as we suppose, by these and the like supplications, pitied the distress of his votaries. He snatched them from the imminent danger, and consigned their adversary to instantaneous death.* Gil-Colum *had no sooner fallen asleep in his tent, than* Machutus, *arrayed in white linen, and holding a pastoral staff in his hand appeared to the Robber. He placed himself opposite to the couch, and thus addressed him.* " *What hast thou against me* Gil-Colum — "*wherein have I, or any of my servants, offended* "*thee, that thou shouldest thus covet what is* "*deposited within my sanctuary?*" Gil-Colum *answered,* "*And who art thou? He replied* "*I am the servant of* CHRIST — *my name* "Machutus, *whose church thou purposest to* "*violate — but vain are thy endeavours!*" *On this, raising the staff which he held he struck him to the heart. The impious man was confounded, and awakened his soldiers, who were sleeping in their tents. The Saint struck him again, which made the ruffian utter a shriek, so hideous, that his son, and followers, ran in the greatest consternation to see what was the matter. The wretch's tongue clave to his mouth, in such a manner, that it was with much difficulty he could utter the following sentence.* " Machu-"tus, *said he, with a groan, was here, and* '*thrice he struck me with his rod. Go, there-*"*fore, to the church, bring his staff; and also,* "*priests, and clerks, that they may make inter-*"*cession for me, if, peradventure, St.* Machutus "*will forgive what I devised against him.*" *In obedience, his attendants, straightway, implored the priests to bring the staff, and to visit their master*

secum visitarent dominum suum qvi jam in extremis esse videbatur. Narraverunt autem eis omnia qvæ ei contigerant. Audientes hæc presbyteri, & clerici, & cætera multitudo, gavisi sunt gaudio magno; miseruntqve cum eis qvosdam ex clericis cum baculo, qvi, cum coram eo stetissent, videntes eum jam pene exanimem, nam paulo ante loqvelam amiserat, unus clericorum imprecatus est dicens "Sanctus
f. Ma- "* *Machaldus* qvi te coepit punire non desistat
chutus. "donec te ad interitum ducat, ut cæteri vi-
"dentes, & audientes discant locis sanctis
"majorem reverentiam præbere." Qvibus dictis clerici ad sua sunt reversi, post qvorum discessum coepit tanta multitudo muscarum grandium, & tetrarum circa faciem ejus & ora volitare ut poterant non, nec ipse, nec qvi ei assisterent eas abigere. Sic cum magnis tormentis & cruciatibus, circa sextam diei horam, expiravit. Qvo defuncto, tantus terror invasit Sumerlidum, & exercitum ejus, ut statim, accedente maris rheumate, & navibus fluitantibus, ammoverunt classem de portu illo, sicqve cum summa festinatione ad proprias terras sunt reversi.

MCLXIV. *Sumerlidus* collegit classem CLX. navium, & applicuit apud *Rinfriu*, volens totam *Scotiam* sibi subjugare. Sed, ultione divina, a paucis superatus, cum filio suo & innumerabili populo ibidem occisus est. Eodem anno, bellum fuit apud *Ramsö* inter *Reginaldum* fratrem *Godredi*, & *Mannenses*;
f. Paul & propter dolum cujusdam * *Vicecomitis*,
Balka-
num. *Man-*

master apparently in the agonies of death; relating, at the same time, what had happened. The Priests, and clerks, and people, on hearing of the miracle, were exceedingly rejoiced, indeed, and dispatched some clergymen with the crosier. Coming into the presence of the afflicted wretch, they found him almost breathless, wherefore one of the Clerks pronounced the following imprecation "May St. Machutus *, who first laid his vengeful hand upon thee, never remove thy plagues till he has bruized thee to pieces. Thus shall others by, seeing, and hearing thy punition, learn to pay due respect to hallowed ground."* *The clergy then retired, and, immediately, such a swarm of monstrous, filthy, flies, came buzzing about the ruffian's face and mouth, that neither he himself, nor his attendants could drive them away. At last, about six 6 clock in the morning he expired in great misery and dismal torture. The exit of this man struck* Sumerlid *and his whole host, with such dismay, that, as soon as the tide floated their ships, they weighed anchor, and with precipitancy, returned home.*

1164. Sumer-lid *got together a fleet of 160 gallies, and landed at* Renfrew *, with the determined resolution of making a complete conquest of* Scotland. *The wrath of GOD, however, pursued him. He was routed by a handful of men, and he himself, his son, with a vast multitude of their troops, were slaughtered by the* Scotch. *This year there was a battle at* Ramsö *between* Ronald, *brother to* Godred, *and the* Manks, *where, by the treachery of a certain* Sheriff,

CHRONICON MANNIÆ.

Mannenses in fugam conversi sunt & Reginaldus coepit regnare. Qvarto autem die supervenit *Godredus* e *Norvegia* cum magna multitudine armatorum, & fratrem suum *Reginaldum* comprehendit, & oculis & genitalibus privavit. Eodem anno obiit *Malcolmus* Rex *Scotiæ*, & frater ejus *Wilhelmus* ei successit in regnum.

MCLXVI. Duo cometæ apparuerunt ante solis ortum Mense *Augusti*, unus ad austrum, alter ad aqvilonem.

MCLXXI. *Richardus*, Comes *Penbroch*, transfretavit in *Hiberniam*, & *Dubliniam*, cum magna parte *Hiberniæ*, subjugavit.

Henricus Rex *Angliæ* fecit coronari filium suum *Henricum* puerum in Regem apud *Lundoniam* XI Kal. Junii, & in die *Dominica* consecrari a *Rogero* usurpatore *Eboracensi* Archiepiscopo; qvi, in alienam provinciam jus & officium alienum contra canones, per Regis & propriam tyrannidem, vivente venerabili *Thoma* Archiepiscopo *Cantuariensi* & in *Galliis* exulante, sibi usurpavit. Eodem anno, in festivitate Apostolorum *Petri* & *Pauli*, subito terræ motus ingens & horrendus factus est.

(MCLXXI.) Beatæ memoriæ *Thomas Cantuariæ* Archiepiscopus, & Apostolicæ sedis Legatus, Primas totius *Angliæ*, verus CHRISTI martyr pro justitia in ecclesia suæ sedis detruncatus est.

MCLXXVI. *Johannes* de *Curci* sibi subjugavit *Ultoniam*. Eodem anno *Vivianus*, Apostolicæ sedis Legatus Cardinalis, venit in Man-

Sheriff, the Manks were worsted, and Ronald ascended the throne. Four days after, however, Godred, arrived, with a great number of forces, from Norway; and seizing his brother Ronald he castrated him, and put out his eyes. This year, also, Maol-Colm King of Scotland died, and the sceptre devolved to his brother William.

1166. Two comets appeared before sunrise, in the month of August; the one in the south, the other in the north.

1171. Richard, Earl of Pembroke, commanded an expedition against Ireland, and reduced a great part of the country, together with the city of Dublin.

Henry, King of England, caused his son prince Henry, though a boy, to be crowned at London, on the 11 of the Kalends of June. On the sunday following, he ordered him to be consecrated by Roger Archbishop of York, who, prompted by a tyrannical King, and his own ambition, in despite of the canon law, usurped the rights and functions of Thomas Archbishop of Canterbury, then an exile in France. This year, on the festival of the Apostles St. Peter and Paul, there, suddenly, happened a violent, and tremendnous earthquake.

(1171.) St. Thomas *Archbishop of* Canterbury *Legate of the holy see*, Primate of all England, and a true martyr of CHRIST was assassinated in the Cathedral of his own diocese for adhering to righteousness.

1176. John de Courcy subdued Ulster. This year Vivian, Cardinal Legate of the apostolic see, came to Man, and, fulfilling the object

Manniam, &, legationis suæ officium complens, *Godredum* Regem legitime desponsari fecit cum uxore sua nomine *Phingola*, filia *Mac Lochlen* filii *Murkartach* Regis *Hyberniæ*, matre scilicet *Olavi*, qvi tunc triennis erat. Desponsavit autem eos *Silvanus* Abbas *Rievalis*. In ipsa die, *Godredus* Rex dedit in oblationem venerabili Abbati *Silvano* partem terræ apud *Mire-scog*, ubi monasterium construxit; sed processu temporis terra tota cum monachis concessa est Abbatiæ Sanctæ *Mariæ* de *Russin*.

a. 1182 (MCLXXII.) *Reginaldus* filius *Eacmarcat* in *Manniam* veniens, qvidem scilicet vir de regali genere, cum magna turba hominum, absente rege, primo congressu qvosdam qvi littora custodiebant fugavit, & occidit ex iis

m. circiter. * XX homines. Postea vero, eadem die, congregati *Mannenses* in unum ei viriliter occurrerunt, ipsumqve cum omnibus pene suis occiderunt.

(MCLXXXIII) Obiit *Fogolt* Vicecomes.

MCLXXXV. Sol passus est eclipsin in die Apostolorum *Philippi* & *Jacobi* ita ut stellæ apparerent.

MCLXXXVII. Capta est *Jerusalem* a *Paganis*, & Sancta Crux sublata est *Damascum*. Eodem anno, obiit *Godredus* Rex Insularum IV. Idus Novembris in Insula Sti. *Patricii*

Peel. in *Mannia*. Prima vero æstate, translatum est corpus ejus ad insulam qvæ vocatur *Hy*. Reliqvit sane tres filios *Reginaldum*, *Olavum*, & *Yvarum*. *Reginaldus* robustus tunc Juvenis fuit

of his mission, caused King Godred to be lawfully wedded with his consort Fin-gála *(daughter to* Maclauchlan *the son of* Mu'rcheard, *King of* Ireland*) and mother to* Olave *then a child of three years old.* Silvanus *Abbot of* Rieval *performed the ceremony.* On that occasion Godred *gave, as an offering to the venerable* Silvanus, *a portion of land at* Myra-scog, *where he built a Monastery. In after times, however, the donation was transferred to the Abbey of St.* Mary *at* Russin, *and the monks were transplanted thither.*

(1172.) Ronald, *son to* Ec'Margad, *of the blood royal, landed, in the absence of the sovereign, with a great retinue, in* Man. *At the first onset he routed the guard on the coast, of whom he killed about twenty. On the same day, however, the* Manks *rendevouzed, and, encountering the invader, slew himself, and the generality of his men.*

1183. *Fogolt the Sheriff departed this life.*

1185. *On the festival of the Apostles St.* Philip *and* James *the sun was so deeply eclipsed that the stars were visible.*

1187. *Jerusalem was taken by the infidels, and the holy cross was removed to* Damascus. *This year* Godred *King of the isles died on the fourth of the* Ides *of* November*, in the* * Isle *of* St. Patrick *in* Man. *In the beginning of the ensuing summer, his corpse was carried to the Island* Iona. *He left three sons* Ronald, Olave, *and* Ivar. Ronald *a manly youth was in the isles, but his*

CHRONICON MANNIÆ.

fuit in insulanis partibus, *Olavus* vero tenellus adhuc puer morabatur in *Mannia*.

Godredus, dum adhuc viveret, *Olavum* filium suum Regni hæredem constituit; qvia ad ipsum jure spectabat hæreditas, nam de legitimo matrimonio natus fuit, præcepitqve omni *Mannensi* populo, ut eum post suum obitum, sicut decebat, regem constitueret, atqve irrefragabile conservarent ei suæ fidei juramentum. Sed, mortuo *Godredo*, *Mannenses* Legatos suos ad Insulas propter *Reginaldum* miserant, qvia vir strenuus & fortioris ætatis fuerat, & eum sibi Regem constituerunt. Timebant vero imbecillitati *Olavi*, utpote decennis pueri; & arbitrabantur, qvod is qvi se propter ætatis teneritudinem regere nesciebat, subjectum sibi populum gubernare minime potuisset. Et hæc fuit causa pro qva *Mannensis* populus *Reginaldum* sibi Regem constituit.

MCLXXXVIII. *Reginaldus* filius *Godredi* coepit regnare super insulas. Eodem anno occisus est *Murcardus* vir potens & strenuus in omni regno insularum.

MCLXXXIX. Obiit *Henricus* Rex *Angliæ* cui successit *Riccardus* filius ejus. Eodem anno obiit *Rodolfus*, Abbas de *Furnes* in *Mellefonte*.

MCXC. *Philippus* Rex *Franciæ*, & *Riccardus* Rex *Angliæ* profecti sunt *Hierosolymas* cum magnis exercitibus.

MCXCII. Commissum est bellum inter filios *Sumerlidi Reginaldum* & *Engus*, in qvo bello multi vulnerati corruerunt. *Engus*, tamen, victoriam obtinuit. Eodem anno Abbatia Stæ. *Mariæ* de *Russin* translata est ad *Duf-*

his brother, *still a stripling*, *resided in* Man.

Godred *in his life-time nominated* Olave *heir to the Crown; to which, indeed, he had a prior right, as 'being born in lawful wedlock. He also enjoined the whole inhabitants of* Man, *after his decease, to receive* Olave, *for their Lord, and so preserve their oaths of allegiance inviolate. No sooner, however, was* Godred *dead, than the* Manks *sent messengers through the isles to call in* Olave *of riper years, and nominated him their King. This was done, because they coud not rely on the inexperience of* Olave, *who was only ten years of age. It was supposed, that a prince, not old enough to take care of himself, was unfit to manage a nation; and this was the true reason why the* Manks *preferred* Ronald *for their King.*

1188. Ronald, *the son of* Godred, *began his reign over the isles; and, during the same year,* Muircheard, *a brave, and potent chieftain of the isles, was slain.*

1189. Henry, *King of* England, *died, and was succeeded by his son* Richard. *That same year* Rodolph *Abbot of* Furnefs *died in* Mellefont.

1190. Philip *of* France, *and* Richard *King of* England *set out for* Jerusalem *with mighty armies.*

1192. *A battle was fought between* Ronald *and* Aongus *the sons of* Somer-lid. *In the engagement many were mortally wounded; but* Aongus *came of* victorious. *This year the Abbey of St.* Mary *of* Russin *was translated to* Dubh-

Dufglas, ibiqve per qvatuor annos habitantes iterum ad *Russin* reversi sunt.

MCXCIII. *Riccardus* Rex *Angliæ* reversus a *Hierosolymis*, & in *Alemannia* captus est; pro cujus redemptione *Anglia* persolvit centum millia marcharum.

MCXCIII. Obiit *Michael* Episcopus insularum apud *Fontanas*, cui successit *Nicholaus* in episcoparum.

MCCIV. *Hugo* de *Lacy* venit cum exercitu *Ultoniam* & commisit bellum cum *Johanne* de *Cursi*, eumqve comprehendit & vinculis mancipavit, & *Ultoniam* sibi subjugavit. Postea vero *Johannem* liberum ire permisit. Qvi cum dimissus esset venit ad Regem *Reginaldum*, a qvo honorifice susceptus est, qvia erat gener ejus. *Johannes* qvidem de *Cursi* habuit filiam *Godredi*, nomine *Affrecam*, in matrimonium, qvæ fundavit Abbatiam Sanctæ *Mariæ* de *Jugo Dei*, qvæ ibidem sepulta est.

MCCV. *Johannes* de *Cursi* iterum resumtis viribus congregavit copiosam multitudinem, & *Reginaldum* Regem Insularum cum C. ferme navibus secum duxit ad *Ultoniam*. Cumqve applicuissent in portum qvi vocatur *Strangfiord*, segniter obsederunt castellum de *Rath*. Supervenit autem *Walterus* de *Lacy* cum exercitu magno, & eos cum magna confusione fugavit, ex qvo tempore *Johannes* de *Curci* nunqvam terram suam recuperavit.

MCCX. *Engus* filius *Sumerlidi* cum tribus filiis suis occisus est. Eodem anno *Riccardus* Rex *Angliæ* classem D. navium ad *Yberniam* duxit, eamqve sibi subjugavit, & multam par-

Dubh-Glas; and the monks, after living four years at Dubh-Glafs *removed back to* Russin.

1193. Richard, *King of* England, *in his return from* Jerusalem *was apprehended in* Germany, *and his subjects paid* 100,000 *marks for his release.*

1193. Michael, *Bishop of the isles, died at* Fountain-Abbey; *and* Nicolas *succeeded in the diocese.*

1204. Hugh Lacy *came with an army to* Ulster, *and, encountering* John de Courcy, *took him; put him in irons; and made himself master of* Ulster. *He, afterwards, dismissed* John, *who, on his enlargement, went to King* Ronald. *He received him with all the attention due to a relation; for* John de Courcy *had married* Godred's *daughter* Afreka. *She endowed the Abbey of St.* Mary de Jugo Dei, *and there she was buried.*

1205. John de Courcy, *recruiting his forces, got together a great army, and carried* Ronald, *with near a hundred ships, to* Ulster. *Entering the bay of* Strangford, *they, carelesly, sat down before the castle of* Rath. *Here they were surprised, by a numerous army under the command of* Walter Lacy, *who put them totally to the rout. From this time* John de Courcy *never recovered his estates.*

1210. Aongus M'Sumer-lid, *with three of his sons, was slain. This year* John, *King of* England, *landing in* Ireland, *with a navy of* 500 *ships, subdued the whole nation. He detached*

partem exercitus sui cum comite qvodam nomine *Fulco* ad *Manniam* misit, qvi cam in una qvindena fere omnino devastaverunt, & suscipientes obsides, ex ea reversi sunt in Patriam suam. *Reginaldus* autem Rex & optimates ejus non erant in *Mannia*.

(MCCXVII.) Obiit *Nicolaus*, Episcopus Insularum, & sepultus est in *Ultonia* in domo de *Benchor*, cui successit *Reginaldus* in Episcopatu.

> Lubet adhuc, ad ædificationem legentium, de gestis *Reginaldi* & *Olavi* fratrum aliqvid compendiose retexere.

Reginaldus dedit fratri suo *Olavo* insulam qvæ vocatur *Lodbus*, qvæ cæteris insulis latior esse dicitur, sed raris colitur incolis, qvod montuosa & saxosa sit, & fere tota inarabilis. Incolæ vero illius plerumqve venatione & piscaturâ vivunt. Ad hanc, ergo, insulam possidendam *Olavus* profectus est, & habitavit in eâ, pauperem ducens vitam. Cumqve vidisset eam ad sustentationem suam, & sui exercitus minime sufficere, accessit fiducialiter ad *Reginaldum* fratrem suum, qvi tunc morabatur in insulis, & sic allocutus est eum. "Frater inqvit & Domine mî, Rex, nosti "tu, qvod regnum insularum ad me jure "hæreditatis pertinuit; sed qvia Dominus ad "hoc gubernandum te elegerat, non invideo "tibi, nec moleste fero, te esse in regali cul- "mine sublimatum. Nunc ego te deprecor, "ut provideas mihi aliqvam portionem terræ "in insulis, in qva cum meis possim vivere; "nam insula *Leodbus* qvam mihi dedisti me "susten-

tatched a part of his troops, under the command of Fulcho, to Man who, in fifteen days totally pillaged the country; and, exacting hostages, returned home. Neither Reginald, nor any of the nobility, were then in Man.

1217. Nicolas, *Bishop of the isles, departed this life, and was interred at* Banchôr *in* Ulster. Ronald *succeeded him in the see.*

> *For the edification of the reader, we think there is no impropriety, in making a digression, concerning the arrangement between the Brothers* Ronald *and* Olave.

Ronald *gave his brother* Olave *the* Lewes *which, tho' larger than any of the other isles, is mountainous and unarable. It is, of course, thinly peopled, and the inhabitants live mostly by hunting and fishing. To this sequestrate spot* Olave *retired, and lived in a way little suitable to his birth. Seeing the island could not support him, and his followers, he went, confidentially, to his brother then in the* Sud-öer, *and thus accosted him.* "Brother, my "Lord and sovereign, Thou art conscious that "the kingdom of the isles is my birth-right; but, "as the ALMIGHTY hath appointed thee to "rule over them, I neither envy, nor begrudge "thee this dignity. Let me only entreat thee, "to appoint me some province, where I may live "creditably; for the Lewes which thou hast "given me, is insufficient for my maintenance."

Ronald

"sustentare non valet." Qvod cum audiisset frater ejus *Reginaldus* habiturum se cum suis super hoc promittebat consilium; &, crastina die, ei super hac petitione sua responsurum. Cum crastina dies illuxisset, & *Olavus* vocatus venisset ad colloqvium, jussit eum *Reginaldus* comprehendi, & catenis vinciri, vinctumqve duci ad *Wilhelmum* Regem *Scotiæ*, ut penes ipsum in carcere servaretur, qvod ita factum est, fuitqve *Olavus* cathenatus in carcere regis *Scotiæ* fere VII. annos. Septimo autem anno obiit *Wilhelmus*, Rex *Scotiæ*, cui successit *Alexander* filius ejus, qvi, anteqvam mor'retur, jussit ut omnes vincti, qvi apud cum carceribus tenebantur, liberarentur. *Olavus* igitur liberatus a vinculis, & suæ redditus libertati, venit ad *Manniam* ad *Reginaldum* fratrem suum, moxqve, cum non modico comitatu virorum nobilium, ad Sanctum *Jacobum* profectus est; rediensqve de peregrinatione illa venit iterum ad *Reginaldum* fratrem suum, & pacifice susceptus est ab eo. In proximo tempore fecit *Reginaldus Olavum* fratrem suum desponsari uxorem, filiam cujusdam nobilis de *Kentyre* germanam uxoris suæ, nomine *Jauon*, deditqve ei *Lodbus* prædictam insulam in possessionem, profectusqve est *Olavus* cum uxore sua, valedicens fratri suo & habitavit in *Lodbus*.

Post aliqvantos autem dies (*Reginaldus*) Episcopus insularum, qvi successit *Nicholao* Episcopo, venit ad Insulanas partes ut visitaret ecclesias. Cui occurrens cum gaudio *Olavus*, & lætus de adventu ejus, utpote filii sororis suæ, jussit magnum convivium præparari. *Regi-*

Ronald *said he would advise with his council on the subject, and promised that next day he should give a final answer to the request. Early in the morning, therefore, Olave was admitted to an audience with* Ronald, *who ordered the petitioner to be fettered, and conducted to* William, *King of* Scotland, *which was accordingly done. There he remained, in durance, seven years. At the end of that period* William, *father of* Alexander, *the Scottish Monarch issued a general release to all prisoners.* Olave *among the rest was emancipated from his chains. On obtaining his liberty he came to his brother* Ronald *in* Man; *and, soon after, with a considerable retinue of Gent'emen went on a pilgrimage to the shrine of St.* James *at* Compostella. *Returning from his travels, he, again, paid a visit to his brother, who gave him a very affectionate reception. He afterwards prevailed upon* Olave *to marry* Joan *the daughter of a nobleman of* Kintire *and nearly related to his own Queen. He assigned them the* Lewes *as an appennage; and* Olave, *taking leave of his brother, set out for that island, where he fixed his residence.*

Some days after, Ronald, *Bishop of the* Sud-öer, *and successor to* Nicolas, *made a circuit through the isles, on a visitation of the churches.* Olave, *happy to see his sister's son, received the Bishop with great hospitality, and ordered a sumptuous banquet to be prepared.* Ronald,

Reginaldus vero dixit ad *Olavum*, "non com-
"municabo tecum, frater, donec ab illiciti
"matrimonii vinculo canonice catholica te
"solvat ecclesia:" & addidit; "an ignoras
"qvia consobrinam mulieris, qvam nunc habes
"uxorem ante habuisti?" Nec abnuit *Olavus*,
qvod verum fuerat, & consobrinam ejus se
multo tempore concubinam habuisse testatus
est. Congregata igitur Synodo, *Reginaldus*
Episcopus, *Olavum Godredi* filium & *Janon*
uxorem suam canonice separavit. Post hæc
Olavus, *Christinam* filiam *Ferchar*, Comitis de
Rofs, duxit in matrimonium.

Dolens autem uxor *Reginaldi* regis, Regina
Insularum, tunc temporis super disjunctio-
nem sororis suæ & *Olavum*, & mota felle
amaritudinis, totiusqve qvasi discordiæ semi-
narix inter *Reginaldum* & *Olavum* misit literas,
latenter, sub nomine *Reginaldi* Regis, ad
Godredum filium suum ad insulam *Sky*, ut
Olavum comprehenderet, & occideret. Godredus mox, auditis literis collegit exercitum, &
revera puer, suam matris facturus voluntatem
si posset, venit ad *Lodbus*. Olaus vero cum
paucis viris ascendens schapham modicam, &
vix fugiens a facie Godredi venit ad socerum
suum Comitem de *Ros*. *Godredus*, autem,
tota fere destructa insula, & occisis qvibusdam hominibus, redit ad propria.

Eo tempore Vice-Comes de *Sky* vir
strenuus & potens in omni regno insularum
Pol filius * *Boke* fugit a facie *Godredi*, eo
qvod neci *Olavi* consentire noluit, & habitavit

Ronald, *however*, *said*, " *I will not partake with*
"*thee*, *Brother*, *till the church hath annulled*
"*thy illicit marriage*" *adding* " *Art thou not*
"*sensible that thou wast formerly wedded to the*
"*cousin of the woman who is now thy consort*."
Olave *could not resist the truth*, *and confessed*
that he had long kept her cousin as his concubine.
Convening the Clergy, *therefore*, *Bishop* Ronald
rightly divorced Joan *from* Olave Godredson,
who then married Christina *the daughter of*
Fercheard, *Earl of* Rôs.

Ronald's *consort* Queen *of the isles*, *vexed*
at the separation of her sister, *and stimulated*
by bitter resentment, *occasioned a quarrel between* Ronald *her Lord*, *and* Olave. *To be
revenged for the affront offered her relation*,
she, *privately sent letters*, *under* Ronald's
signature, *ordering her son* Godred, *then in*
Sky *to kill* Olave. *The young prince*, *on
receiving the letters called out his tribes*, *and*,
tho' a minor, *hastened to the* Lewes *eager to
execute his Mother's injunctions*. Olave,
however, *with a few of his retainers procured a
boat*; *and*, *after a very narrow escape*, *got to
his Father in law the Earl of* Rôs. Godred,
in the mean while, *pillaged the island*; *and
having put many of the people to death left the
place*.

At that time Paul Balkason *Sheriff of* Sky
a brave warrior, *and of great influence lived
in the* Hebrides. *He had reprobated every
attempt against* Olave's *life*; *and so thought it*
pru-

f. Paul
Balka-
son.

tavit cum comite de *Ros* una cum *Olavo*. Paucis transactis diebus *Olavus* & prædictus Vicecomes amicitiæ foedus inierunt, mediante utriusqve juramento, & venerunt pariter * cum una navi ad *Sky*, & occultaverunt se in abditis locis aliqvantis diebus. Deniqve, missis exploratoribus, didicerunt, qvod *Godredus* in qvadam insula, qvæ vocabatur insula Sti. *Columbæ* secure cum paucis hominibus moraretur. Et coadunantes sibi omnes amicos & notos suos, & eos qvi se sponte sibi jungere voluerunt, intempestæ noctis silentio, tractis qvinqve navibus de proximo maris littore, qvod ad II stadiorum spacium distabat a prædicta insula, insulam circum dederunt. *Godredus*, autem, & qvi cum ipso fuerant, surgentes primo diluculo, & videntes se undiqve circumseptos ab hostibus obstupuerunt. Armis induti bellicis resistere conati sunt, sed frustra nam circa horam diei IX. *Olavus* & *Pol* prædictus Vicecomes, cum omni suo exercitu, insulam ingressi sunt; & occisis omnibus, qvos extra septa ecclesiæ repererunt, *Godredum* comprehensum oculis & genitalibus privaverunt. Qvo tamen facto, *Olavus* non concensit, nec resistere potuit propter filium *Boke* prædictum Vicecomitem. Factum est hoc anno gratiæ MCCXXIII.

Proxima æstate, acceptis obsidibus ab universis magnatibus insularum, *Olavus* cum classe XXXII navium venit ad *Manniam*, applicuitqve apud *Rognalswabt*. Proximo tempore *Reginaldus* & *Olavus* diviserunt inter se regnum insu-

prudent to keep at a distance from Godred. *He therefore retired to* Ferchard *where he met with* Olave. *In a few days*, Olave *and* Paul *swore an oath of mutual defence, and, procuring a Vessel, they steered for* Sky, *where they concealed themselves for some nights. At last they dispatched scouts who brought back intelligence that* Godred *was in* Jona, *attended only by a few Friends, and without the remotest apprehension of danger. Immediately on receiving this information, they collected all their Partizans and tribes. They were soon joined by a number of adventurers. Under favour of a dark night they launched two vessels from the beach, and landed on* Jona *which is but two miles distant.* Godred *and his adherents, rose early in the morning; and perceiving themselves surrounded by the enemy were struck with consternation. Nevertheless, as they were clad in armour, they prepared to make a resolute defence. All their efforts, however, were fruitless. About eight o clock* Olave *and* Paul *advanced with their forces, and scoured the Island. Having cut to pieces all those who were without the precincts of the church, they apprehended* Godred, *and, after castrating him, put out his Eyes.* Olave *objected to this barbarity; but his remonstrances made no impression on the obdurate mind of* Paul. *This transaction happened in the year* 1223.

Next Summer Olave, *after exacting hostages from all the insular chieftains, returned to* Man *with a fleet of* 32 *ships, and anchored at* Ronaldswath. *Not long after, he and* Ronald *agreed to a partition of the Kingdom.* Man *was ceded in*

CHRONICON MANNIÆ.

insularum, data *Mannia Reginaldo* super partione sua cum regali nomine. *Olavus*, vero, acceptis cibariis ab populo *Manniæ*, cum comitatu suo ad portionem suam insularum rediit.

Seqventi anno, *Reginaldus*, assumto secum *Alauo* Domino *Galwediæ*, cum *Mannensibus* ad insulanas partes profectus est, ut partem terræ qvam dederat *Olavus* fratri suo auferret ab eo, & eam iterum suo dominio subjugaret. Sed qvia *Mannuensibus* contra *Olavum* vel insulanos pugnare non libuit, eo qvod diligerent eos, *Reginaldus* & *Alanus* Dominus *Galwediæ*, nihil perficientes, ad propria reversi sunt.

Post modicum temporis *Reginaldus* sub occasione eundi ad curiam Domini Regis *Angliæ*, accepit a populo *Manniæ* Centum Marchas & profectus est ad curiam *Alaui* Domini *Galwediæ*. Eodem tempore dedit filiam suam filio *Alaui* in matrimonium. Qvod audientes *Maunenses* indignati sunt valde, & mittentes propter *Olavum* constituerunt eum sibi Regem.

MCCXXVI. Recuperavit *Olavus* hæreditatem suam, regnum videlicet *Manniæ*, & insularum, qvod *Reginaldus* frater ejus gubernaverat XXXVIII annos, & regnavit secure duobus annis.

MCCXXVIII. *Olavus* cum omnibus optimatibus *Manniæ* & fortiori parte populi transfretavit ad insulas. Paulo post *Alanus* Dominus *Galwediæ*, & *Thomas* Comes *Esholiæ*, & *Reginaldus* Rex venerunt ad *Manniam* cum magno exercitu, totam australem partem *Man-niæ*

to Olave, *with the title of King;* Olave *received a supply of provisions from the* Manks, *and returned with his troops to take possession of his division of the territories.*

In the ensuing year, Ronald, *joined by* Allan, *Prince of* Galloway, *sailed with the* Mankish *army on an expedition. His design was to wrest from his brother those isles which, at the partition, had fallen to his lot, and to reunite them to his own Dominions. The* Manks, *however, shewed so much amity towards* Olave *and the Islanders, and so much reluctance to fight, that* Ronald and Allan *were obliged to drop the enterprize and reembark.*

Some time after, Ronald, *on pretence of making a journey to the King of* England, *obtained of his subjects an aid of* 100 Marks. *This money he spent at the court of* Galloway, *and bestowed his Daughter on Earl* Allan. *The* Manks *were extremely irritated at the imposition, and, sending for* Olave, *put the sceptre in his hands.*

1226. *After* Ronald *had ruled* Man *and the isles thirty eight years*, Olave *recovered the crown, and reigned without molestation two years.*

1228. Olave *with the Nobility of* Man *and the greater part of the people made a circuit through the Isles. During their absence* Allan, *Prince of* Galloway, *and* Thomas Earl *of* Athole, *laid waste the southern parts of*

niæ vastaverunt, & ecclesias spoliarunt, & viros qvotqvot capere potuerunt, occiderunt, & redacta est australis pars *Manniæ* fere in solitudinem. Et per hæc reversus est *Alanus* cum exercitu suo in terram suam, & reliqvit Ballivos suos in *Mannia*; qvi redderent ei tributa patriæ. Supervenit autem *Olavus* Rex & fugavit eos, & recepit regnum suum. Et coeperunt *Mannenses*, qvi antea circumqvaqve dispersi fuerant congregari, & confidenter habitare. Eodem anno inopinato, media nocte, hiemali tempore venit *Reginaldus* Rex e *Galwedia* cum qvinqve navibus, & in eadem nocte combussit omnes naves *Olavi* fratris, & omnium optimatum *Manniæ* apud Insulam St. *Patricii*, & circumiens terram pacemqve petens cum fratre suo mansit, apud portum, qvi dicitur *Rognalswabs* fere XL diebus.

Interim vero attraxit animos omnium Insulanorum, qvi erant in australi parte *Manniæ*, ad se, & associavit eos sibi. Qvidam autem eorum juraverunt se ei animas suas in mortem posituras pro ipso, donec dimidium regnum insularum sortiretur. E contra *Olavus* Rex aqvilonares *Manniæ* adunavit ad se & in tantum eis loqvens prævaluit, qvod conglutinata est anima eorum cum ipso; factumqve est in XIV die mensis *Februarii* in festo scilicet Sti. *Valenzini* martyris prælium. Venit Rex *Olavus* ad locum qvi dicitur *Tingvalla* cum populo suo & ibi paululum exspectabat. Appropinqvante autem *Reginaldo* fratre ejus ad locum, & populum & turmas disponente, ut cum fratre dimicaret, accessit *Olavus* cum suis obviam eis; & subito irruens in eos fuga-

of Man. *They plundered the churches; killed all that fell in their way; and entirely desolated that district.* Alan, *after traversing the country, returned home, but left Commissaries to collect contributions.* Olave, *however, soon surprised them, and, obliging them to decamp, recovered his Dominions. His subjects, who had been much dispersed, now resorted to their possessions, and dwelt in safety. That winter, in the middle of the night,* Ronald, *very unexpectedly, arrived from Galloway with five ships, and, landing at* St. Patricks isle, *burnt all the vessels belonging to* Olave, *and to the* Hebridian chieftains. *He then made a tour through the Island and pretending to crave forgiveness of his Brother he abode 40 Days in the harbour of* Ronalswath.

He improved this opportunity to ingratiate himself with the southern inhabitants. In this manner he formed a party among them so zealous for his cause that they swore they would never desist, till, at the peril of their lives, they had reinstated him in his portion of the isles. Olave *on the other hand was no less assiduous in the northern parts, and by his eloquence gained the general affection. On the* 14 *of* February, *or* St. Valentine's *day the two factions prepared for battle.* Olave *came to the place called* Ting-wal *with his troops, and there halted a little.* Ronald, *also, advanced to the Field, and drew up his forces ready to engage.* Olave *soon commenced the attack, and charged with such impetuosity, that he drove the enemy before*

fugavit eos qvasi oves, & venientes viri impii ad Regem Reginaldum interfecerunt eum in eodem loco, nesciente tamen fratre ejus; qvod cum audisset graviter tulit, nunqvam tamen in vita sua vindictam sumsit de morte ejus. Et, multis ibidem interfectis, venientes prædones ad australem partem *Manniæ* vastaverunt eam, & fere absqve habitatore reliqverunt. Monachi autem de *Russin* transtulerunt corpus *Reginaldi* Regis ad Abbatiam Sanctæ *Mariæ* de *Furnes*, ibiqve sepultus est in loco qvem sibi vivens elegerat (*).

Post hæc *Olavus* adiit curiam Regis *Norvegiæ*, sed, anteqvam illuc perveniret, *Haco* Rex *Norvegiæ* virum qvendam nobilem de regali genere nomine *Husbac* filium *Owmundi* Regem super *Sudorenses* insulas constituit, vocavitqve nomen ejus *Haconem*. Venit autem idem *Haco* cum *Olavo* & *Godredo Don* filio *Reginaldi*, & cum multo comitatu *Norvegiensium* ad *Sadorenses* insulas. Cumqve venissent ad Insulam, qvæ vocatur *Both*, & castellum, qvod in ea est expugnare voluissent, prædictus *Haco*, ictu lapidis percussus, interiit, sepultusqve est in *Jona* insula.

MCCXXX. Venit *Olavus* cum *Godredo Don* &. Norwegiensibus ad *Manniam* diviseruntqve inter se regnum *Manniæ* & Insularum, scilicet *Olavus* & *Godredus*. *Olavus Manniam* obtinuit; *Godredus* vero ad insulanas partes profectus in insula qvæ vocatur *Leodhus* occisus est. Qvo mortuo, *Olavus* regnum *Manniæ* & Insularum adeptus est. (**)

MCCXXXVII.

(*) Manus in MS. mutatur.

before him like a flock of sheep. During the pursuit some ruffians overtaking Ronald, slew him, on the spot, without the knowledge of Olave; who, though he expressed much apparent sorrow at the mishap, yet he never called the perpetrators to any account. Many fell in this conflict; and, to encrease the calamity, a band of freebooters, landing in the southern coasts of Man, first pillaged and then left it almost a desert. The Monks of Russin conveyed the body of Ronald to the Abbey of St. Mary at Furnefs, where it was interred in a place which that Prince had bespoken in his life-time.

Olave, on his victory, set out for the court of the King of Norway, but, before his arrival, that monarch had conferred the title of King of the isles on Ospac Aumandson, and also permitted him to assume the name of Haco. Haco-Ospac, attended by a considerable number of Norwegian adventurers, accompanied Olave and Godred-Don the son of Ronald, to the Hebrides. Arriving at Bute they laid siege to the principal fortrefs, where Haco-Ospac, being mortally wounded by a stone thrown from the Walls, was buried in Jona.

1230. Olave with Godred-Don and the Norwegians coming to Man again agreed upon a partition of the isles. Olave obtained Man; and Godred after having taken possession of the division allotted to him was killed in the Lewes.

1237.

(**) Manus prior in MS. resumitur.

MCCXXXVII. XII Kalend. *Junii* obiit *Olavus Godredi* filius Rex *Manniæ* & Insularum, & apud Insulam Sti. *Patricii* sepultus est in Abbatia Stæ. *Mariæ* de *Russiu.* XI annis regnavit *Olavus* in *Mannia.* Duobus annis regnavit vivente *Reginaldo* fratre suo, & IX annis post mortem ejus regnum obtinuit. Qvo mortuo, coepit *Haraldus* filius ejus regnare pro eo. Qvatuordecim annorum erat *Haraldus* cum regnare coepisset, & XII annis regnavit. In ipsa igitur æstate qva regnum cepit in *Mannia* ad insulanas partes cum omnibus optimatibus suis transfretavit, constituitqve qvendam * de consangvineis suis custodem *Manniæ*, donec rediret de insulis, veniensqve ad insulas gaudenter & honorifice ab insulanis susceptus est.

m. Log-
tenum.

In seqventi autumno misit *Haraldus* tres filios *Nel, Dufgalldum, Thorqvellum, Molmore,* & qvendam amicum suum, *Joseph* nomine, ad *Manniam*, & appulerunt apud insulam St. *Patricii.* Facta est igitur in XXIV die mensis *Octobris*, qvæ fuit III dies adventus filiorum *Nel* ad *Manniam* congregatio totius *Mannensis* populi apud *Tingvalla,* ad qvam congregationem venerunt tres filii *Nel* cum omnibus viris, qvos secum de insulanis partibus adduxerant. Venit, etiam, prædictus *Loglenus* custos *Manniæ* cum omnibus amicis suis, & universis, qvos ipsa die sibi associare potuerat, ad locum concionis, timebant enim filios *Nel* eo qvid inimicitiæ essent inter eos. In ista igitur concione, cum diu in alterutrum inimicitiæ verba jactarent, & acri verborum certamine litigarent, nullatenus ad concordiam flecti possent,

1237. *On the twelfth of the Kalends of* June Olave Godredson, *King of* Man, *and the isles, ending his days at St.* Patrick's is'e *was interred in the Abbey of St.* Mary *in* Russin. Olave *governed* Man *eleven years; two years during the life time of* Reginald, *and nine after his decease.* Olave *dying left the crown to his son* Harald. *This Prince was fourteen years of age when he commenced his reign and swayed the sceptre twelve years. In the first year of his goverument, he, with a numerous train of his Nobility, made the circuit of the isles, and left* Lauchlan, *a relation of his omn, as Viceroy in* Man *during his absence. On his arrival in the* Hebrides, *the people shewed him the highest respect and every demonstration of Joy.*

In the following autumn Harald *sent the three sons of* Niel, Dubh-gal, Thorkel, *and* Maol-mhuire, *as also* Joseph, *one of his favourites, to* Man, *where they landed at St.* Patricks *isle. On the* 24. *of the month of* October, *and three days after the arrival of* Niel's *sons, a convension of all the states of* Man *was held at* Thingwal. *At this assembly the three sons of* Niel *appeared with all the partizans they could procure in the isles.* Lauchlan *regent of* Man *also attended at the spot where the Diets were usually held. He provided for his personal safety, by bringing with him the whole of his connections, since he mistrusted* Niel *on account of an old grudge, which had subsisted between them. After much altercation and abusive language, the leaders of the respective factions found it was impossible to compromise*

tleir

possent, de conventu populi exilierunt, & in alterutrum hostiliter irruerunt; prævaluerunt qvoqve viri, qvi cum *Loglenno* fuerant, & occiderunt in eodem loco duos filios *Nel*, *Dugaldum* & *Molmore*, & prædictum *Joseph* amicum *Haraldi* Regis. Ceteri vero fugerunt. Qvo facto, concio populi dissoluta est, & unusqvisqve in domum suam reversus est. In seqventi vernali tempore venit *Haraldus* de insulanis partibus ad *Manniam*, applicuitqve apud portum qvi dicitur *Rognahvath*. Eodem die, *Loglennus*, cum omnibus suis, a facie *Haraldi* fugiens, ad partes *Walliæ* navigavit; tulitqve secum *Godredum Olavi* filium alumpnum suum puerum bonæ indolis. Peracta igitur ipsa die navigando, & ampliori parte noctis, finibus *Walliæ* appropinqvabant. Cumqve voluntatis suæ portum cuperent introire subito factus est illis ventus contrarius; &, orta tempestate valida, a desiderato portu repulsi sunt, & in eisdem finibus, in qvodam scopuloso loco, naufragium pertulerunt. *Loglennus*, igitur, cum fere primus terram ascenderet, & *Godredum* alumpnum suum clamantem post tergum exaudisset resiluit in navem, volens dare animam suam pro puero. Cumqve puerum amplexaretur, & summo conamine eum ad aridam vellet deducere, a superioribus tabulis navis ad inferiora delapsi, ambo pariter submersi sunt. Erat enim navis tota, usqve ad superiores tabulas, impleta fluctibus; ita ut non tam navis inter undas, qvam undæ intra navem esse viderentur. Submersi sunt cum eis alii circiter XL. viri, vix totidem liberatis.

their differences; and the two parties seeing this rushed out of the assembly, and came to blows. The conflict was well supported; at last victory declared for Lauchlan's *party.* Joseph, Harald's *favourite, together with* Niel's *two sons* Dubhgàl *and* Maol-mhuire, *fell in the encounter, The remainder escaped by flight. After this the assembly was dissolved and the constituents dispersed. In the spring Harald, leaving the Hebrides, came to* Man, *and landed at* Ronalswath. *On the same day* Lauchlan *and his Partizans, dreading the presence of their sovereign sailed for* Wales. *He carried with him his Foster-son* Godred Olaveson, *a young Prince of a most amiable disposition. Having proceeded that day, and the greater part of the night, in their voyage, they found themselves near the coast of* Wales. *They, immediately, steered for the destined port. Unluckily, the wind shifting, a tempest arose, which threw them out of their course, and dashed the vessel against the rocks.* Lauchlan *was scrambling up the precipices, when he heard his pupil, behind him, crying out for help. This made such an impression on the generous mind of* Lauchlan, *that he leaped back into the vessel, determined either to lose his life, or save the royal youth. He seized the Prince in his arms, and faithfully made every exertion to get him on shore. Unfortunately, however, they both fell into the hold, and were drowned; for the vessel was not only immersed to the brim, but was, also, full of water. With the leader about forty men perished, and scarcely so many survived the accident.*

MCCXXXVIII. *Gospatric & Gillechrist f. Mac filius * Mac-Kerthac, missi a Rege Norvegiæ, Erchar. venerunt ad Manniam, & expulso Haraldo a regno Manniæ, eo qvod curiam Regis Norvegiæ adire recusavit, totius patriæ principatum obtinuerunt, tributa regalia ad opus Regis Norvegiæ capientes.*

Venit igitur semel & iterum *Haraldus* ad *Manniam*, & obsistentibus ei in littore prædictis principibus *Gospatricio* & *Gillichrist*, cum exercitu suo nec terram ascendere permissus est, nec qvicqvam ei necessarium concessum est ministrari. Rediensqve ad Insulas ibidem moratus est.

MCCXXXIX. *Haraldus*, sano & utili accepto consilio, adiit curiam Domini Regis *Norvegiæ* & ibidem II. annis & amplius morabatur; peracto igitur tanto tempore apud Regem *Norvegiæ* invenit tandem gratiam in conspectu ejus, & constituit eum Regem super omnes insulas qvas *Godredus, Reginaldus,* & *Olavus* Antecessores ejus possidebant, & eas sub sigilli sui munimine ei, & SUCCESSORIBUS suis hæredibus, in perpetuum confirmavit.

MCCXL. Obiit *Gospatric* apud ecclesiam Sti. *Michaelis* sepultusqve in Abbatia Sanctæ *Mariæ* de *Russin*.

MCCXLII. *Haraldus Olavi* filius, confirmato sibi regno *Manniæ* & Insularum a Domino Rege *Norvegiæ*, rediit de *Norvegia* ad Insulanas partes, ubi collecta navium multitudine, vepit ad *Manniam* cum magno exercitu; & applicuit apud insulam Sti. *Patricii*, venitqve universus populus *Manniæ* obviam illi in pace, & eum cum magno gaudio susceperunt.

1238. Gos-patric *and* Gil-christ '*the son of* M'Erchar *were directed by the King of* Norway *to sail for* Man. *As* Harald *had refused to go to the* Norwegian *court they expelled him, took possession of his Dominions, and collected the royal revenues for the use of their sovereign.*

Harald *repeatedly appeared off the coast; but* Gos-patric *and* Gil-christ, *as often displayed their force, and shewed that they were determined to oppose his disembarkation. Meeting with this repulse, and being deprived of all supply from the shore* Harold *was forced to retire to the islands where he remained for some time.*

1239. Harald, *listening to some prudent and wholesome counsels, went to* Norway *where he resided for above two years, and during this long stay effectually reestablished his interest at that court. The* Norwegian *Monarch constituted him King over all the islands which his predecessors* Godred, Ronald, *or* Olave *possessed; and he ratified this grant by a charter under the great seal to him, his Heirs, and SUCCESSORS for ever.*

1240. Go-patric *died at the church of St.* Michael *and was buried in St.* Marys *Abbey at* Russin.

1242. Harold Olaveson, *being thus confirmed in the kingdom of* Man *and the isles by the King of* Norway, *returned home to the* Hebrides *where he assembled a vast number of vessels and steered for St.* Patrick's *isle. There the whole people of* Man *in great peace crowded to meet their Prince, and welcomed him with the utmost*

runt. Videns autem *Haraldus* qvod eum tam benigne *Mannenses* susceperunt, omnes qvos sceum de insulis adduxerat datis illis cibariis remisit ad propria, coepitqve ex isto tempore qviete & pacifice regnare in *Mannia*, habuitqve pacem firmissimam cum Rege *Anglia*, & Rege *Scotia*, & confoederatus est illis in amicitia.

MCCXLVII. *Haraldus* miles factus est a Domino *Henrico* Rege *Anglia*, a qvo & pater ejus; &, cum multo honore & magnis muneribus ab eo dimissus, venit ad propria.

Eodem anno misit Rex *Norvegia* propter *Haraldum* ut ejus curiam adveniret. Qvi statim tempore autumnali iter arripiens per *Angliam* venit in *Norvegiam*, & honorifice suscepit eum Dominus Rex *Norvegia*, deditqve ei filiam suam in matrimonium; & addidit ut magnificaret eum & exaltaret thronum regni ejus super omnes qvi ante eum regnabant in partibus insulanis.

Eodem anno obiit beatæ memoriæ *Symon Sodorensis* episcopus pridie Kal. *Martii* apud ecclesiam Sti. *Michaelis* Archangeli, sepultusqve est in insula Sti. *Patricii* in ecclesia scilicet *Germani* qvam ipse ædificare coeperat. Mortuus est autem anno pontificatus sui octavodecimo in senectute bona. Qvo mortuo communi consilio & assensu totius *Mannensis* Capituli *Laurentius* qvidam, qvi tunc Archidiaconus fuit in *Mannia* in Episcopatum electus est. Qvi statim ad *Norvegiam* profectus est, ut se *Haraldo* regi & *Nidrosiensi* Archiepiscopo a qvo consecrari debuerat, præsentaret. Sed *Haraldus*, propter qvasdam litteras, qvæ contra illum de

Man-

utmost fervency. Harald, *finding he and his retinue were so cordially received, dismissed the islanders after furnishing them with a supply of provisions sufficient for their respective ships. From this time* Harald *lived in the most profound tranquillity; and enjoyed a stable federal peace with the Kings of* England *and of* Scotland.

1247. Harald *was knighted, as his Father had also been, by* Henry King *of* England; *and after being treated with great attention, and, honored with several valuable presents he returned home.*

This year the Norwegian *Monarch again summoned* Harald *to his court. He accordingly set out by the way of* England *and arrived in safety. The King of* Norway *treated him with distinguished marks of regard; and gave him* Cecilia *his Daughter in marriage. He besides intimated that he intended to prefer him to great glory; and to exalt the throne of his kingdom to a pitch unknown to any of his ancestors.*

This year Simon *of pious memory Bishop of the isles died on the day before the Kalends of* March *at the church of St.* Michael *the Archangel. He is buried in St.* Patricks *isle; and within the cathedral of St.* German *which he had founded. He was Bishop* 18 *years and lived to a very advanced age. After his decease one* Lawrence *by the appointment and approbation of the Chapter of* Man *was chosen to fill the see. He immediately set off to* Norway *to present himself to* Harald, *and to the Archbishop of* Drontheim *by whom he regularly ought to be consecrated.* Harald *however, from some accounts transmitted to him from* Man, *would not assent*

to

Mannia transmissæ fuerant, nullatenus electioni ejus assensum præbere voluit, donec iterum cum eo rediret ad *Manniam*, &, ipso præsente, ab omni clero & populo eligeretur.

MCCXLVIII. *Haraldus Olavi* filius Rex *Manniæ* & Insularum, cum uxore sua filia Regis *Norvegiæ*, & cum prædicto *Laurentio* electo *Manniæ* & Insularum, & cum multis aliis nobilibus viris, venit de *Norvegia* circa festum Sancti *Michaelis* Archangeli redire volens ad Patriam; cumqve venisset prope fines *Radlandiæ*, exorta tempestate valida, naufragium pertulit, & cum omni comitatu suo submersus est; cujus interitus causa doloris erat omnibus qvi noverant eum. Cui successit *Reginaldus* frater ejus in regnum.

MCCXLIX. Coepit *Reginaldus Olavi* filius regnare in *Mannia* pridie nonas *Maji*; & tricesima die mensis ejusdem tertio videlicet Kal. *Junii* occisus est ab *Yvaro* milite, & a suis, in prato qvodam prope ecclesiam Stæ. *Trinitatis* in *Russin* ad australem partem ejusdem ecclesiæ, sepultusqve est in ecclesia Stæ. *Mariæ* de *Russin*. Qvo mortuo, *Haraldus* filius *Godredi Don* coepit regnare in *Mannia*.

Eodem tempore *Alexander* Rex *Scotiæ* coadunavit navium multitudinem copiosam subjicere sibi volens regnum omnium insularum; cumqve perveni-set ad insulam, qvæ vocatur *Kerwaray* ibi febre correptus mortuus est. Hujus corpus ad monasterium *Melrossense* translatum ubi honorifice traditum est sepulturæ. Coepitqve *Alexander* filius ejus, cum adhuc puer esset, regnare pro eo.

Haral.

to the election, till he was on the spot, and could satisfy himself that Laurence was the person really fixed upon by the Clergy and people of the Island.

1248. Harald, *King of* Man *and the isles, with his* Norwegian *Princess and* Laurence, *attended by many people of distinction sailed from* Norway *about* Michaelmas *for* Man. *When they arrived off* Radland *a violent tempest arose, and* Harald *with all his retinue perished in the waves. The exit of this Prince was matter of sincere lamentation to all who knew his good qualities. His brother* Ronald *mounted the throne.*

1249. Ronald Olaveson *began his reign in* Man *on the day preceding the nones of* May. *On the* 30. *of the same month that is to say on the third of the Kall. of* June, *he was murdered in a meadow near the west end of* Trinity *church in* Russin, *by* Ivar *a knight and a party of assassins. His remains were deposited in St.* Mary's *church at that place.* On *this event* Harald *the son of* Godred Don *assumed the sceptre of* Man.

At this period Alexander *the* Scottish *Monarch brought together a great fleet with a design of reducing all the islands. He advanced in his enterprize as far as* Kerwary; *but was there seized with a disorder which proved fatal. His body was carried to the monastery of* Maolrôs *where it was pompously interred. His son* Alexander *a minor succeeded to the* Scottish *crown.*

Harold

Haraldus, igitur, filius *Godredi Don* nomen Regis & dignitatem sibi usurpans in *Mannia*, omnes fere Principes, *Haraldi* Regis *Olavi* filii, exules fecit; & profugos ejus principes & optimates pro eis constituit.

Miraculum de Stæ. Maria.

Fuit qvidam Princeps *Dofnaldus* nomine vir grandævus & nobilis, qvi pro cæteris specialis exstitit *Haraldo Olavi* filio. Hic igitur insecutionem *Haraldi* filii *Godredi Don* fugiens, venit, cum filio suo parvulo, ad monasterium Stæ. *Mariæ* de *Russin*. Venit & prædictus *Haraldus* post eum ad monasterium; & qvia vim ei in sancto loco inferre non potuit, blandis ac deceptoribus verbis, eum allocutus est dicens, "Ut qvod sic fugere voluisti? "Nihil mali tibi infarre cogito," & mediante juramento promisit ei secu itatem, & ut libere qvocunqve vellet iret per patriam persuasit. Credidit homo juramento Regis & fidei, & secutus est eum de monasterio. Post modicum temporis, Rex iniqvo usus consilio sui & juramenti oblitus, & fidei, prædictum hominem comprehendi fecit, & vinciri, ac vinctum duci in insulam qvandam, qvæ sita est in lacu de *Mirescoge*, deputatis ei multis custodibus. Erat igitur prædictus princeps fiduciam magnam habens in Domino. Qvotiens vero opportune potuit, genua flectebat Domino ut eum intercessione beatæ *Mariæ virginis* matris ejus, de

Harold *the son of* Godred Don *was sensible that he had no legal right to the title or dignity of King of* Man. *He therefore banished or dispersed all the adherents of* Harald Olaveson *and introduced his own partizans and Chieftains in their stead.*

A miracle wrought by the blessed virgin Mary.

There was a certain per on called Donald, *a veteran chieftain, and a particular favourite of* Harald Olaveson. *This man flying the persecution raised by* Harald Godredson *took sanctuary with his infant child in St.* Mary's *Monastery at* Russin. *Thither* Harald Godredson *followed, and as he could not offer violence in this privileged place, he, in flattering and deceitful language, addressed the aged man to this purpose,* "*Why dost thou thus resolve to fly* "*from me? I mean to do thee no harm.*" *He then assured him of protection, adding that he might depart in peace to any part of the country he had a mind. The veteran relying on the solemn promise and veracity of the King followed him out of the monastery. Within a short space, however, his Majesty manifested his sinister intentions, and demonstrated that he paid no regard to truth or even his oath. He ordered the old man to be apprehended, bound, and carried to an isle in the lake at* Miroscog *where he was consigned over to the charge of a strong guard. In this distress* Donald *still had confidence towards God. As often as he could conveniently bend his knees, he prayed the* Lord *to deliver him from his chains, through the intercession of the blessed* Virgin, *from whose Monastery*

de cujus monasterio fraudulenter ereptus fuerat, a vinculis, liberaret. Nec defuit ei divinum auxilium. Qvodam nempe die, cum sederet in domo cum duobus solis hominibus, cæteris egressis ad negotia sua, subito cathena de pede ejus cecidit, & liberam ei fugiendi tribuit facultatem, & cogitans secum, qvod expeditius in nocte dormientibus custodibus fugere potuisset, in cathenam pedem reponere cogitabat, sed minime potuit. Perpendens igitur qvod hoc divino nutu gestum esset, strinxit se tunica, & clamide, & foras exiliens fugam petiit. Videns alter eum custodum, qvi pistoris gerebat officium, surrexit subito, & secutus est eum; cumqve paululum processisset, cupiens comprehendere fugientem cecidit super qvendam truncum ligni, & semifracto crure, qvi paulo ante currere conabatur, manifesta dei virtute, nunc stare non potuit. Homo autem per dei gratiam liberatus venit tertia die ad monasterium Sanctæ Mariæ de Russin, gratias agens DEO, & misericordissimæ Matri ejus pro liberatione sua. Hæc sicut ab ore ejus didicimus, scripsimus. (*)

MCCL. Haraldus filius Godredi Don vocatus per literas adiit curiam domini Regis Norvegiæ, iratusqve est ei Rex eo qvod regnum sibi non debitum usurparet, detinuitqve eum in Norvegia; in proposito habens, ut eum ad Sodorenses partes ultra redire non permitteret.

Eodem

nastery he had been so insidiously betrayed. The Divine interposition was not withheld. One day as he was sitting in his chamber, and guarded only by two centinels, for the others were absent, suddenly the fetters dropt from his ancles, and left him at full liberty to escape. He reflected, notwithstanding, that he could elope more successfully during the night while the centinels were asleep, and from this consideration attempted to replace his feet in the fetters, but to his astonishment found it impossible. Concluding therefore that this was wrought by the might of heaven, he wrapped himself in his mantle, and taking to his heels made the best of his way. One of the centinels a baker by trade observing him immediately started up and pursued. Having run a good way, eager to overtake the fugitive, he hit his shin a severe blow against a Log; and thus while posting full speed he was so arrested by the power of the LORD that he could not stand. Hence the good man by the help of heaven got clear, and on the third day he reached St. Mary's Abbey at Russin, where he put up thanksgivings to God and the most merciful Mother for the deliverance. This declaration we have recorded from the man's own mouth.

1250. Harald Godredson was invited to the court of the King of Norway, who expressed much dissatisfaction with Harald, because he thought he usurped and occupied a crown to which he had no right. He therefore detained him in Norway, and intended to prevent his return home to the Sud-öer.

This

(*) Scriptor igitur prioris partis chronici circa medium decimi tertii sæculi floruit.

Eodem anno *Magnus Olavi* filius & *Johannes* filius *Dugald*, & qvidam *Norvegienses* venerunt ad *Manniam*, applicueruntqve apud portum, qvi dicitur *Rognahvabt*; misitqve *Johannes* filius *Dugaldi* nuntios ad populum *Manniæ*, qvi dicebant "*Hæc & hæc mandat vobis* JOHANNES *Rex Insularum*." Qvod cum audissent *Mannenses Johannem* Regem insularum nominari, & non *Magnum* filium *Olavi*, indignati sunt valde; & ultra verba nuntiorum audire noluerunt. Reversi nuntii indicaverunt hæc domino suo *Johanni*, qvi statim, indignatus non modice, fecit omnem suum armari exercitum, & armatum insulam Sti. *Michaelis* ascendere, dispositumqve per turmas seriatim sedere fecerat, qvasi mox profecturi ad prælium, jussitqve omnibus ut subseqventis diei primo diluculo, parati forent congredi cum *Mannensibus* nisi qvicqvid ab eis petierint ultro sposponderint se daturos. *Maunenses*, igitur, contra se directas cernentes acies audaciter ad littus accesserunt; & se, e contra, per turmas disponentes eventum rei viriliter expectabant. Recedente autem maris reumate, qvo Insulæ aditus claudebatur, prædictus *Johannes*, & qvi cum ipso fuerant navibus suis recepti sunt, multis tamen adhuc per insulam evagantibus, aliis vero qvæ mensis necessaria fuerant præparantibus. Advesperascente autem die, ecce qvidam juvenis, qvi *Yvarum* militem comitabatur cum multis de populo Insularum ingressi sunt, & qvosdam in ipso impetu homines occiderunt. Multi vero ad naves fugientes natando submersi sunt.

This year Magnus Olaveson and John Dugalson *with some Norwegians came to* Man *and disembarked at* Ronaldswath. John Dugalson *forthwith dispatched Messengers to the people of* Man *telling them* " *such and such are the commands which* John *King of the isles sends you.*" *When the* Manks *heard that* John *declared himself King of the isles in opposition to* Magnus Olaveson *they were exasperated, and would no longer listen to the Messengers. They consequently retired; and made their report. King* John *was highly enraged. He ordered his men instantaneously to arm. He then led them up St. Michael's isle where he marshalled them. As soon as his tribes were arranged he desired them to sit down in divisions to breath a little, that they might be prepared to engage at day break, if the* Manks *did not agree to capitulate on such terms as he chose to dictate. The* Manks *seeing the enemy's line formed in front boldly descended to the shore, and, drawing up in battalions, waited with much steadiness for the signal.* John's *courage was damped by this shew of resistance; he therefore waved fighting till the ebb left dry the isthmus which connects the islands, when he and his troops retreated with such precipitation, that they left behind them many stragglers who had gone up the country in search of provisions. A young officer who attended* Ivar *collecting a body of the inhabitants went in quest of the plunderers, some of whom were killed and others drowned in attempting to get on board the ships.*

Hoc

Intake

CHRONICON MANNIÆ.

Hoc eis evenisse non ambigo merito superbiæ & magnanimitatis suæ, qvia oblatam sibi pacem a populo terræ recusabant accipere. Mandavit enim iis populus *Manniæ* prima hora diei per internuntios dicens. Qvotqvot a latere Domini Regis *Norvegiæ* missi estis literas ejus nobis ostendentes terram securi ascendite, & qvicqvid nobis a sua clementia mandatum fuerit libenti animo faciemus. Sed ipsi nec literas ostenderunt, nec responsum pacis dederunt, nec qvicqvam, qvod iis a populo terræ oblatum fuerat recipere voluerunt; crastina autem die cum indignatione magna de *Mannia* recedentes multos nobiles exorta tempestate naufragio perdiderunt,

MCCLII. Venit iterum *Magnus* filius *Olavi* ad *Manniam*, & susceperunt eum omnes *Mannenses* cum gaudio regemqve sibi constituerunt.

MCCLIII. *Magnus Olavi* filius profectus est ad curiam Domini Regis *Norvegiæ* & honorifice susceptus est ab eo, mansitqve apud eum uno anno.

MCCLIV. *Haco* Rex *Norvegiæ* constituit *Magnum* filium *Olavi* Regem super omnes insulas, qvam antecessores ejus jure hæreditario possidebant, & eas ei, & SUCCESSORIBUS suis (hæredibus, ut melius *Haraldo* fratri ejus ***) Sigilli sui munimine in perpetuum confirmavit. Audiebant & videbant hæc adversarii ejus, & consternati animo contabescebant pereunte spe illorum. *Magnus* igitur Rex *Manniæ* & Insularum constitutus a Domino Rege *Norvegiæ* cum *Magno* honore dimissus venit ad propria.
MCCLVI.

I make no doubt but this calamity was brought upon the invaders by their pride and insolence in rejecting the terms of peace proposed by the natives. For at noon the Manks *by deputies had made the following declaration.* "*You who pretend to be subjects of the King of* Norway *only shew us a commission under the seal of your sovereign; then you may land without opposition; and whatever the commands of his most gracious Majesty may be we will chearfully execute them.*" *They however would neither produce their letters, nor give a civil answer, nor receive any overtures for a pacification. Next morning raving with indignation the invaders left the islands, and many of their leaders perished in a tempest.*

1252. *Magnus Olaveson came back to* Man. *His subjects welcomed him with all heartinefs, and acknowledged him for their king.*

1253. *Magnus Olaveson set out for the court of* Norway *where, meeting with the most friendly reception, he remained a twelvemonth.*

1254. *Haco the* Norwegian *Monarch confirmed* Magnus Olaveson *in the Kingdom of all the isles which his Forefathers by hereditary right possessed, and ratified this deed under his seal to* Magnus, *to his heirs, and to his* SUCCESSORS, *for ever. The enemies of* Magnus *on hearing of this grant, and of its extent, lost all hopes of supplanting him.* Magnus *being thus secured in his dominions took leave of the King of* Norway *and returned home.*

1256.

CHRONICON MANNIÆ.   41

MCCLVI. *Magnus* Rex *Manniæ* & Insularum adiit curiam Domini Regis *Angliæ*, qvem Dominus Rex *Angliæ* gratanter & honorifice susceptum militem fecit, & cum multo honore ac preciosis muneribus dimisit ad propria.

MCCLVII. Dedicata est ecclesiæ Stæ. *Mariæ* de *Russin* a venerabili Domino ac patre *Ricardo*, *Sodorensi* Episcopo, anno pontificatus ejus qvinto, præsente Domino *Magno* Rege *Manniæ* & Insularum anno regni ejus quinto, Abbate autem Domino *Symone*.

MCCLXIII. Venit *Haco* Rex *Norvegiæ* ad part:s *Scotiæ*, &, nihil expediens, reversus est ad *Orcades*, & ibidem apud *Kirkwall* mortuus, & seqventi vernali tempore, delatus est in *Norvegiam*, & sepultus est in ecclesiâ Stæ. *Trinitatis* apud *Bergen*.

MCCLXV. Octavo Kal. *Decembris* obiit *Magnus*, filius *Olavi* Regis *Manniæ* & Insularum, apud Castellum de *Russin* & sepultus est in Abbatiâ Stæ. *Mariæ* de *Russin*.

MCCLXVI. Translatum est regnum *Manniæ* & Insularum ad *Alexandrum* regem *Scottorum*.

MCCLXXIV. Coronatus est *Edwardus* Rex *Angliæ* apud *Londinum*. Eodem anno celebratum est consilium generale apud *Lugdunum* sub *Gregorio* decimo. Eodem anno obiit *Margareta* Regina *Scotiæ*, filia *Henrici* Regis *Angliæ*, soror *Edwardi* regis. Jacet apud *Dunfermlin*.

.. MCCLXXV. Septimo die mensis *Octobris* applicuit navigium Domini *Alexandri* Regis *Scotiæ* apud *Rognalwath*; & seqventi die,

1256. Magnus Olaveson *King of* Man *and the isles went to the court of* England *where the King created him with the utmost kindness and distinction. He first knighted him; and then sent him home with rich gifts, and much honour.*

1257. *The church of St.* Mary *at* Russin *was dedicated by the right reverend Father and Lord* Richard, *Bishop of* Sudör, *in the fifth year of his consecration and the 5th year of* Magnus's *reign.* Simon *was then Abbot.*

1263. Haco, *King of* Norway, *appeared off the coast of* Scotland, *but, effecting nothing, he steered for the* Orkneys *and died at* Kirkwall. *In the ensuing spring his remains were conveyed to* Norway *and deposited in Trinity church at* Bergen.

1265. *On the eighth of the Kal. of* December, Magnus Olaveson, *King of* Man, *and the isles, died in* Russin *castle and was buried in St.* Marys *church.*

1266. *The sovereignty of* Man *and the isles was made over to* Alexander *King of* Scotland.

1274. *At* London, Edward *was crowned King of* England. *That year a general council was held at* Lyons *under* Gregory *the tenth.* Margaret *Queen of* Scotland, *daughter of* Henry, *and sister to* Richard, *Kings of* England, *died this year, and was buried at* Dunfermlin.

1275. *On the* 7. *of October the fleet of* Alexander, *King of* Scotland, *arrived at* Ronaldswath; *and next morning, before sunrise*

F

die, ante solis ortum, commissum est prælium inter *Mannenses* & *Scotos* ; & *Scoti* victores existentes occiderunt de *Mannensibus* in illo conflictu qvingentos & triginta septem viros, unde qvidam versificator.

> L. decies X ter. & pente duo cecidêre,
> *Mannica* gens de te damna futura cave.

MCCCXIII. Dominus *Robertus* Rex *Scotiæ* applicuit apud *Ramsö* videlicet octodecimo die *Maji*, cum multitudine navium; & die dominica seqventi transivit ad Moniales de *Dufglas* ubi pernoctavit; & die Lunæ seqventi fecit obsessionem circa castrum de *Russin*, f. Du-qvod castrum Dominus *Dungawi Macdowal* gald, tenuit contra prædictum Dominum Regem usque diem *Martis* proximam post festum Sti. *Barnabæ* apostoli, & ipsa die dictus Dominus Rex dictum castellum recepit.

MCCCXVI. Die ascensionis Dominicæ mane ad ortum solis *Ricardus de Mandeville* & fratres ejus, cum aliis magnatibus & malefactoribus de *Hibernia*, applicuerunt ad portum de *Ronaldswath* cum navium multitudine; & exercitum ad terram imposuerunt cum armis & vexillis & magno apparatu & terram petierunt vel sibi ministrari subsidium de victualibus, animalibus & argento qvia depredati erant per hostes super eos continue debellantes. Sub hac formâ ad terræ communitatem nuncios miserunt talia petentes, at communitas respondit se eisdem nihil velle dare sed eis in campo obviare debellando. Hi vero qvi erant ab *Hibernicis* reverteutes retulerunt qvaliter *Mannenses* responderunt. Tunc irati *Hiberni*

rise *a battle was fought between the* Manks *and* Scotch. *Victory declared for the* Scotch, *who slew* 537 *of the* Manks *whence some poetaster composed the following distich.*

> Ten L.s. thrice X. with five and two did fall,
> Ye Manks take care, or suffer more ye shall.

1313. Robert, *King of* Scotland, *anchored at* Ramsö, *with a numerous fleet, on the* 18. *day of* May; *and, on the Sunday following, went to the Monastery of* Dubh-glass, *where he spent the night. On the Monday following he laid siege to the castle of* Russin, *which Lord* * Dungawi Macdougal *held out against the forementioned King, till the Tuesday after the festival of St.* Barnabas *when Robert took the fortress.*

1316. *On Ascension day, before sunrise,* Richard Mandeville, *his Brothers, and a number of freebooters from* Ireland, *came with a considerable fleet to* Ronaldswath. *There they landed their troops, and standards, and magazines; and demanded supplies of provisions, cattle, and money, saying that they had been plundered of every thing by their enemies. Under this pretence they sent in a petition to the states, who answered,* "*that they would give nothing but would fight them fairly in the field.*" *The* Irish *enraged at the denial, immediately sung their war-song, and prepared for battle. They for-*

CHRONICON MANNIÆ.

Hibernici cantum subito cecinerunt; & confestim paraverunt se ad prælium; & fecerunt sibi duas turmas & processerunt erga *Mannenses* qvousqve venerunt sub latere montis de *Wardfel* in campo ubi qvidam manebat nomine *Johannes Mandeville*, & ibi adunatæ obviaverunt & commissum est bellum. In pr'ma vero aggressione adunate terga verterunt *Mannenses*, & ceciderunt in illo conflictu fere qvadraginta viri. Et *Hibernici* persecuti sunt eos in pedibus & in eqvis, & occiderunt & vulneraverunt magnam multitudinem, & spoliaverunt terram de melioribus bonis omnibus & argentum multum diu absconditum in pluribus locis pace invenerunt. Post hæc venerunt ad Abbatiam de *Russin*, & eam spoliaverunt tam de supellectilibus qvam de bobus & ovibus, nihil omnino relinqventes; & cum taliter per mensem perendinassent impleverunt naves suas de melioribus rebus terræ, & ad propria sunt reversi.

formed into two divisions, and advanced towards the Manks *till they came to the declivity of the mountain* Ward-fell, *where they united in a field belonging to* John Mandeville, *and the engagement began. At the first outset the* Manks *fled in a body; about* 40 *of them fell on the spot. The* Irish, *some on horseback some on foot, pursued the fugitives, and killed and wounded great numbers. They, afterwards, plundered the country of every thing valuable, and, at their leisure, dug up much silver, which had been buried under ground in various places. They next came to the Abbey of* Russin, *which they entirely stript of all its furniture flocks and cattle. Having spent a month, in this manner, they stowed their ships with the best effects of the country, and returned home.*

OF THE BISHOPS OF MAN AND THE ISLES.

Ili fuerunt Episcopi qvi episcopalem cathedram in MANNIA susceperunt a tempore GODREDI CRONAN, & aliqvanto ten pore ante.

The following are the Bishops who filled the episcopal see of MAN, *since the time of* GODRED CRONAN, *and a few years before.*

1. Primus extitit anteqvam *Godredus Cronan* regnare coepisset *Roolwer* Episcopus qvi jacet apud ecclesiam Sti. *Macluti*. Multi qvidem a tempore beati *Patricii*, qvi primus fidem catholicam predicasse fertur *Mannensibus*, extiterunt episcopi sed ab ipso sufficit episcoporum memoriam inchoasse. Sufficit dicimus qvod qvi vel qvales ante ipsum episcopi extiterunt penitus

1. A *little before the reign of* Godred Cronan Rolwer *was consecrated Bishop. He is interred in the church of* Kil-Machow. *From the time of St.* Patrick, *who it is said first preached the Gospel to the* Manks, *there was no doubt a succession of Bishops but we are necessitated to confine ourselves to the above period. Who, or what Bishops existed in former ages we know not*

CHRONICON MANNIÆ.

tus ignoramus qvia nec scriptum invenimus, nec certa relatione seniorum didicimus.

2. Post Roolwer extitit *Wilhelmus* Episcopus.

3. Post *Wilhelmum* in diebus *Godredi Cronan Hamondus* filius *Jolt Mannicus* genere Episcolam susceptit cathedram.

4. Huic successit in episcopatum *Gamaliel Anglicus* genere qvi jacet apud *Petarborch* in *Anglia*.

5. Post hunc *Ragualdus Norwegus* genere *Mannensem* ecclesiam gubernandam susceptit. Huic primo tertiæ ecclesiarum *Manniæ* personis concessæ fuerunt ut deinceps liberi ab omni episcopali exactione fore potuissent.

6. Huic successit in Episcopatum *Christinus* Archadiensis genere qvi jacet in *Benchorensi* monasterio.

7. Post hunc *Michael Mannensis* genere vir vitæ venerabilis, & clarus mitis monachus qvidem actu & habitu pontificatum susceperat; & hic ultimum vitæ diem in bona senectute

m.1203 finiens apud *Fontanas* honorifice jacet.

8. Huic successit *Nicolaus Archadiensis*
m.1216 genere qvi jacet in monasterio *Benchorensi*.

9. Post hunc *Reginaldus* vir nobilis de regali genere consecutus episcopus. Strenue gubernabat ecclesiam, qvi & diuturna infirmitate, farigatus sed in languore continuo non deficiens, sed gratias agens DEO ultimum in confessione bona exhalavit spiritum, sepul.usqve est in Abbatia Stæ. *Mariæ de Russin*.

nor, because they are neither recorded in writing, nor by the traditions of our Fathers.

2. *Bishop* William *succeeded* Rolwer.

3. *Next to* William, Aumund M'Olay *a native of* Man *was Bishop in the days of* Godred Cronan.

4. *His successor in the diocese was* Gamaliel *an* Englishman. *His tomb is to be seen at* Peterburgh *in* England.

5. *Next to him* Ronald *a* Norwegian *was nominated to the see. To him the thirds of the parishes in* Man *were first given by the clergy, that in after times they might be free from all demands of the Bishops.*

6. *He was succeeded by* Christinus *an* Argyleshire-Man. *He is buried in the Monastery of* Banchor.

7. *Then came* Michael *a native of the island. Being a* Monk *he was for his mildness, gravity, and eminent qualities raised to the episcopal dignity. He died in a very advanced age at* Fountain Abbey *were he was honourably interred*.

8. *He was succeeded by* Nicolas *an* Argyleshire-Man *who lies in the Monastery of* Banchor.

9. Ronald *descended of the blood royal was the next Bishop, and ruled the diocese with strict discipline. He was of a weakly constitution but in his infirmity fainted not. Making a good confession to God he breathed his last, and was interred in St.* Mary's *Abbey in* Russin.

CHRONICON MANNIÆ.

10. Huic successit *Johannes* fi.ius *Hefare* in Episcopatum qvi per qvoddam miserabile ignis infortunium & per incuriam servientium suorum vitam finiens jacet apud *Jerew-os* in *Anglia.*

11. Post hunc *Simon Erchadiensis* genere vir magnæ discretionis & in sacris scripturis peritus sodorensem rexit ecclesiam; & hic apud ecclesiam Sti. *Michaelis* in senectute bona defunctus, & jacet in ecclesia Sti. *Germani* qvam ipse ædificare cœperat, post cujus obitum vacabat episcopatus fere, sex annis.

12. Post *Simonem* vero venerabilem *Sodorensem* episcopum, *Ricardus* genere *Anglicus Romæ* ab Archiepiscopo *Nidrosiensi* consecratus *Sodorensem* rexit ecclesiam per viginti tres annos nobilissime. Et hic veniens a generali concilio A. D. 1274. Obiit apud *Langalyvar* in *Coplandia* sepultusqve est in monasterio Stæ. *Mariæ* de *Furneß.*

13. Post hunc *Marcus* genere *Galwediensis Sodorensem* rexit ecclesiam per viginti qvatuor annos. Exulatus tum erat per *Mannenses* ob qvam causam interdicta erat terra per tres annos. Postea autem rediit revocatus, & per relaxationem dictæ sententiæ dederunt de qvalibet domo fumigante unum denarium, qvod tamen donarium adhuc redditur antiqva ex consvetudine cuilibet antistiti succedenti redeunti de insulis. Prædictus autem *Marcus* dapsi'is & urbanus in senectute bona obiit; cæcus erat ac sepultus in ecclesia Sti. *Germani* in insula de *Holm.*

14. Post hunc *Alanus* genere *Galvediensis Sodorensem* rexit ecclesiam honorifice qvi obiit

10. *His successor was* John M'Ivar. *By some melancholy accident, arising from the negligence of his servants, he was burnt to death and is buried at* Yarro-mouth *in* England.

11. *After him* Simon *of* Argyleshire *a Man of great prudence and well read in the holy scriptures governed the church of* Sudöer. *He died at St.* Michael's *in an advanced age and lies in the church of St.* German *which he had begun to erect. After his decease the see was vacant six years.*

12. *After the venerable* Simon, Richard *an Englishman was consecrated at* Rome *by the Archbishop of* Drontheim. *He ruled the see excellently for 23 years. Coming from a general council A. D. 1274. he died at* Langalyver *in* Copland, *and was buried in the monastery of St.* Mary *at* Furneß.

13. *After him* Marcus *a Gallovidian ruled the church of* Sudöer *for 24 years. Being banished by the* Manks, *the island was put under an in erdict for three years. He was afterwards recalled; and on his return the inhabitants, that they might be liberated from the sentence, agreed to pay a penny for every house that had a fireplace. This penny by old custom is still paid to every succeeding prelate on his return from the visitation of the isles.* Marcus *was a liberal hospitable Man. He lived to a great age, and became blind. He is buried in St.* German's *church in the isle of* Holm.

14. Allan *a* Galloway-Man *next ruled the church with great approbation. He died on the*

obiit 15 die mensis *Februarii* A. D. 1320. & sepultus est in ecclesia beatæ *Mariæ* de *Rothersay* in *Buth*.

15. Cui successit *Gillebertus M'Lelan Galvediensis* genere. Episcopus fuit *Sodorensis* per duos annos & dimidium & sepultus in ecclesia prædicta de *Both*.

16. Postea successit *Bernardus* natione *Scotus* & sepultus est in monasterio de *Kilmynin* in *Scotia*. Vixit in episcopatu qvatuor annis.

17. Huic successit *Thomas* genere *Scotus*. Vixit in episcopatu octodecim annos & sepultus est in *Sconâ* in *Scotiâ;* obiit autem vigesimo die mensis *Septembris* A. D. 1348. Hic primus viginti solidos nomine procurationum de ecclesiis *Manniæ* extorsit.

Hic fuit primus qvi decimas omnium alienorum de piscatura alecum rectoribus extorsit insulæ prælibatæ.

18. Anno Domini 1348. *Wilhelmus Russel* natione *Mannicus* Abbas monasterii Stæ. *Mariæ* de *Russin* electus est per clerum insulæ *Manniæ* in pastorem ecclesiæ *Sodorensis*, in ecclesiâ cathedrali Sti. *Germani* in *Mannia* in *Holm*. Consecratus est *Avinione* a *Clemente* Papa VIto, atqve primus electus *Sodorensis* ecclesiæ fuit consecratus per sedem apostolicam & confirmatus; nam omnes sui antecessores ab archiepiscopo *Nidrosiensi* videlicet *Metripolitano* confirmari & consecrari assueverunt.

Obiit autem vigesimo primo die mensis *Aprilis* 1374. apud *Ramsheved* & sepultus est in monasterio Stæ. *Mariæ* de *Furnefi* qvi qvidem

the 15th. of February A. D. 1320. and was interred in the church of the blessed Virgin Mary at Rothsay in Bute.

15. He was succeeded by Gilbert M'Cleland a native of Galloway. He was for 2 years and a half Bishop of Sudoer and is interred in the abovementioned church in Bute.

16. He was followed by Bernard a Scot who was buried in the monastery of Kilwinin in Scotland. He was Bishop four years.

17. The next Bishop was Thomas a native of Scotland, and filled the see 18 years. He died on the 20th. of September A. D. 1348. and was buried at Scân in Scotland. He first exacted twenty shillings as procuration from the churches of Man.

He also was the first who demanded from the Rectors of the Island, the tenth of all the taxes paid by foreigners employed in the herring Fishery.

18. A. D. 1348. William Russel a Manksman and *Abbot* of St. Mary's monastery at Russin was elected, by the clergy, in the cathedral church of St. German at Holm to be Pastor of the Sudureyan churches. He was consecrated at Avignon by Pope Clement the 6th. and was the first elect Bishop of Sudoer that was consecrated by the apostolick see; for all his predecessors were wont to be consecrated and confirmed by their Metropolitan the Archbishop of Dronthiem.

This Bishop died April 21st. 1374. at Ramshead and was buried in the monastery of St. Mary at Furnefs. He was Abbot of Russin eighteen

CHRONICON MANNIÆ. 47

dem fuit Abbas de *Russyn* 18 annis & vixit episcopus *Sodorensis* 26 annis.

19. Pridie mensis *Junii* die Jovis festo videlicet corporis CHRISTI in ecclesia cathedrali Sti. *Germani* in *Mannia* A. D. 1374. *Johannes Doukan Mannensis* qvidem per clerum *Mauniæ* est electus in pastorem & Episcopum *Sodorensem*. Et in festo scilicet Sti. *Leonardi* proximo seqventi est *Avenione* per papam *Gregorium XI*. confirmatus; & in festo Stæ. *Catherinæ* proximo seqventi apud fratres prædicatores per Cardinalem *Prænestinum* dudum Archiepiscopum *Carocuviacum* est solemniter cum aliis octo Episcopis consecratus. In festo autem conversionis Sti. *Pauli* A. D. 1376. & suæ consecrationis tertio, in dicta sua ecclesia cathedrali fuit solempniter installatus, maximis oblationibus dicto die in sua prima missa pontificali acqvisitis * * * * *

19. On the day before the month of June, that is to say on a Thursday being the Festival of Corpus Christi A. D. 1374. John Doukan a native of Man was elected by the clergy Pastor and Bishop of Sudöer. On the ensuing festival of St. Leonard he was confirmed at Avignon by Pope Gregory XI, and on the following festival of St. Catharine, in the monastery of the predicant Friars, he, together with eight other Bishops, was solemnly consecrated by Cardinal Prænestino some time Bishop of Cracoviacum. On the festival of the conversion of St. Paul A.D. 1376. and in the third year of his consecration, he was solemnly installed in his own cathedral church, and on the same occasion, at the first episcopal service he performed, he received great offerings * * * * *

I. LIMITS OF CHURCH LANDS. I.

Hæc est divisa inter terram Regis & Monachorum de *Russin*, muro & fovea qvæ est inter villam castelli & terram monachorum. Et circuit per austrum inter pratum monachorum & villam *M'Akoeu*; & ascendit per rivulum inter *Gylosen* & terram eorundem monachorum & inclinat usqve ad *Hentræ*; & circuit eandem terram de *Hentræ* & *Trollosophean* per murum & foveam in amnem prope *Oxwath*; & ascendit per eundem amnem in rivum inter *Aryens-ryn* & *Staynarhan* & descendit nsqve ad vallem qvæ vocatur *Fanc*; & ascendit per clivum montis qvi dicitur *Hardsfial*; & descendit in rivulum qvi dicitur *Mou-*

This is the line that divides the king's lands from those belonging to the monastery of Russin. It runs along the wall and ditch which is between Castleton and the Monk's Lands; it winds to the south between the Monks meadow and M'Ewens farm; ascends the rivulet between Gylosen and the Monks Lands; turns to Hentraeth; goes round Hen-traeth and Trollo-toft along the ditch and wall; descends by the ditch and Wall to the river near Oxwath; turns up the same river to a rivulet between Ar-os-rin and Stein-a goes down to the valley called Fanc; mounts up the ascent of the hill called Ward-fell; descends to the brook Mourou; ascends from

Mourou; & ascendit de rivulo *Mourou* per veterem murum per *Rosfial;* & descendit per eundem murum inter *Cornama* & *Tosman-by,* & descendit per eundum murum obliqve inter *Ox-reise-herad* & *Tosmanby* usqve ad amnem qvi vocatur *Corna.* Corna qvidem est confinium terræ regis & monachorum ex illa parte usqve vathum per qvod transitur publica via inter villam *Thorkel* qvæ alio nomine vocatur *Kirk-Michael,* & *Herin-stad,* & ascendit per murum qvi est confinium inter eandem villam *Thorkel* & *Bally sallach;* & descendit obliqve per eundem murum inter *Crofs Ivar-Biukhan;* & sic circuit *Balle-sallach;* & descendit de *Balle-sallach* per murum & foveam in amnem de *Russin,* sicut notum est provincialibus; & descendit per ripam amnis ejusdem diversimode usqve ad prædictam foveam, & murum qvi est inter territorium monachorum & terram ejusdem castelli de *Russin.*

from the brook Mourou *along the old wall to* Rosfell; *descends along the same wall between* Cornama *and* Tot-man-by; *descends obliquely along the same Wall between* Ox-raise-herad *and* Tot-manby *to the river called* Corna. Corna *is the boundary between the King and the monastery in that Quarter to the ford which lies in the high way, between* Thorkel's *farm otherwise* Kirk-Michael, *and* Herin stad; *the line then passes along the wall which is the limit between the abovementioned* Thorkel's *estate and* Bally-Sallach. *It then descends obliquely along the same Wall between* Crofs-Ivar-Builthan, *and so surrounds* Bally-sallach. *It then descends from* Bally-sallach *along the Wall and ditch to the river of* Russin, *as it will known to the inhabitants; it then winds along the banks of that river in different directions to the abovementioned Wall and ditch, which is the limit between the Abbey Land and that belonging to the castle of* Russin.

II.

Hæc est divsa inter terram de *Kirkereus* & terram monachorum; de *Myrosco* lacu qvi dicitur *Hescana-appayse,* & ascendit in siccetum directe e loco qvi dici ur *Munenyrsana* per boscum & per locum qvi dicitur *Leabba-Ankonathway* & ascendit juxta *Rose'au* usqve in rivulum qvi dicitur *Gryseth;* & ascendit ita per *Glen-na-drouan* & ascendit inde per regiam viam & per saxum qvod dicitur *Karraycheth* ad locum qvi dicitur *Duppolla* & descendit inde per rivulum & *Hath-Aryegorman;* & ita descend t per eundem rivulum in amnem

II.

This is the line that divides the Lands of Kirkercus *from the Abbey Lands. It begins at the lake at* Myre-shaw *which is called* Hescanappayse *and goes up the dry moor directly from the place called* Monenyrsana *along the wood to the place called* Leabba-Ankouathway. *It then ascends to* Ros-elan *as far as the brook* Gryseth; *and so goes up to* Glendrummy; *and proceeds up to the Kings way and the rock called* Carig-eth *as far as* Deep-pool, *and descends along the rivulet and* Hath-aryegorman; *and so descends along*

CHRONICON MANNIÆ.

amnem de *Sulaby;* & sic descendit per amnem de *Sulaby* in boscum de lacu *Myrosco* & circuit tres insulas in *Bosco de Myroscou;* & descendit per veterem siccum in *Dufloch,* & sic circuit & concludit in loco qvi dicitur *Hescauakeppage.*

along the river Sulaby to the wood of Myre-shaw. It encloses three islands in the lake of Myre-shaw and descends along the old moor to Duf-loch, f. lacu. and so winds along and ends in the place called Hescauakeppage.

III.

Hæc est divisio inter terram Regis & Monachorum apud *Skemerror* ab introitu portus qvi dicitur *Laxa:* & ascendit per eundem amnem linealiter subtus moledinum usqve ad valliculam sitam inter capellam Sti. Nicolai & villam qvæ vocatur *Gretastad* & escendit inde p r veterem murum notum provincialibus per devexa latera montium & ascendit in rivulum qvi est inter *Toftar Asmund* & *Renkurlin;* & descendit inde usqve ad confinium terræ qvæ vocatur *Orms-hous* & *Toftar-Asmund* & descendit inde sicut notum est provincialibus usqve in mare.

III.

This is the line which divides the King's lands from those of the abbey towards Skemestor. It begins from the entrance of the port called Lax-a and goes up that river in a line under the mill to the glynn lying between St. Nicholas chapel and the manor of Greta-stad. It then proceeds by the old wall, as is known to the inhabitants, along the winding declivities of the mountains, till it comes to the rivulet between Toftar-As-mund and Ran-curlin. It then descends to the boundaries of the manor called Orm's-house and Toftar-Asmund, and, as is known to the country people, descends to the sea.

FINIS CHRONICI MANNIÆ.

Fragmentum ad historiam MANNIÆ & Insularum pertinens, ex MS. in eodem codice cum chronico MANNIÆ compacto.

A Fragment relating to the history of MAN and the isles, taken from a MS. bound up in the same volume with the Chronicle.

MCXCVI. *Willelmus* Rex *Scottorum* intravit *Moraviam* ad debellandum *Haroldum Macmadid,* qvi terram illam occupaverat, sed anteqvam Rex *Caranesiam* intraverat, *Haroldus* fugit ad naves suas nolens contra Regem bellum inire. Tunc misit Rex exercitum suum ad *Tursebern* villam prædicti *Haroldi,* & castellum suum ibidem situm prostravit. Videns autem

1196. William, *King of Scotland, entered* Murray to expel Harold Macmadoch, who had seized upon that country, but before the King reached Cathness, Harold, unwilling to risk an engagement, fled to his ships. The King, therefore, sent his troops to Thurso the residence of Harald, and destroyed his castle. Harald seeing that

autem *Haroldus* Rex qvod rex terram suam ex toto devastaret, venit ad pedes Regis & posuit se in viam ejus, maxime qvia tempestas sæviebat in mare, & ventus erat ei contrarius volenti ad *Orcadiam* insulam ire. Et juravit Regi, qvod adduceret illi omnes inimicos suos cum Rex alia vice rediret in *Moraviam*, & per illam conditionem promisit ei Rex tenere medietatem *Catanesiæ*. Aliam medietatem *Catanesiæ* dedit Rex *Scotiæ* Haraldo, nepoti Reginaldi qvondam Comitis de *Orchancia* & *Catancia*. Deinde reversus est Rex *Scotiæ* in terram suam, & *Haroldus* in *Orcadiam*. Deinde in autumno rediit Rex *Scotiæ* in *Moraviam* usqve ad Nairn. * *Innernarran*, ut reciperet de *Haraldo* inimicos suos. Qvos cum *Haroldus* perduxisset usqve ad portum de *Lochloy* prope de *Innernarran*, permisit eos abire; & sero redeunte Rege de venatu, venit ad eum *Haraldus* ducens secum duos pueros nepotes suos ad tradendum Regi obsides. Et interrogatus a Rege ubi erant inimici ejus, qvos tradere debuerat, & ubi esset *Torfunnus* filius ejus, qvem obsidem dare promiserat? respondit: "Permisi eos "abire sciens qvod si tradidissem eos vobis "non evaderent manus vestras. Filium autem "meum non potui, qvia in terra illa non alius "est hæres." Igitur qvia ipse, conventiones qvas fecerat cum Domino Rege non servaverat, judicatum est eum in captione Regis mansurum, donec filius ejus veniret & obses fieret. Et pro eo qvod ipse permisit inimicos Regis abire, judicatum est terram qvam ille de Rege tenebat eum demeruisse. Et Rex duxit

that the King was determined, to lay waste his estates, (as the weather was tempestuous and the wind did not admit of his returning to the Orkneys,) came and threw himself at the King's feet. He swore to the King, that the first time his Majesty came to Murray, he would deliver up all his enemies. On these conditions the Scottish monarch promised to give him the half of Cathness, and the remainder to Harold the nephew of Ronald formerly Earl of Orkney and Cathness. After this, the King of Scotland returned home; and Harold retired to the Orkneys. In autumn, the Scottish monarch marched through Murray, as far as Nairn, that he might have the satisfaction of receiving his enemies from Harold. Harold, indeed, brought them as far as the harbour of Lochloy in the neighbourhood of Nairn, but there permitted them to make their escape. The King returned late from a hunting party, and Harold came to him presenting two of his nephews as hostages. On being asked by the King, where were the enemies that he was to deliver, and what was become of his son who was to be surrendered as a pledge, he answered "As to the first I have suffered them to escape, "knowing that had I put them in thy hands their "punishment would have been inevitable; as to "my son, said he, I could not part with him, for "I have no other heir to my lands. "Since Harald, therefore, broke the convention which he had made with his sovereign, he was ordered to remain in custody till his son appeared, and surrendered himself as a hostage; for as he had suffered the Kings enemies to elope, it was judged equitable, that he should forfeit the lands which he held of the

CHRONICON MANNIÆ. 51

duxit secum *Haraldum* usqve castellum *Puellarum*, & vincit cum in vinculis donec homines sui de *Orcadia* adduxerunt filium suum *Thorfuum*. Et tradentes eum Domino Regi obsidem liberaverunt *Haraldum* de captione Regis. Et *Haroldus* reversus est in *Orcadiam*, & ibi mansit in pace & qviete donec *Haroldus junior*, accepto a *Svero Birkebeino* Rege *Norvegiæ* licentia calumniandi medietatem *Orcadiæ*, adduxit secum *Siwardium Muri* de *Higland* & alios multos bellatores, & *Orcadiam* invasit. Et noluit *Haroldus senior* cum eo pugnam ingredi, & abiit in Insulam de *Man* relicta *Orcadia;* & ibi congregavit navigium, & homines multos; similiter fecit *Haroldus junior* & adiit Insulam de *Man* volens congredi cum *Haroldo seniore*. Sed *Haroldus senior*, ante aduentum *Haraldi junioris* in *Man*, per aliam viam regressus est in *Orcadiam*, cum navigio suo, & interfecit omnes qvos in *Orcadia* invenit. Qvo audito *Haroldus junior* reversus est in *Cathancia* apud *Wic* & commisit prælium cum *Haraldo seniore;* & in prælio illo *Haraldus junior*, & omnis exercitus ejus, interfecti sunt. Qvo interfecto *Haraldus senior* venit ad Regem *Scotiæ* per conductum *Rogeri* & *Reginaldi* Epis. oportum Sti. *Andreæ* & *Rosmarkyn;* & obtulit ei copiam auri & argenti pro *Cathancia* rehabenda. Cui Rex respondit qvod terram illam ei traderet si uxorem suam filiam *Malcholmi* * *Machat* dimisisset & priorem sponsam suam sororem *Duncani* Comitis de *Fyf* resumpsisset, & tradidisset in obsides *Laurentium* cleri-

G 2

the King. William, accordingly, led him to Merch-mont, and kept him in chains till his dependents brought Thorfin from the Orkneys, and, by delivering him as a hostage, set the father at liberty from prison. Harald, on his release, returned to the Orkneys, where he lived, in peace and tranquillity, till Harald the younger, having obtained, from Suerer Birke-bein *King of Norway*, a permission to claim a portion of the Orkneys, brought with him Sigurd Murt of Helgoland, and many other warriors, to invade the Orkneys. Harold the elder would not fight him, but, leaving the Orkneys, went to the isle of Man, where he assembled a fleet, and a number of adventurers. Harold the younger took the same measures, and sailed for Man with the determination to force Harold the elder to a battle. Harald the elder, however, before his antagonist reached Man, steered for the Orkneys with his fleet, and slew all whom he found in those Islands. Hearing this, Harold the younger returned to Cathness to Wick, and engaged, but in the combat he and all his troops were cut to pieces. After this affair, Harold the elder came under the protection of Roger and Reginald, the Bishops of St. Andrews and Ros-markyn, to the Scottish monarch, and offered him a sum of money to be reestablished in the possession of Cathness. To this proposal the King answered, that he would give him a new grant of the county, provided he would divorce his wife the Mathaz. daughter of Mal-colm, * Mac-Aod, and take back his former countess the daughter of Duncan Earl of Fife; provided, also, that he would deli-

---

* *Earl of* Murray. In the chartulary of Dunfermlin his father is called Head. Malcolm seems to have been brother in law to Somerld.

clericum suum, *Hanef*, & filium *Ingemundi*, qvod *Haroldus* facere noluit. Venit ergo *Reginaldus* filius *Somerlid* Rex de *Mannia* ad Regem *Scotiæ*, & emit ab eo *Cathanesiam* salvo Regis redditu annuo.

deliver up Laurence *his chaplain*, Hanef, *and the son of* Ingemund. Harald, *refusing to give his concurrence to these terms*, Reginald M'Somerlid *King of* Man *went to the* Scottish *monarch, and bought the property of all* Cathnefs *excepting the sovereign's yearly revenues.*

Transactio de Regno MANNIÆ & INSULARUM, inter serenissimos Reges ALEXANDRUM. III. SCOTIÆ, & MAGNUM. IV. NORVEGIÆ. Ex *Torfæo*.

In nomine PATRIS & FILII & SPIRITUS SANCTI. Amen.

Ut certitudo præsentium det veram ac evidentem memoriam præteritorum æternaliter est sciendum, qvod anno gratiæ MCCLXVI. die Veneris proxima post festum apostolorum *Petri* & *Pauli* in ecclesia fratrum prædicatorum apud *Perthen*, inita fuit hæc compositio, & finalis concordia, super contentionibus, qverimoniis, damnis & injuriis ac discordiis insularum *Manniæ* & *Sodorensium*, ac jurium earundem sopiendis, Divina cooperante providentia inter magnificos & illustres principes, Dominum *Magnum IV*. Dei gratia Regem *Norvegiæ* illustrem per solennes nuncios suos Dominos, *Askatinum Cancellarium* suum, & *Andream* filium *Nicolai Baronem* suum super hiis, illuc specialiter destinatos ac legitime constitutos, comparentes ibidem ex parte una; & Dominum *Alexandrum III.* eadem gratia Regem *Scotiæ*, ibidem cum clero & proceribus, Regni sui majoribus, personaliter comparentem ex altera, sub hac forma, videlicet qvod dictus Dominus *Magnus* Rex *Norvegiæ* tanqvam amicus pacis & cultor justitiæ, ad

Dei reverentiam & mutuæ dilectionis ac pacis observantiam diligentius confovendam, & animarum periculum propulsandum, ac strages hominum citius evitandum ad instantiam & & honorem Domini *Alexandri* Regis *Scotiæ* memorati, *Manniam* cum cæteris insulis *Sodorensibus*, & omnibus aliis insulis, ex parte occidentali & australi *magni Haffne*, cum omni jure qvod in eis ipse & p ogenitores sui habuerunt, ab antiqvo tempore, vel ipse & hæredes sui habere potuerunt, in futurum per prædictos viros discretos Dominos *Ascherinum Cancellarium* ipsius Domini *Magni* Regis *Norvegiæ*, & *Andream* filium *Nicolai Baronem* suum, habentes ab ipso Rege plenam authoritatem componendi & concordandi super ipsis amicabiliter & socialiter concessit, resignavit & qvietas clamavit, tam in petitorio, qvam in possessorio, pro se & hæredibus suis in perpetuum tenendum, habendum, & possidendum, dicto Domino *Alexandro III.* Regi *Scotorum* & suis hæredibus, cum dominiis, homagiis, redditibus, servitiis & omnibus juribus & pertinentiis dictarum Insularum, sine aliqvo retinemento, una cum jure patronatus Episcopatus *Manniæ*,

sal-

salvis, jure, jurisdictione, ac libertate Ecclesiæ Nidrosiensis in omnibus & per omnia, qvod vel qvas habet in Episcopum & ecclesiam *Manniæ;* & exceptis insulis *Orcadiæ* & *Hethlandiæ*, qvas idem Rex *Norvegiæ* cum dominiis, homagiis, redditibus, servitiis, & omnibus juribus & pertinentiis suis, infra easdem contiguis, Dominio suo specialiter reservavit, ita qvod omnes homines dictarum Insularum, qvæ præfato Domino *Scotiæ* Regi sunt concessæ, resignatæ, & qviete clamatæ, tam majores qvam minores, subjaceant legibus & consvetudinibus Regni *Scotiæ*, & secundum eas ex nunc in posterum tractentur & judicentur. Pro hiis autem forefactis, vel injuriis & damnis, qvæ fecerunt usqve in hodiernum diem, dum memorato Domino Regi *Norvegiæ* adhærebant, nullatenus puniantur, nec qverentur super hæreditatibus suis in illis insulis, sed pacifice stent in eisdem, sub dominio Domini Regis *Scotiæ*, sicut alii liberi & ligei dicti Domini Regis *Scotiæ*, qvi liberiori justitia gaudere dignoscuntur, nisi aliqvid de cætero faciant, propter qvod juste puniri debeant, juxta leges ac consvetudines Regni *Scotiæ* approbatas. Et si in dictis insulis, sub dominio dicti Domini Regis *Scotiæ* morari voluerint, morentur in Domino libere & in pace, & si recedere voluerint, recedant cum bonis suis licite, libere, & in plena pace, itaqve nec morari, nec recedere contra leges & consvetudines Regni *Scotiæ*, & suum libitum compellantur. Dominus itaqve *Alexander* Rex *Scotiæ* memoratus, veritatis relator, & pacis & concordiæ amator, & hæredes sui in perpetuum pro istis, concessione, resignatione & qvieta clamatione, & præcipue pro bono pacis, & ut fatigationes & labores redimantur, dabunt & reddent in perpetuum sæpe-dicto Domino Regi *Norvegiæ* & hæredibus suis & eorundem assignatis in perpetuum infra octavas Nativitatis Sti. *Johannis Baptistæ* in *Orcadia*, terra scilicet Domini Regis *Norvegiæ*, in ecclesia Sancti *Magni*, in manibus Episcopi *Orchadiæ*, seu *Ballivi* ipsius Domini Regis *Norvegiæ* ad hoc per ipsum specialiter deputati, vel in eadem ecclesia deponent, ad opus ipsius Domini Regis *Norvegiæ* sub custodia Canonicorum ejusdem ecclesiæ, si Episcopus vel *Ballivus* non inveniantur ibidem, qvi dabunt eis literas adqvietationis & factæ solutionis, centum marcas bonorum & legalium *Sterlingorum*, secundum modum & usum curiæ Romanæ, ac Regnorum *Franciæ*, *Angliæ* & *Scotiæ* numerandas annuatim, & nihilominus qvatuor millia marcarum *Sterlingorum* dicto modo numerandorum infra proximum qvadriennium, loco & termino prænotatis; videlicet mille marcas infra octavas nativitatis Sancti *Johannis Baptistæ*, anno gratiæ MCCLXVII. & centum marchas de prædicta pensione. Et anno gratiæ MCCLXVIII. ad eosdem locum & terminum mille marcas, & centum marcas de pensione præfata. Et anno gratiæ MCCLXIX dictis loco & termino mille marcas, & centum marcas de memorata pensione. Et ultimo anno gratiæ MCCLXX. eisdem loco & termino mille marcas, & centum marcas de eadem pensione. In posterum autem dictis loco & termino duntaxat centum marcas de pensione prædicto modo numerandas in perpetuum pro omnibus annuatim,

Et

CHRONICON MANNIÆ.

Et ad hæc omnia & singula, ut prænotata sunt, fideliter & firmiter observanda, dicti *Askerinus Cancellarius* & *Andreas Baro*, pro Domino suo *Magno* illustri Rege *Norvegiæ* & hæredibus suis & assignatis, in animam ipsius Regis de cujus voluntate eis super hiis constabat ad plenum, & animas proprias, jurarunt publice in ecclesia fratrum prædictorum apud *Pertken*, tactis Evangeliis sacrosanctis. Et dictus Dominus *Alexander* Rex *Scotiæ* per Nobiles viros, *Adam* Comitem de *Carrick* & *Robertum* de *Meyners*, eodem modo in animam suam, & animas eorum pro se & hæredibus suis, fecit jurare solenniter, in præsentia nunciorum eorundem.

Et ad majorem hujus rei securitatem, utraqve pars se obligavit, ad poenam decem millium marcarum *Sterlingorum* solvendam de plano & absqve strepitu judiciali a parte resilire volente, parti compositionem istam, & finalem concordiam observanti, compositione ipsa & finali concordia nihilominus in perpetuum in pleno robore duraturis. Dominus insuper Rex *Magnus Norvegiæ* per nuncios suos supradictos se ipsum ac hæredes ac successores suos; & Dominus *Alexander* Rex *Scotiæ*, se & hæredes suos subjecerunt in hoc jurisdictioni sedis Apostolicæ, ut unica monitione præmissa, per sententias excommunicationis in personas, nullius persona excepta, & interdicti in regna absqve strepitu judiciali, & aliqva causæ cognitione, compellat partem resilientem a compositione & finali concordia prædictis, ad solvendam parti, ipsas compositionem & finalem concordiam observanti, dictam poenam decem millium marcarum, integre & plenarie, & nihilominus ad ipsas, compositionem & finalem concordiam, in omnibus & singulis articulis observandis, non relaxandas, qvousqve dicta poena, ut dictum est, plenarie fuerit persoluta, ipsis compositione & finali concordia in suo robore, in omnibus & per omnia duraturis, & in perpetuum valituris.

Renunciavit itaqve utraqve pars in hoc facto, omni exceptioni fraudis & doli, actioni in factum & privilegio fori & specialiter restitutioni in integrum, & omnibus literis, inter eosdem Reges & antecessores suos hucusqve habitis & obtentis, cujuscunqve tenoris existant, & omnibus literis & indulgentiis Apostolicis, impetratis & impetrandis, & omni remedio juris canonici & civilis, per qvæ prædictæ concessio, resignatio, qviera clamatio, compositio & finalis concordia impediri, differri, & destrui valeant, seu modo aliqvo enervari. Adjectum est etiam huic concordiæ, & statutum communi consensu, inter Reges & Regna *Norvegiæ* & *Scotiæ*, ut omnes transgressiones & delicta, inter eos, & antecessores suos, & eorum homines, usqve in hodiernum diem perpetrata, ex utraqve parte penitus sint remissa, qvoad ecclesias, sicut ad regna, nullo ex hiis mali, iræ vel vindictæ tramite remanente, & ut obsides dictorum insulanorum hinc inde capti & detenti, plenæ libertati restituantur. Et si inimicus alterius Regem ipsorum, *Scotiæ* scilicet, & *Norvegiæ*, ad alterum ipsorum confugiat, ipsum in regno suo vel dominio, ad gravamen ejus, a qvo effugerit, non receptet, nisi forte ad tempus, ut gratiam sibi impetret, si gratiam meruerit, & si gratiam Domini sui offen-

CHRONICON MANNIÆ.

offensi habere non poterit, ipsum statim post annum non differat a se & suo dominio removere. Exceptis illis, qvi crimen læsæ Majestatis commiserint, qvos nullo modo hinc inde receptent. Insuper si contingat homines Regni *Norvegiæ*, qvod absit, in regno vel dominio Regis *Scotiæ* pati naufragium, vel e converso, liceat eis libere & qviete naves suas fractas vel collisas, una cum rebus suis omnimodis, per se, vel per alios, recolligere & habere, vendere, & alienare, absqve omni calumnia, qvamdiu eas non habuerint pro derelicto. Et si qvis contra hoc commune statutum concordiæ, de rebus vel navibus hujusmodi periclitatis, qvidqvam fraudulenter vel violenter surripuerit, & uper hoc convictus fuerit, tanqvam raptor & pacis violator, prout demeruerit, puniatur, consvetudine, si qvæ sit contraria, non obstante. Si qvis autem repertus fuit, & convictus perturbator pacis istius & finalis concordiæ, inter prædictos Reges & Regna & eorum regnicolas, habitæ & confirmatæ, per Regem, in cujus dominio repertus fuit, qvi talia præsumpserit, sic acriter puniatur, ut poena illius metus fiat aliorum.

Et in hujus rei testimonium parti hujus scripti in modum chyrographi confecti, remanenti penes dictum Dominum Regem *Norvegiæ* illustrem, sigillum dicti Domini Regis *Scotiæ*, una cum sigillis venerabilium Patrum *Gamelini* Sancti *Andreæ*, & *Johannis Glasguensis* Dei gratia Episcoporum, & nobilium virorum *Alexandri Cymyn* de *Buchan*, *Patricii* de *Dumbar*, *Willelmi* de *Marre*, *Adæ* de *Karricke* Comitum, & *Roberti* de *Meyners* Baronis est appositum. Et alteri parti ejusdem scripti in

* 1. *Alexander Cumin de Buchan.*

modum chyrographi confecti, penes dictum Dominum Regem *Scotiæ* remanenti, sigillum Excellentis dicti Domini Regis *Norvegiæ*, una cum sigillis venerabilium Patrum *Petri Bergensi*, *Thorgilsi Stavangrensis* Dei gratia Episcoporum, & nobilium virorum, *Gauri* de *Mele*, *Buccolini* filii *Johannis*, *Finnii* filii *Gauri*, *Andreæ* filii *Nicolai*, & *Asketini* Cancellarii dicti Domini Regis *Norvegiæ* est appensum.

MCCCI. * *Lokulaud* qvidam *Hæbudas* infestabat, fratrem suum adoptivum *Jonem*, cum uxore & duobus filiis occidit, circiterqve 5000. virorum, 3000. puerorum, puellarumqve interfecit. f. Lauchlan.

MCCCXII. Tractatio de *Hæbudarum* & *Manniæ* cessione *Perthi* inter *Magnum Norvegiæ* & *Alexandrum Scotiæ* Reges anno MCCLXVI. celebrata, resumpta est hoc ipso anno, ab *Hacone*, ejus nominis qvinto (qvarto habet *Pontanus*) *Norvegiæ* Rege, & confirmata *Ivernessæ* in *Scotia* præsente Rege *Roberto*, ejusqve senatu, nec non *Haconis* Regis legatis, *Biorno* a *Bircherö* & *Ivare Olafi Bergensium* & *Orcadensium* Canonicis. Qvi pactis conventis non staret, is Ecclesiæ Apostolicæ censuræ atqve excommunicationi obnoxius, haberetur, ac simul mulctam incurreret decem millium librarum *Sterlingicarum*. Subscripserunt huic chirographo, una cum Rege *Scotorum*, suaqve sigilla impresserunt, *Gamelinus* Divi *Andreæ*, *Johannes Glasguensis* Episcopi, * *Alexander Curius* a *Ruchon* ** *Præpositus Dombarensis*, *Galicha* a *Malre*, *Adamus* a Carrick Comites, itemqve *Robertus* a *Menis* Baro. Ex *Torfæo*.

EX

** *Patricius de Dunbar.*

EXTRACTS FROM THE ANNALS OF ULSTER.

*T*he following incidents are not taken from the original, but from a version, partly English partly Latin, in the British Museum. The language, in the translation, is extremely barbarous; the character, in numberless places, illegible; and the difficulty is increased by the resemblance of the Celtic names. Thus, for example, it is often hard to discover, whether the transcriber means the Scots, M'Eres, Dalriad, Cruchne, Athacliath of Ireland; or the Scots, M'Eres, Dalrieda, Cruithne, and Alacluoith, of Britain. Amidst so much obscurity, it is with great diffidence the editor ventures to print these extracts, where so many things are necessarily left in the ambiguity of the copy from which he collected them. The principal reason that overcame his reluctance was a hope, that such a specimen might suggest, to some Irish Gentleman, the idea of publishing, at least, the more material parts of these valuable records, in the original.

The reader will be pleased to observe, that the Pictish sovereigns are sometimes styled kings of Ael-cluoith (Dunbarton), and sometimes kings of Fortrain; what is the reason of the latter designation is unknown to the editor, and is believes unexplained by the learned. After the Caledonians and Cruithnich were united under one Government, their monarchs are, for a considerable period, denominated Kings of the Picts.

It is necessary to premise, also, that in the Irish language Lochlanach signifies the maritime sea-Kings, or freebooters of the north; Gil a Scandinavian foreigner in general; Fion-Gàl the white foreigners; and Dubh-Gàl the Black foreigners. The distinction into Fingals and Dougals, is thought to have originated from a difference in the colour of the hair, or complexions, of the Jutlanders, and remote Norwegians. If black was, anciently, the common dress of the Norwegians, as it is at present of their genuine descendants the Icelanders, this peculiarity might give rise to the discrimination. It is, however, not unlikely, that Fion-gàl primitively denoted the aboriginal inhabitants of Fin-mark, or Laplanders, who, probably, before their expulsion by Odin, visited the British isles. The Fion make a conspicuous figure in the compositions of the Bards; the Fins were, from the highest antiquity, celebrated by the Skalds, for their skill in philosophy and magic, and we may add, in support of this conjecture, that several words in the vulgar Scottish dialect are derived from the Lapponic.

EXTRACTS FROM THE ANNALS OF ULSTER.

431. Palladius *came to* Scotland.
432. St. Patrick *came to* Ireland. *The great chronicle written.*
464. *The* Saxons *came into* England.
471. *The* Irish *plundered the* Saxons. Matthew, *in the book* Cuanach, *says it was in* 472.
473. *Skirmish of* Bui.
482. *The battle of* Oche. *From the time of* Cormac *to this battle a period intervened of* 206 *years.*
483. *Battle of* Cath-oha *by* Murcheard M'Erc, *by* Fergus M'Cervail Connel Crimthain *and by* Fiarachad Lonn *king of* Dalariads.
488. Machald *Bishop of* Man *died.*
491. *The* Scotch *say St.* Patrick *died.*
492. *St.* Patrick *Bishop of the* Scots *died in the* 120 *year of his age, and the* 60, *after his arrival in* Ireland, *to convert the* Scots.
495. *An eclipse of the sun.*
496. * Murdach M'Erc *victorious in battle.*
498. M'Erc *victorious in battle.*
503. *The battle in* Man *by* Aodan.
504. *Birth of* Brude M'Mæl-cu.
511. *Birth of St.* Kiaran.
518. *Birth of St.* Columba.
525. *Death of St.* Bridget.
537. *Battle of* Cath-lora. Com-guil M'Domangard *King of* Scotland *died in the* 35 *year of his reign.*
550. *The relicks of St.* Patrick *brought to a shrine,* 60 *years after his death, by St.* Columba.

551. *Death of* Fothad M'Connel.
554. *Death of* Cathal M'Fergus, *Bishop of* Al-cluyd (*f.* Athcliath).
556. *The Death of* Gabhran M'Doman-gard.
557. *The* Scotch *put to flight by* Brude M'Mæl-cu; *and the death of* Gabhran M'Domangard.
559. *Battle of* Cul-dremne. Aod M'Echach *overcame by the prayers of St.* Columba.
562. *Battle of* Monad-ore-Lothair *upon the* Cruthens *by the* Scots *clan* Nial *of the North.* Baodan M'Cin, *with two of the* Cruthens, *fought it against the other* Cruthens.
569. Gildas *died.*
573. *Battle of* Folla *and* Forthola *in the country of the* Picts. Conal M'Comgail *died; he it was that gave the isle of* Aoi (Jona) *to St.* Columba.
575. *Battle of* Lora *in* Kintire *where* Dunchad M'Connel M'Com-geal *fell, together with many of the partizans of* Gabran's *sons.*
576. *Battle of* Lora *according to others.*
578. *Death of* Brude *nepotis* O'Failge (*f.* O'Mæl-gu).
579. *The* * * * *with* Aodan M'Gabhran. *Death of* Kenelath *King of* Picts.
581. *War in* Man *by* Aodan M'Gabhran *where he was victorious.*
582. *War of* Man *according to others.*
583. *Death of* Brude M'Mæl-cu *King of* Picts.
589. *Battle of* Leithired *by* Aodan M'Gabhran.

594.

* *His Queens name was* Inveanach. Keating.
** *His mother was* Earca *the daughter of* Luare *of* Scotland. Keating.

EXTRACTS FROM THE ANNALS OF ULSTER.

594. St. Columba *died on the 5. of the ides of* June *aged* 76.
594. * *Death of* Eogain M' Gabhran.
595. Aodhan's *sons killed.*
605. *Death of* Aodhan M' Gabhran.
f. De- 608. * Soghnagad M' Gabhran *killed.*
mangard. 612. *Battle of* Caer-Legion *where the saints were massacred; and where* Solan M'Conan *King of* Britons *fell.*
620. Duncath M' Aongus, Necton M'Canon, *and* Aod *died.*
621. *Battle of* Lindoris.
623. *Birth of* Adomnan, *Abbot of* Jona.
626. *Battle of* Ard Coran; *the* Dalriedæ *were conquerors.*
628. Coinid-Keir *King of* Scotland *fell.* Echad buidhe * * * *of the King of* Picts *by the sons of* Aodhan. *This is written in the book of* Cuanach.
630. *Battle of* Islacalle; *and the death of* Kined M' Luthren *King of* Picts.
631. *Battle of* Cath-loen *King of* Britons, *and* Anfrith.
632. *Battle of* Indrib *King of* Britons.
634. *Battle of* Segaisc *where fell* Lactna M'Nechtain M' Foith Cumasgach M'Aongus *and* Gartnaich M' Foith.
636. *Battle of* Salt're. Caol M' Mel-cov, *with the Friends of* Donald *were victorious.*
637. *War of* Glen-muresan *and the siege of* Eden.
638. *Battle by* Oswald *King of* Saxons.

639. *Battle of* Cathrael, im con, Eneasach Jana *was victorious.* Maold-win M'Aod *fled.*
640. Mal-colm M' Fergus *killed. Death of* Brude M' Foith. *The siege of* Jona. Donald M'Aod (M'Eochod) *encamped at* Drumnaive.
641. *Battle of* Offa *among the* Britons.
642. *Battle of* Cru con loscoch Jornboidach M' Gartnaich, Kellach, *and* Connel Oel, *began to reign.*
643. Loceni M' Finni *King of* Cruchne *died.*
648. *War between* Nechtanus, *aud* Gartnaich M' Accidan.
649. *Birth of* Beda. *Death of* Ferith M' Trathalan.
651. *Death of* Segain *Abbot of* Jona.
652. *Death of* Dolairg M' Foith *King of* Picts.
656. *Death of* Dolairgan *mo* Anfrith *King of* Picts.
657. *Death of* Guiret *King of* Alcluoith.
662. *Killing of the two sons of* Donald M'Aod *viz.* Conal *and* Colga. *The death of* Gartnach M'Donald.
663. *An eclipse on the Kal. of* May, *at* 9. 6 *clock. The battle of* Ludo-seirn *in* Fortrein *i. e.* Pictland.
665. Maldwin Eoch jarlaith *King of* Cruthne *died.*
667. *The voyage of the sons of* Gartnach *to* Ireland.

668.

* Keating *says that when very old the* Gael *gave him the isle of* Man.

668. *The sons of* Gartnach *returned from* Ireland. Cuminxus *Abbot of* Jona *died.*
669. Offa *the son of* Ethelbert *dies.*
670. Mol-rive *sails to* Britain.
671. *The expulsion of* Drust *from his dominions.* Ban-gôr *in* Wales *is burned.*
672. Domangart *son to* M'Donald-brec *King of* Scotland *killed.* Constantine *son of the former* *Constantine *** *in the seventeenth year.* Failbe *Abbot of* Jona *sailed to* Ireland.
675. *The son of* Ferachar *returns from* Ireland, *and* Congal M' Maldwin.
676. *A comet appeared in* September.
677. *battle at* Calarofs *where* Donald-breck *was conqueror. The death of* Drust *the son of* Domnel.
678. *Death of* Failbe *Abbot of* Jona. *The Death of* Nectan M'Domnel.
679. *A terrible leprosy in* Ireland, *commonly called* Bolga h.
680. *Killing of* Conal-Caoil M' Duneath *in* Kintire. *The siege of* Dun-Fothair.
681. *The battle of* Rath-môre *at* Machlin, *ag inst the* ** Britons, *where fell* Cathaso *** M'Maldwin *King of* Cruthne, *and* Ultan *the son of* Du Colla. *The* Orkneys *were desolated. Hi* Bruide f. Hebrides ***
683. *Death of* Dervorgail.
684. *The* Saxons *plunder the lands of* Bregh *and destroy many churches.*

685. *Battle of* Drumnechtan *on the* 20th. *of* May *where* Egfrid M'Offa *was killed, with a vast number of his men, in the* 15 *year of his reign.* He *burnt* Tula-aman, Duinolla. Talarg M'Accidan, *and* Donaldbrec M'Eochaid *died.* Adomnan *released* 60 *captives and brought them to* Ireland.
688. *Death of* Castasindle *nepos of* Donald; *a partial eclipse.*
689. Foit M' Nechtain *died.*
691. Theodore *Bishop of* Britain *died. The* Dalriedæ *were plundered by the* Cruchne *and people of* Ulster.
692. Brude M'Bile *King of* Fortruin *dies. The death of* Alpin M' Nechtain. *The killing of* Ainfith *and* Piethnel *the sons of* Boeno.
693. *Death of* Ferchar M' Conad-keir. Domnal M'Apin *King of,* Alucluoith *dies,* Dun-Fothair *besieged.*
694. Comnaich Ferchair's *queen dies.*
696. Taran *was banished from his kingdom i. e.* Pictland. Ferchar-fad *dies.* Adamnan *went to* Jona *and gave* legem morientium *to the people. The* Britons *and people of* Ulster *plundered,* Aberuf *i. e. the plains of* Murthreimhne.
697. *Battle of* Lemuhia *(f.* Aberlemno) *where fell* Conquar Mac echa M'Maldw'n. *and* Aod *the tall King of* Daleriaid. *A war between the* Picts *and* Saxons, *in which the*

---

* Constantine *a* Pictish *prince was about this time a monk at* Rathan, *vid.* Keating, *p.* 397.
** *Under their general* Bert
*** Malduin M'Maol-fithrich *buried* Scanlan *and* Kin-faola, *two princes of the* Irish Picts *at* Dun-keitherni; Maol-duin's *son* Fear-gâl *became King of* Ireland.

the son of Bernith, *called* Brectra, *fell. The burning of* Duin-ola. Ainscellach *son of* Ferchair *driven from his kingdom, and carried in chains to* Ireland.

699. N*epos* Duncha *King of* Dalrieda *killed*.
700. Duinoula *destroyed by* Selvach.
701. Maircach mòr Jargalaich *nepos* Conain *killed by the* Britons *in the island called* Inch-mac-nessan.
702. *The battle of* Mach-culin *between the grandsons of* Nectan, *the people of* Ulster, *and the* Britons (Welsh), *where the son of* Rhadgain *fell*.
703. Adamnan *Abbot of* Jona *died, in the* 78 *year of his age.* Aldfrid M' Offa *the wise King of the* Saxons *dies*.
705. Brude M' Derili *died*.
707. *Killing of* Canis-Cuaran (*f.* Conchobar) *King of* Cruchne.
708. *War in* Leinster *where* Luirg *with the* Britons *fell. The killing of* Conal M' Ferad.
709. Conan M' Failbe *Abbot of* Jona *died*.
710. *Slaughter of the* Picts, *in the field of* Manan *among the* Saxons, *where* Finguin M' Delaroith *perished. A battle between the* Britons *and* Dalriada *at* Lougecoleth, *where the* Britons *were worsted*.
711. ** Coide *Bishop of* Jona *died. The burning of* Fairburt-Bothir.
712. *The daughter of* Osc (*f.* Orcha M'Erc M'Echach, *died in the convent of* Jona. Kinich M'Derili, *and the son of* Mathgennan *killed*. Tholarg M'Drostan *is sent to his*

brother Nectan. Dorbene *obtained the see of* Jona, *and,* 5 *months after, died on* Sunday *the* 5 *Kal. of* November.
713. *Battle near* Essie. Dun-ola *is rebuilt, by* Selvach *and destroyed by his daughter* Alena.
715. *Easter is changed.* Faolan M' Dorbene *obtained the see of* Icolmkill *on* Sunday *before the* Kal. *of* September, *and in the* 74 *year of his age. The killing of* Didric *the son of* Osfrith *the grandson of* Offa. Garnait *the son of* Deliroith *died*.

Duncath M' Cin - Faolan *Abbot of* Jona *died*.

716. *King* Nectan *drives the Family of* Jona *beyond* Drum - albin. *An engagement between* Dalriada *and the* Britons *at the rock called* Cloch-Mionuire, *where the* Britons *were beaten*.
717. *Eclipse at the full moon*.
718. *The killing of* Drusten. *The battle of* Finglen *between the two sons of* Ferchar fad, *in which* Ainscellach, *was killed on the* Thursday *preceding the ides of* September. *A bloody battle was fought on the* Friday *before the nones of* September, *between* Donach-beg *King of* Kintire, *with the clan* Javrair (*f.* Jargael) *and* Selvach *with the clan* Lointin (*f.* Loairn). Selvach *was worsted, and some earls slain*.
720. Donach-beg *King of* Kintire *dies*.
721. Bile M' Elpin *King of* Alocluoith *dies*. Feredach (*f.* M'Engusa) M'Congula *died*.

723.

* *The Abbots of* Jona, Derry, *and* Dunkeld *are frequently styled Bishops*.

EXTRACTS FROM THE ANNALS OF ULSTER.

723. Faolan M'Dorbene *Abbot of Jona was succeeded in the primacy by* Killin-fada.
724. *The son of* Drust *is bound. The moon eclipsed on the* 18 *Kal. of* January. Congal M' Marle anfa brec Fortruin *died.*
725. Nectan M' Derili *put in chains by King* Drust. Talargan Maphan M' Apin *dies.*
726. *The battle* Irois Foronetbi; *some fell on both sides.* Air gialla *between* Selvach *and the family of* Echach M' Domnal. *Relicks of* Adamnan *transferred to* Ireland.
727. *Battle of* Moncrief *between the* Picts *themselves, where* Aongus *was conqueror, and many of* Alpin's *party were killed. A terrible battle was fought between the same, at the fortress of* * Moncrief *where* Alpin *fled.*
728. *Battle of* Mon-na-Curna *near* Loch Loga *between the enemies of* Nechtain, *and the army of* Aongus, *and the persecutors of* Nechtan *fell* Ferach M' Monet, *and his son* Fingan M' Drostan. *The battle of* Drom-dearg-blathug *in the country of the* Picts *between* Aongus *and* Drust *King of* Picts. Drost *fell.*
729. *The relicks of* Adomnan *brought from* Ireland *in the month of* October. Bran M' Engain, *and* Selvach *died.*
730. Dungal M'Comgal M'Fergus *dies.* Echdac M' Kinid *King of* Saxons *is bound and retires to a monastery.* Faibert - Boithir

burnt by Dungal. *Battle between the* Cruthen *and* Dalriedæ *at* Marbuilg, *where the* Cruthene *were worsted. A Battle between the son of* Aongus (M'Fergus) *and* Aongus (M' Brude) *but the son of* Brude *was victorious, and pursued* Talonon *(f.* Talorgan) *flying.* Dungal M'Comgal M' Fergus *died.*
731. Kellach, *daughter to* Dunchad *of the* Liathanis, *an excellent queen died.*
732. Dungal M' Selvach *dishonoured* Forai ua (*f. nian i. e. filiam*) *the daughter of* Brude *ex ea traxit; and at the same time invaded the isle of* Vigi. Muireach M'Ainscellach *assumed the Kingdom of the tribe of* Loairn.
733. *Moon eclipsed* XI. *Kal.* Febr. Talarg M' Aongus *is conquered by his Brother, and delivered into the hands of the* Picts *who drowned him.* Talargan M' Drostan *was apprehended and sent to the castle of* ** Oba-Don-Lethfin *which was destroyed. Afterwards he was obliged to fly to* Ireland *from the power of* Aongus,
734. Beda *the learned* Saxon *dies.*
735. Aongus M'Fergusa *King of the* Picts *wasted the provinces of* Dalriadæ. *He took* *** Dunet, *and burnt* Creif. *He also put* Dungal *and* Ferach, *the two sons of* Selvach, *in chains; and soon after* Brude M' Aongus M' Fergus *died. Battle of* Drum-monar-bre *at* Calaros *between the* Dalriedæ *and* Fortruin, *and* Talargan M' Fer-

---

† *Others call it* Dungreidhe, Crec, Crei.
** *Perhaps* Dumbarton *or* Loch-Levin-castle.

*** f. Down *or* Dunkel.

M'Fergus *pursued* M'Ainsceallach *flying with his troops. Many chieftains fell in this engagement.*

738. Talargan M' Drostan *King of* Al-cloithe *was drowned by* Aongus mòr *and* Aod M'Garbhain.

740. *Battle of* Cathinferam *in which* Forca Tirered *fell. The battle of* Drum-cathvaoil *between the* Cruthen *and* Dalr'edæ *by* Inrechtach. *The victory over* Dalriedæ *by* Aongus M' F rgus.

744. *Death of* Afreca *abbess of* Kildare.

749. *Battle of* Cath-o *between the* Picts *and* Britons, *in which* Talargan M'Fergus *the Brother of* Aongus *mòr fell.*

753. Suibne *Abbot of* Jona *came to* Ireland.

757. Eilpin glas *d ed.*

760. Aongus M' Fergus *King of* Picts *died.*

762. Brude *King of* Fortruin *died. An eclipse of the sun at* 3 6 *clock.*

766. Suibne *Abbot of* Jona *went to* Ireland.

767. *Battle in* Fortruin *between* Aod, *and* Kinach.

771. Suibne *Abbot of* Jona *died.*

774. Cinaon (*f.* Kinet) *King of* Picts *died.*

775. *Battle of* Drimin *between the* Dalnarians *in which fell* Kinach Cairge M' Cahasach, *and* Dungal O' Fergusa Fortrui Domaltach M' Indreachtaig *and* Eacha M' Fiachna *were conquerors. Battle between the* Dalnarians *at the mountain* Mis *where* Nial M' Donnel *fell.*

779. *Burning of* Alucluoithe. Eilpin *King of* Saxons *died.*

780. Fergus M' Echach *King of the* Dalriedæ *died.*

781. *Abas* arda Brettan (*f.* Alpin *ardrig* Brettan) *and* Duftaiarg (*f.* Dursta'arg *vel* Dufsalargan) *King of* Picts *on this side* (*citra*) *the mountains.*

788. *Battle between the* Picts, *where* Conal M'Feige (*f.* M'Foite *vel* M'Fergus) *was vanquished but escaped.* Constantine *was conqueror.*

789. *Battle between* Comnal *and* Constantine *as written in other books.*

792. *All the coast of* Britain *ravaged by the* Gals.

794. Gals *ravage* Fortruin, *and distress the* Picts.

797. Inis-Patrick *wasted by the* Gals *with fire and sword. They infest the seas between* Ireland *and* Scotland; *and break down the shrine of* Duchonæus.

799. *An engagement between the* Ost-men *themselves. A battle between the tribe of* Loairn, *and the tribe of* Ard-gael, *where* Fin-genlach M' Dunlaing *fell.* Conal M'Coll, *and* Congalach M'Aongus *were conquerors.*

800. *The putting the relicks of* Ronan M'Brec *in a shrine made of gold and silver.*

801. I-collum-kil *burnt by the* Gals.

805. *Family at* I-colm-kill *reduced by the* Gals *to* 64.

806. *Building of a new town at* I-colm-kill. *Killing of* Congel M' Eogain *in* Kintire. G ls *invade* Roscommon.

810. *Slaughter of the* Gals *in* Ulster.

811. *Death of* Aongus M' Dunlaing *King of* Ard-gauil.

814.

EXTRACTS FROM THE ANNALS OF ULSTER. 63

814. Kellach M'Congal *Abbot of* Jona *died. Killing of* Conal M'Eogain *in* Kintire *according to others.*
815. Conan M'Ruarach *King of* Britons (Welsh) *died.*
816. *The men of* Colum-kil *went to* Tara *to curse* Aod Maldwin *King of* Ossory.
819. Constantine M'Fergus *King of* Fortruin *died.*
820. Tirconnel *plundered by the* Gâls. *A great captivity of women.* Keinwulf *King of* Saxons *died.*
822. Gâls *massacred.*
823. Ban-chèr *plundered by the* Gâls. *The relicks of St.* Comgal *thrown from his shrine.* Edagal *taken by the* Gâls, *and starved.*
824. Gâls *plunder* Damling, *and* Dunlogy-laire. Blachan M'Flan *murdered, in* I-colm-kil, *by the* Gâls.
826. Rusra *plundered by the* Gâls. Connaught *ravaged by the* English *of the north-east. The battle of* Dunlaigen *against the* Gâls *where* Conal M'Congal *King of the* Fortuarhs *in* Leinster, *and a vast number more perished.*
827. *A great slaughter of hogs in* Ardchianach *by the* English (Saxons). Kinach M'Cumsrai *King of* Conaught *wounded. Battle of* Brech Echluan M'Lonich *King of* Dalarai *against the* Gâls; *another against them by* Cairbre M'Cahail *and the men of* Thomond. Leinster *wasted; and* Cluain-in òr *burnt.*
828. Diarmid *Abbot of* Jona *went to* Scotland *with* Collum-kil's *relicks.*

830. Diarmid *came into* Ireland *with the relicks of* Columba. Tirconnel *plundered by the* Gâls. *King* Maol-bhride *with his brother taken prisoners, and sent on board the ships. Battle in* Aigne *by the* Gâls *against the men of* Armagh, *who took many of them prisoners.*
831. Ardmach *and* Drumrula *taken by the* Gâls *who took* Ailil M'Colgan *prisoner, and plundered* Dunliag (*f.* Damliag) *and* Connacht.
832. *Battle by* Kellach O'Brian *against the* Gâls, *on St.* Johns-day. Gâls *routed by* Murcha *and* Niel *at* Dortulgai. Cluain Dalarai *plundered; and* Drumslain *burnt by the* Gâls.
833. Aongus M'Fergus *King of* Fortruin *died. Battle against the* Gâls *by* Dunchad M'Scanlan *King of* Fignitie, *where many were slain.* Glindaloch *and* Cluain-M'Nois *burnt.* Brogan *wounded.*
834. Cluainmôr, Fernan, *and the churches of* Munster *burned by the* Gâls.
835. Kildare *burnt by the* Gâls *from* Inverdee (*f.* Aberdeen *or* Chester) *who also plundered* Deasart. *The* Gâls *brought with them a great number of* British *prisoners, some of whom they butchered, and others they carried into captivity.*
836. Gâls *fall upon* Conacht *and kill* Maolduin *with many others. The devastation they made was dreadful. A fleet in the* Boyn, *and another in the* Liffy *stowed with Booty.*
838. *Battle by the* Gâls *against* Fortruin *where* Eodan M'Aongus, *and* Bran M'Aongus Aod M'Boan *and a vast multitude fell.*

The

EXTRACTS FROM THE ANNALS OF ULSTER.

The Gáls with a fleet came to Loch-da-caoch. They also burned Fernan and Cork.

839. Gáls left Loch-da-caoch, and carried off the Bishops, clergy, and learned men.

841. Gáls attacked Dublin, and took Maldwin M'Connail King of Calatron. A fleet from Man enters the Boyne.

844. Foranan Abbot of Armagh taken with all his relicks and carried off by the ships of Erric (f. Blodöxe). The Gáls fortify themselves at Dovur, and settle at Loch-ribh.

847. Gáls defeated at Foir and 700 killed; 1200 were killed at Skia-nacht; and 1200 at Daire (f. Derry) together with Jomhair * (Ivar) second in command to the King of Lochlin.

848. Indrechtaig Abbot of Jona came to Ireland with St. Patricks Oaths or sanctified things. The Gáls arrive in Ireland with 140 ships. They killed Eogain Maol-bressail King of Mugorn.

849. Aongus King of Mugorn killed by Godfrid M'Gil-Bride. The Gáls destroy Loch-gavar; burnt the oratory of Treoid, and 240 men. Brian M'Ruarach killed by his brother Bruodar, and Fogartach.

850. The Dubh-Gáls came to Dublin, and made great havock of the Fin-Gáls; they plundered the city, both of its inhabitants, and effects. Echach King of Rôs killed by the Gáls.

851. Ardmach pill'ged by the Gáls on Easter-day. The F'ngáls, with a navy of 28 ships, attacked the Dubh Gáls, and obliged

them to fly, with so much precipitation, that they abandoned their ships.

852. Olave King of the Lochlanach came to Ireland; all the Gáls submitted to him, and he exacted contribution of the Irish. Bruodar is killed by his followers.

855. War between the Gáls and the English Irish (f. Welsh). Gorm (f. Gurmund) Captain of the Dubh-Gáls killed by Ryderic M'Mermhin.

856. Cathal-fin with his English (f. Welsh) put to flight by Ivar and Olave.

857. Kinneach M'Alpin King of Picts, and Adulf King of Saxons die.

858. A great army in Meath commanded by Olave, Ivar, and Kear-Bhail.

860. Meath plundered by Aod M'Nial and his Gáls.

861. Donald M'Alpin King of Picts died.

864. An eclipse of the sun on the Kal. of January; and an eclipse of the moon in the same month. Tuathal M'Fergus archbishop of Fortruin, and Abbot of Dun-chaillin (Dunkelden) died. Kellach M'Ailil Abbot of Kildare, and of Jona died, in the country of the Picts.

865. Olave and his chieftains, followed by all the Gáls of Ireland, and of Scotland, went to Fortruin. There they plundered the Cruithen, and brought off hostages.

866. Battle against the Saxons of the north, and of York by the Gáls. Ailli (f. Ella) King of the northern Saxons fell there.

867. Ardmach spoiled by Olave, who burnt the town, massacred many of the inhabitants, and carried off a great booty.

868.

* Probably the son of Harald Haifager. Vide Snorro.

EXTRACTS FROM THE ANNALS OF ULSTER.

868. Maol-Bhride M' Seachlain *died a monk.*
869. Alocluoithe *besieged by the* Normans. Olave *and* Ivar, *the two Norman Kings, blockaded the place four months, and at last destroyed it.*
870. Olave *and* Ivar *returned from* Scotland *to* Dublin, *with* 200 *ships. They brought over a great booty, with a multitude of* English, Welsh, *and* Pictish *prisoners.*
871. Artga *King of* Britons *of* Strat-cluyd *killed by the advice of* Constantine M'Kineach.
872. Ivar *King of all the* Normans *in* Ireland *and* Britain *died. Bishop* Colman, *the Abbot of* Aondris *(f. St.* Andrews), *and* Flavertach M' Murtach *primate of* Dun-Caillin *(f.* Dunkelden) *died.*
874. *The* Picts *attack the* Dubh-gâls; *the* Picts *are defeated with great slaughter.* Eadost *(f.* Eystein) M' Olave *King of the* Normans *killed by a stratagem of* Halfdan's. * *A great flaying of cattle in* Lent.
875. Constantine M' Kineach *King of the* Picts *died.*
876. Rederych M' Murmhin *King of* Wales *came into* Ireland *for refuge from the* Dubh-gâls. *Battle at* Loch-ruan *(f.* Lochryan) *between the* Fin-gâls, *and* Dubh-gâls *where the latter lost* Halfdan *their captain.*
877. *A great eclipse of the moon on the ides of* October. Rederych M'Murmhin *King of* Wales *killed by the* Saxons. Aod M'Kineach *King of the* Picts *killed by his own subjects. The shrine of St.* Columba, *his Oaths, and relicks carried to* Ireland *for fear of the* Gâls.
879. Forach M'Cormac *Abbot of* Jona *died.*
880. *Oratory of St.* Kiaran *plundered by the* Gâls. Barreth *the great tyrant of the north killed.*
881. Anfith M'Ed *King of* Ulster *killed.*
884. *The sun so eclipsed that the stars were visible.*
887. Godfred M' Ivar *King of the* Normans *treacherously killed by his own Brother* Sigtryg.
890. Flan M'Maol-edrin *Abbot of* Jona *died.*
892. *A bloody battle between the* Gâls *and* Saxons. *Violent factions among the* Gâls *of* Dublin, *one party supporting* Godfredmerle, *the other* Sigtryg M'Ivar.
893. Sigtryg M'Ivar *returns to* Ireland.

894.

* *The* Scandinavian *expeditions were antiently conducted in the following manner. A chieftain sailed, with a few ships for* Britain, *and collected all the scattered adventurers he could find in his way. They landed on the coast, and formed a temporary fortress. To this stronghold they drove all the cattle, and, having salted them, the freebooters returned home, where they spent their* Jol, *(i. e.* Yule) *or brumal feast, with much glee. Such an expedition was called a* strandhoggva, *or strand slaughter.*

I

894. *Great flaying of cattle.* Ardmach *spoiled by the* Gâls *of* Dublin.

895. *The* Gâls *defeated by the men of* Tirconnel, *under* M'Laigur *who killed* Olave M'Ivar. Sygtryg M'Ivar *killed by the other* Normans. Flanagan *King of* Brech *killed by the* Normans. Glun-iarn *gains a victory, and takes* 7 *to prisoners.*

898. Domnel M'Constantine *King of* Scotland *died.*

901. Gâls *expelled from* Ireland. *Those of* Dublin *were driven out by the men of* Breth *headed by* Maol-Finia O'Flanagan, *and the inhabitants of* Leinster *under* Carrol. *The* Gâls *abandoned their ships, and a few of their broken remains escaped eastwards.*

902. Maol-Finia *died.*

903. Ivar, O'Ivar *killed by the men of* Fortruim, *together with a considerable number of his troops.*

911. *A comet appeared.*

912. Maol-mhuire *daughter to* Kineach M'Alpin, *and* Etwulph *King of the north* Saxons *died.* Maol-Bhride M'Dornain *came into* Ireland *to relieve pilgrims from* Wales.

913. *Sea-battle at* Man *between* Barred O'Hair (*f.* O'Hivar) *and* Rognald O'Ivar. *The* Gâls *with a numerous fleet arrive at* Loch-da-caoch.

914. Domnal M'Aod *King of* Ailech *died a penitent at the vernal equinox.*

916. *The* Gâls *beaten at* Imly *by the people of* Munster. Sigtryg M'Ivar *with his navy taken at* Cousnad. Rognald O'Ivar *with his ships retired to the* Gâls *at* Loch-dacaoch. O'Ivar *overthrew the* Irish, *and drew near to* Dublin.

917. *The* Gâls *leaving* Ireland *went to* Scotland. *The* Scotch *joined by the northern* Saxons *advanced to oppose them. The* Gâls *formed into four divisions. The first was commanded by* Godfred O'Ivar; *the second by* Earls; *the third by chieftains; and the fourth by* Reginald M'Beolach, *which last division the* Scotch *did not observe. The* Scotch *routed the three first divisions, and made great havock about* Ottar *and* Gragava. Reginald *at last attacked them in the rear with great slaughter. They, however, neither lost their King nor any captain of note, and night put an end to the combat.*

918. *Battle at* Dublin *by the* Gâls *against the* Irish *in which* Aod *King of* Ireland *fell on the* 17. Kal. *of* October.

919. Sigtryg M'Ivar *by the divine power was forced to leave* Dublin. Gâls *receive a remarkable defeat from* Dunchad O'MaolSechlain.

920. Reginald O'Ivar *King of* Dubh-gâls *and* Fin-gâls *killed.* Godfred O'Ivar *returns to* Dublin. *Several fleets of* Gâls *came to* Ireland, *one to* Loch-feval, *another to* Tirconnel *under* Varmaran M'Barred. Ardmach *plundered on the* 3. *of* November. Dublin *plundered by* Godfrey O'Ivar *on the Saturday before* Martinmas; *most of the houses however were saved. Moon eclipsed on the* 15. Kal. *of* June.

921.

EXTRACTS FROM THE ANNALS OF ULSTER.

921. Loch-ribh, and Elan M'Noise *pillaged, and a great quantity of gold and silver obtained.*
925. Halfdan M'Godfred *after relieving his country-men from a blockade is killed. The navy under* Halfdan M'Godfred, *taken the day before the nones of* September.
926. Sigtryg O'Ivar *died in his old age.*
9 9. Godfred O'Ivar *and the Gáls of* Dublin *broke down* Derga-Fernan.
933. Godfred *the most cruel King of* Normans *dies.*
934. Island *of* Loch-Gabhar *dismantled by* Olave O'Ivar.
936. Bruodar M'Dubh-Gál *killed. A great and destructive war between the* Saxons *and* Normans. *Many thousands of the Normans perished, but King* Olave *with a few escaped. On the other side vast numbers of the* Saxons *were killed. King* Athelstan *got a rich booty.* Olave M'Godfred *died in* Dublin.
937. Kill-culin *plundered by* Olave O'Ivar. Adomnan *departed in peace.*
940. Ivar *died.*
944. Blackar *repaired* Dublin. *Some of the* Kenannus (*i. e.* Kells) *people killed by* Olave Quaran.
947. Blackar M'Godfred *King of Gáls killed, and* 1600 *of his men killed or wounded.*
949. Ail (*f.* Howel-dha) *King of* Wales *died.*
950. Godfred M'Sygtryg *King of* Dublin *made great devastation. He plundered* Kells, Down Patrick, *and* Ard-breckan. *At*

Kells *he took* 3000 *men with a great booty of gold, silver, and cattle.*
951. Constantine M'Aod *King of* Scotland. *A war against the* Scotch, Welsh, *and* Saxons *by the* Gáls.
953. Malcolm M'Donald *King of* Scotland *killed.*
958. Duf-duin *converb of* Collumkill.
964. *Battle among the* Scots *at* Etir *where many were killed about* Duoch *Abbot of* Dunkelden.
966. Dubh M'Malcolm *King of* Scotland *killed by his own subjects.*
970. Culen whit (*f.* rig) *King of* Scotland *killed by* Britons *in open battle.*
974. Edgar M'Edmond *died.* Daniel (*f.* Meredith) M'Owen *of* Wales *in pilgrimage.*
976. Olave M'Olave *King of* Scotland *killed by* Aongus (*f.* Kinach) M'Donnel. *Two heirs of* Ireland *killed by* Olave M'Sigtryg.
979. Mugron *converb of* * I-collum-kill *in* Scotland *and* Ireland *died. Battle of* Tara *where* Reginald M'Olave *was discomfited.*
982. Patrick M'Olave *of* Waterford *killed.*
985. *The* Gáls *came into the borders of* Dalrieda. 140 *men landing from three of their ships were hanged. On Christmas eve* I-colm-kill *was abandoned. The* Gáls *however put the Abbot, and* 15 *learned doctors to death.*
986. *A battle at* Man *between* Godred M'Harald *and the* Gáls *where* 1000 *men were slain.*

988.

* *The converbs of* Jona *and* Derry *seem to have been a sort of Patriarchs, or Archbishops.*

988. Glun-iarn M'Ivar *King of the Gàls killed by his servant in a fit of intoxication* Godfrey M'Harald *King of* Innis-Gàls (*i. e. the insular foreigners*) *killed by the* Dalriedæ.

993. *The* sord (*f.* Derry) *of* I-colm-kill *burns by* Maol-Sechlain. Sigtryg M'Olave *driven from* Dublin. Reginald M'Ivar *killed by* Murchard.

994. Kinach M'Malcolm *killed treacherously.* Down-Patrick *pillaged by the* Gàls *of* Dublin.

998. *A great slaughter about* Harald M'Olave.

1004. Maol-Bhride O'Rineve *Abbot of* Jona *died. A battle among the* Scotch *at* Monedir *where* Kinach M'Dubh *the King of* Scotland *was slain.*

1005. *A battle between the* Scotch *and* Saxons, *where the* Scotch *were defeated, and lost a great number of brave men.*

1009. Marcan M'Cinach *converb of* Jona *died.*

1010. Aongus Olavan *King of the clan* En * * * * *killed by the clan* Eogain, *of the* Island Jona.

1012. Sigtryg, *son to the King of* Gàls, *killed.* M'Mahon, Dunvail M'Aulav, *and others slain.*

1014. Gàls *slain in battle* (*at* Cluain tarf) Dubh-Gàl, M'Olave, Fercheard M'Loder, O; ar Dubh, Margard, Dunchad O'Haraild, Erichsen, Kilbiarsen, M'Almiain (*f.* Gluniarn) *heir of* Gàls, Aulave, M'Laginan, Linime. Bruodar *also fell in the field; he commanded the* Danish *fleet, and was the person who slew* Brian Boroimhe. *Of the commonalty about* 6000 *were drowned or killed. Here were slain also* * Donald M'Eogain M'Kineach * * * Brian *was interred at* Ardmach; *and, as a testimony of respect, the relicks of St.* Patrick *were brought, and watch was kept at the tomb for twelve nights.*

1015. Crionan *died.*

1028. Sigtryg M'Olave *went to* Rome.

1029. Sigtryg M'Olave *defeated.*

1032. Gil-Coemgen M'Maol-Bhride, *Earl of* Murray, *burnt with fifty of his men.*

1033. *The son of* M'Boet M'Kinach (*f.* M'Beod M'Finlach) *killed by* Malcolm M'Kinach. *The King of* Ailech *died a penitent in St.* Andrews.

1034. *The death of* Malcolm M'Kinach *King of* Scotland. Olave M'Sigtryg *killed by the* Saxons, *on his way to* Rome. M'Kinach O'Huchtan *Lector of* Kells *drowned coming from* Scotland, *with* Culevar, Collumkill's *books, and three mins. or croearings relicks of St.* Patrick. *Thirty men perished by the same accident.*

1035. Ranald O'Ivar, *King of* Waterford, *killed in* Dublin, *by* Sygtryg M'Olave. Cnut M'Suein *King of* Saxons (England) *died.*

1039.

---

* *It seems there were some* Scotch *auxiliaries in this battle, for* O'Flaherty *says this* Donald M'Ewen M'Kinach *earl of* Mar, *and* Murdoch *earl of* Lennox *were slain in it.*

EXTRACTS FROM THE ANNALS OF ULSTER.

1039. Jago *King of* Wales *killed by his subjects.*

1040. Harald *King of* Saxons *of* Gâls (*f. of* Man *and* Inis-Gâl) *died.* Duncha M'Crionain *King of,* Scotland, *killed by his subjects.*

1045. *A battle among the* Scotch *themselves where* Crionain * *Abbot of* Dunkeld *fell.* Murchard M'Sigtryg *died.*

1054. *Battle between the* Scots *and* Saxons, *where* 3000 Scots, *and* 1500 Saxons *fell, together with* Dol-fin, M'Fintor. Ivar M'Harald *King of* Gâls *died.*

1058. M'Bethac M'Finlaoich *supreme King of* Scotland *killed by* Melsechlan M'Doucha (*f.* Malcolm M'Donach *or* Malcolm M'Dubh). Lulach M'Gil-Comgen *supreme King of* Scotland *killed by* Mal-colm M'Donchath.

1064. M'Leowelen *King of* Britons (Welsh) *killed by* Jago's *son.* Ec Margach *King of* Gâls *died.*

1065. *Primate* Dubhtach, *the friend of* Ireland *and of* Scotland, *died at* Ardmach.

1069. Collum-kil *destroyed by fire.*

1070. M'Boithen (*f.* M'Beoth) *Abbot of* Jona *killed.*

1072. *The* Normans *went to* Scotland, *and carried off the* King's *son as a hostage.*

1073. Sigtryg M'Olave, *and two* O'Brians, *killed in the isle of* Man.

1075. Godred M'Regnal *King of* Dublin *died.*

1085. Donald M'Malcolm *died.*

1087. *A sea-fight by* M'Ranald *and the King of* Ulster, *son to* Man (*f. the King of* Man), *where* M'Ranald *was slain.*

1093. Fothad *Archbishop of* Scotland *died in* CHRIST. Malcolm M'Doncath *King of* Scotland, *and his son* Edward, *killed by the* Normans. Margaret *his Queen died of grief in a few hours.*

1094. Donald M'Malcolm *King of* Scotland *murdered by* Donald *and* Edmond *his kinsmen.*

1095. Godred Mananach (*of* Man) *King of* Gâls *died.*

1102. Magnus *King of* Denmark (Norway) *came with a great fleet to the isle of* Man, *and made peace, for one year, with* Ireland.

1103. *Slaughter of the* Gâls *of* Dublin *about* Drostan M'Eric, Paul, M'Amain Beolan Armin *and others.* Manus (Magnus) *King of* Denmark (Norway) *killed in* Ulster, *with the loss of most of his men.*

1106.

✦ *The Abbey of* Dunkeld *was frequently bestowed on branches of the royal family of* Scotland. *Some years before this period,* Dubh-Dubh *Thane of* Athole (*probably the descendant of King* Duff, *and the predecessor of the* M'Duffs) *together with* Douchad *Abbot of* Dunkeld *fell in battle.* Crionain *married* Beatac *the daughter of* Malcolm *the* II. *And* Etheldred *son to* Mal-colm Kean-mor, *was Abbot of* Dunkeld, *and earl of* Fife.

1106. Hector (Edgar) *King of* Scotland *died.*
1109. Gilalve O' Kiarnack *King of* Aincliath *(f.* Atha-Cliath *i. e.* Dublin) *died.*
1116. Lagman (*Thane*) M'Donald *son's son to the King of* Scotland *killed by the men of* Murray.
1118. Alexander M'Malcolm, *King of* Scotland, *visits the King of* England. Mary, (Maud) *daughter of* Malcolm, *Queen to the King of* England. *Strange accounts, brought by pilgrims, of cities being destroyed by earthquakes.*
1123. Murcha O'Melachlin *King of* Temora *burnt, with eight of his household, and a number of people, by the men of* Galenge.
1124. Malcolm *King of* Scotland *died a sincere penitent.* Torfin M'Thorkel, *a young prince of the* Gals *of* Ireland, *perished by sudden death.*
1130. *A battle between the* Scots *and the men of* Murray, *where* 4000 *of the* Murraymen, *with their King, were slain.* Aongus *the son of* Lulach's *daughter killed* 1000 Scotch. Olave M'Sconal *King of* Gaileng.
1159. Bruodar M'Thorkel *King of* Dublin *killed by* South broc (*f.* Rotheric).
1162. *The* Gals *of* Dublin *plundered by* Diarmid M'Muireach, *who humbled them exceedingly.*

1164. *On the Kal. of* January, Somerled M'Gil. Adomnan, *and his son, were killed. The greater part of his troops collected from* Ireland, Kintire, Inis-gal, *and* Dublin *also perished.*
1165. Mal-colm M'Endric *the best* Christian *of* Irish Scots, *supreme King of* Scotland, *full of all goodness, died. An expedition against* Dalriada. *The* O'Niels *killed many about* Gilespic *in* Ulster.
1170. Diarmid O'Diarmid (*f.* O'Hanleth) *was killed by a fleet from the* Orkneys, *in an Island, formed by themselves in* Lochroy, *called* Innis-Laggan. Olave *killed by* Manus M'Dunleve.
1171. Askel M'Thorkel *King of* Dublin, *and* John *of the* Orkneys, *killed by the said* Gals.
1200. Roderic M'Ustred *King of* Irish Gals (*f.* Gallovidians) *died in peace.*
1209. Gil-Christ O-Kiarnach *died. Battle given to the* M'Somerleds *by the men of* Skiath (*f.* Sky).
1211. * Thomas M'Uchtred, *with the* M'Ranalds *the sons of* Somerlid, *came to* Daire Collumkill (Derry) *with six ships. They plundered* Derry, Inis-owen, *and the half of* Clan Connel. *The castle of* Clonois *built by the* Gals.

1213.

---

* Thomas *was a natural son of* Allan M'Uthred *Prince of* Galloway, *and afterwards became earl of* Athole. *He married a daughter of the King of Man; and was so much beloved by the* Galovidians *that they raised a rebellion to support him.*

EXTRACTS FROM THE ANNALS OF ULSTER. 71

1213. Thomas M'Uchtred *and* * Roderic M'Ranald *rifled* Derry, *and carried away the most valuable effects of that town, and the north of* Ireland, *out of the church.* O'Cathan *came to* Derry, *and, attacking the* M'Lauchlans, *killed them before the great altar. In revenge of this,* Thomas M' Uchtred, *and the* Gâls *of* Ulster, *destroyed every thing except the walls of the church.*

1214. *An expedition by* Hugh M'Lauchlan *against* Derry; *he was killed by the* Gâls. W lliam Ga mh (*i. e. the rugged*) *King of* Scotland *dies, and his son succeeds.*

1216. *A* Lateran *council of 300 Bishops.*

1218. Diarmid *killed by* ** M'Gilroth.

1235. *A great ̛ expedition by the* Justice *of* England, *and* M'William *against* Conacht.

1238. Donouch M'Uchtred *killed.*

1246. Ec Marchat O'Cahan *killed by* Magnus O'Cahan *going to plunder* Airthemay *in* Dalriada.

1247. M'Sumerlid *killed by* M'Moris *in* Belasena.

1249. *It is now* 712 *years since the time that* St. *** *went to* Jona.

1302. Robert Bruce *an earl make king of* Scotland *against the King of* England's *will.* Prendergast *a young knight of great valour died.*

ANTI-

* *This* Rotheric *is probably the person who, with* Thorfin *the son of* Harald *Earl of* Orkney, *was so very troublesome to the King of* Scotland.

** *This* Gil-roth *was a celebrated freebooter, and his expeditions probably gave occasion to the ballad of* Gil-deroy.

ANTIQVITATES HIBERNICÆ.

De OSTMANNIS, sive DANIS & NORVEGIS; deqve eorum rebus gestis in HIBERNIA, ab anno Christi DCCXCV, usqve ad ANGLORUM ingressum, sub HENRICO II. per qvatuor ferme annorum centurias.

Ostmannos magnam *Hiberniæ* partem olim subjugasse, & post plurima prælia cum *Hibernis*, variante successu, per multos annos, acriter commissa, præcipuas ibi urbes maritimas, ad *Anglorum* usqve adventum in *Hiberniam*, occupasse certo constat. De eorum nomine & regione unde venerunt, ita eruditissimus *Jacobus Usserius* nuper Archiepiscopus Armachanus, in sua veterum Epist. *Hibernicarum* recensione. *Livonia ad Eoum maris Baltici litus porrecta, in tres partes, locis & linguis distinctas, Estiam, Lettiam, & Curlandiam distribuitur: Estia sive (ut Crantzius appellat) Estoniæ provinciam ii incoluisse videntur, qvi a veteribus Græcis, Ostiæi & Ostriones, a Tacito in Germania sua, Æstii, ab Eginhardo in Caroli Magni vita, Aisti, a Saxone Grammatico, Estones, a nostris, Ostmanni appellantur.* Ad *Ostmannos Hiberniæ* qvod attinet, hi aliis nominibus vocabantur etiam *Dani, Norvegi, & Normanni, qvod & mediis temporibus* (verba sunt iterum jam dicti Usserii) *omnibus Daniæ, Norvegiæ, Livoniæ & reliqvarum Borealium gentium commune nomen fuisse docti nôrunt.* Ut omittam qvod a Scriptore vitæ *Griffithi filii*

Conani est traditum, unum e tribus illis fratribus qvi in Hiberniam venerunt, cum Norvegiensibus suis in Galliam concessisse, & Francis devictis, sedes in Normannia fixisse. Hunc Rodulphum *ille vocat, qvem alii* Rollonem; *a qvo Gulielmus & alii Normanni qvi in Anglia regnaverunt, genus deducunt suum.*

Danos & Normannos, vel *Ostmannos* anno Christi DCCXCV, *Hibernica* & *Albanica* litora primum infestasse & speciatim Recran Insulam spoliasse produnt Annales *Hibernici*. Sub eodem tempore vel paulo serius *S. Findanum*, Principis *Lageniæ* filium, a *Danis* captivum ductum, sed mirabili modo elapsum, tradit in vita ejus, anonymus *Hibernus*, (qvi & ejus socius) a *Melchiore Goldasto* editus, Tom. I. Rerum Alamannicarum, pag. 318. Meminit illarum deprædationum Normannicarum, *Dicuil Hibernus*, qvi tum vixit, in libro *de mensura Provinciarum Orbis terræ, secundum illorum authoritatem* (ut ipse loqvitur) *qvos S. Theodosius Imperator ad Provincias prædictas mensurandas miserat.* Sic enim ille, *circum nostram Insulam Hiberniam, sunt insulæ, sed aliæ parvæ, atqve aliæ minimæ.* Et post pauca, *sed sicut a principio mundi desertæ semper fuerunt, ita nunc causa latronum Nortmannorum vacua Anachoritis,* &c. Triennio postea, anno nempe DCCXCVIII, *Normanni* iterum *Ultoniam*, & *Hebrides* piraticâ infestarunt. Siqvidem *antiqvitus*

ANTIQVITATES HIBERNICÆ. 73

qvibus apud *Danos* (ut habet *Olaus Wormius*) *Piratica honesta ac licita erat, atqve in ea se crebro Reges ipsi, aut eorum liberi exercebant, ascitis famosioribus & fortissimis Athletis.* Sed missis hisce *Danorum* piraticis, veniamus jam ad copias qvas in *Hiberniam* miserunt, ad eam subjugandam, & secundum temporum seriem, ad alia eorum acta ibidem, ad *Anglorum* usqve ingressum.

Anno 807. *Dani* & *Norvegi* in *Hiberniam* appulerunt, & *Roscomoniam*, regionemqve adjacentem ferro flammaqve vastarunt. Eodem tempore *Cellacus Abbas* coenobii *S. Columbæ Hyensis*, multis e suis, *Norvegorum* crudelitate, interfectis, in *Hiberniam* profugit, & *Kenanusæ*, alias *Kenlisæ* in *Midia*, monasterium in honorem *S. Columbæ* sive condidit, sive restauravit. Cum vero annos circiter 7 ibi præfuisset Abbas, *Dermitio* qvodam in dicto coenobio Abbate relicto, in *Jonam* sive Insulam *Hyensem* reversus est, ubi, post annum unum vel alterum, mortem obiit. Nescio an in laniena prædicta, vel posteriore aliqva, trucidatus fuerit *Blaithmacus* reguli *Hibernici* filius. Eum, sub his temporibus, a *Danis* sive *Norvegis* ethnicis in *Jona* insula cæsum, ex vita ejus, a *Wallafrido Strabone* carmine descripta, liqvet. Omitto hic commenta *Saxonis Grammatici*, qvi (more suo) *Fridelithum*, *Frothonem III.* & *Hacouem*, *Danos*, multis annorum centuriis, ante hæc tempora, *Hiberniam* infestasse fingit.

Anno 812. *Classis Normannorum Hiberniam Insulam aggressa*, (inqvit Rhegino in Chronico) *commissoqve cum Scotis prælio, multi*

ex iis interfecti, cæteri fuga lapsi sunt. Et, ad eundem annum, *Hermannus Contractus, Classis Danorum Hiberniam invadens, a Scotis victa est.* Item historici *Hibernici Danos* sub eodem tempore duobus præliis ab *Hibernis* profligatos asserunt.

Circa annum 815, aliis 818, *Turgesius*, *Norvegus Hiberniam* primum invasit.

Anno 835. *Norvegi*, majoribus instructi copiis, magna classe appulerunt, sub ductu *Turgesii*, & *Conachriam* ferme universam, una cum qvibusdam *Lageniæ* & *Midiæ* partibus, devastarunt. Intra triennium deinde postea, non parva *Ultoniæ* parte subjugata, ubiqve ferme templa demoliti sunt, & in *Christianæ* religionis professores (cujus tunc hostes erant) magna crudelitate grassati. Qva de re, vid. *Jocel. Furnesseus*. in vita *S. Patricii*, Cap. 175. Speciatim *Turgesium Armacham* occupasse & inde *Farananum* Archiepiscopum loci expulisse, *una cum omnibus religiosis & studiosis* tradunt historici *Hibernici*. Asserit porro *Colganus* (in Triade Thaumaturga) ex Annalibus 4 Magistrorum, *Anno* 838, *classe sexaginta navium Normannos ingressos esse ostia Boandi fluminis, & alia 60 navium, ostia Liffii fluvii in Lagenia.* A *Turgesio* (qvod obiter adnoto) multa fossatorum illorum rotundorum, sive militarium vallorum, vulgo *Dane's Raths* dictorum, facta dicuntur, qvæ in plurimis *Hiberniæ* regionibus, etiamnum supersunt. Atqve talia fortasse fuerunt castella Brigantum veterum, de qvibus ita *Juvenalis*, *Satyr.* 14.

Dirue Maurorum attegias, castella Brigantum.

Sunt

Sunt porro qvi credunt *Danos* & *Norvegos* extruxisse multos e collibus illis rotundis qvos sine fossis, passim in *Hibernia* cernimus, qvasi sepulchra Magnatibus & Ducibus suis. Eundem morem in *Dania* olim viguisse, ex supradicto *Olao Wormio* liqvet, in libro de Danicis Monumentis, *Hafniæ* edito, Anno MDCXLIII. Speciatim (in *Hibernia*) e tali colle in orientali suburbio civitatis *Dublinii*, prope Collegium *S. Trinitatis*, effossum est Anno MDCXLVI. monumentum qvod ossa hominis combusta texit: opus uti creditur *Ostmannicum*, de qvo fusius postea.

An *Saxa* illa ingentia & rudia qvæ in planitie non longe a *Naasa* in agro *Kildariensi* & alibi visuntur, (victoriarum puta monumenta) a *Danis* erecta fuerint, non possum pro certo affirmare. Sed ut ad nostrum institutum revertamur.

Anno 845. *Norvegi* diripuerunt & incenderunt *Clonmacnoisam*, *Clonfertam*, *Logbran*, & *Tirdaglassam*. Porro circa eundem annum, *Turgesius Melachlini* seu *Melseeblini* Regis *Midiæ* filiam deperiisse fertur: *Atqvi Rex ille* (Giraldum Cambrensem audis) *virus sub pectore versans, filiam suam illi concedens, ad insulam qvandam Mediæ, scil. de Loch-vair, illam eum 15 puellis egregiis ei missurum se spospondit. Qvibus & Turgesius gavisus, cum totidem nobilioribus gentis suæ, statuto die & loco, obviam venit, & invenit in Insula 15 adolescentes imberbes, animosos, & ad hoc electos, sub habitu puellari, dolum palliantes, cultellis, qvos occulte secum attulerunt. Statim inter amplexus, Turgesius cum suis occubuit.* Sic ille,

Topograph. Hiberniæ distinct. 3. Cap. 4. Cæterum author *Annalium Ultoniensium*, de dolo eo tacens, *Turgesium* a *Melachlino* rege captum fuisse & in dicto lacu submersum, tradit. Fama tum pernicibus alis (sic iternm Cambrensis, Cap. 41.) *totam statim insulam pervolante, & rei eventum, ut assolet divulgante, Norvegienses ubiqve truncantur, & in brevi, omnes omnino, seu vi, seu dolo, vel morti traduntur, vel iterum Norvegiam & Insulas unde venerant, navigio adire compelluntur.* Deinde Cap. 42. *Qvæsiverat autem a Turgesio prædictus Midensium rex, & in dolo neqvitia jam animo concepta) qvonam terrore vel arte, aves qvædam in regnum nuper advectæ, terræ toti patriæqve pestiferæ, destrui possent & deleri. Cumqve responsum accepisset, nidos eorum ubiqve destruendos, si jam forte nidificassent, (de castellis Norvegiensium hoc interpretantes) mortuo Turgesio, in eorum destructionem Hibernienses per totam Insulam, nnanimiter insurrexerunt. Annos igitur circiter 30 Norvegiensium pompa & Turgesii tyrannis in Hibernia perduravit, & deinde gens Hibernica servitute depulsa, & pristinam libertatem recuperavit, & ad regni gubernacula denuo successit.* Hactenus Giraldus. Hibernos qvidem hoc tempore *Norvegarum* vires multum fregisse certum est. Attamen auxiliares copiæ, novis e *Dania* & *Norvegia* classibus, indies confluentes *Hiberniam* per plurimos postea annos, gravissime afflixerunt, ut infra patebit.

Anno 848. Prælium inter *Melachlinum* (de qvo supra) tum regem *Hiberniæ* & *Danos Fouræ* commissum est, in qvo 700 Danis

HIBERNICÆ.

occisis, victoria *Melachlino* cessit. In prælio itidem *ad Scia-na₂ibt*, ab *Olcobavo* rege *Casseliæ* (qvem Abbatem etiam *Imelacensem* appellat Liber meus coenobii *Inisfallensis*) & *Lorcano* filio *Kellachi*, rege (ni fallor) *Lageniæ*, cæsi sunt e Danis 1200, ac in duabus aliis pugnis, ante finem anni, ceciderunt circiter 1700. Ita hic annus *Danis* in *Hibernia* fuit luctuosissimus, unde *M:lachlinus* Rex ob partas victorias, ad *Corolum Calvum* Francorum regem, pacis & amicitiæ gratiæ, legatos cum muneribus misit, viam sibi petendi Romam concedi deposcens. Sic Chronic. Norman.

Anno 849. Auxiliares copiæ, e *Dania* & *Norvegia* 140 navibus, in *Hiberniam* appellentes, bellum, magno *Hibernorum* damno, redintegrarunt.

Anno 850. *Melachlinus* Rex, jam bello civili implicatus, pace, ad tempus, Danis stabilita, eorum auxilio, hostes magna strage profligavit.

Ante annum 851. *Danos*, *Dublinio* & regiuncula vicina qvam *Fingalliam* vocamus, potitos esse, ex Historicis *Hibernicis* liqvet. Inter hos & alios ejusdem gentis, hoc anno, atrox commissum est prælium, in qvo *Dani Dublinienses* profligati sunt, & *Dublinium* a victoribus direptum. Atqvi fuga non pauci elapsi, in patriam confugerunt, unde anno inseqvente, auxiliaribus copiis reversi, hostibus victis, *Dublinium* recuperarunt & restaurarunt. *Danos* sive *Ostmannos Dublinienses* intellegit proculdubio vitæ *S. Coëmgeni* sive *Keivini* scriptor, cum de *Dublinio* & ejus civibus ita loqvatur, *Civitas Ath-cliath est in aqvilonali*

Laginiensium plaga, super fretum maris posita; & id Scotice dicitur Dub-lein, qvod sonat Latine nigra therma. Et ipsa civitas potens & belligera est, in qva semper habitant viri asperrimi in præliis, & peritissimi in classibus.

Anno 852. *Armacha*, ipso Paschatis die a Danis devastata est. Ac paulo post, *Dermitius* loci Episcopus, qvem Annales *Hibernici Sapientissimum omnium Doctorum Europæ* appellant, sive moerore, sive morbo, extinctus est.

Anno 853. *Amlavus* aliis *Amelaus* magna *Danorum* & *Norvegorum* classe, huc appulit eiqve omnes *Dani*, in *Hibernia* tum degentes, se submiserunt. Hic *Amelans* (opinor) ille fuit, & hæc *Norvegorum* ea classis, de qvibus hæc habet *Giraldus Cambrensis*, Topograph. Hiberniæ l. 3. cap. 43. *Non multo vero post tempore (post mortem scilicet* Turgesii) *iterum de Norvegia & insularum Borealium partibus, qvasi de reliqviis gentis prioris, & qvia vel occulata fide, vel parentum relatione, terram optimam noverant, non in bellica classe, sed sub pacis obtentu, & qvasi mercaturæ exercendæ prætextu, in Insulam qvidam advenerunt, qvi & maritimos Hiberniæ portus, statim occupantes, tandem de assensu Principum terræ, civitates in ipsis varias construxerunt. Qvoniam enim innatæ ociositatis vitio, gens Hibernica, ut diximus, nec maria lustrare, nec mercaturæ indulgere aliqvatenus voluerat, de communi totius regni consilio, perutile videbatur, ut gens aliqva, cujus opera, aliarum regionum commercia, qvibus hæc terra caruerat, huc advehi possent, in aliqvibus regni partibus admitterentur. Fuerunt autem Duces eorum tres fratres, Amelaus scilicet*

Sygtara-

Sygtaracbus, & *Yvarus*. Construćtis itaqve primo civitatibus tribus; *Dublinia*, *Waterfordia*, *Limerico*; *Dublinia Principatus cessit Amelao*; *Waterfordia*, *Sygtaraco*; *Limerici*, *Yvaro*; & ex iis paulatim ad alias Hiberniæ civitates construendas processu temporis, sunt derivati. Gens igitur hæc qve nunc *Ostmannica* gens vocatur, imprimis, istius regibus satis tractabiles fuerunt & pacifici. Sed ex qvo in immensum, generis numerositate jam excreverant, & civitates fossatis & muris oprime cinxerant; antiqvas inimicitias alta mente repositas, nonnunqvam renovare, & acriter rebellare solebant. Dicti sunt autem *Ostmanni*, lingua ipsorum, corrupta qvadam *Saxonica*, qvasi orientales homines: Respećtu namqve terræ istius, ab orientalibus huc partibus undecunqve advecti sunt. Ita *Giraldus*, e qvo eadem hausisse videtur *Ranulphus Monachus Cestriensis*, in Polichronico. Cæterum, ut de hac narratione qvod sentio dicam, constabit (opinor) *Ostmannos* sedes eas maritimas, non mercaturæ prætextu, nec *Hibernorum* assensu, sed vi & armis obtinuisse, si consideremus qvanta immanitate, a primo eorum ingressu, imo hoc ipso tempore, de qvo nunc loqvimur, & diu postea, per *Hiberniam* grassabantur. Certe ex optimis Hiftoricis liqvet *Amlavum* hunc, post prælium unum aut alterum, prospero contra *Hibernos* eventu, tanto fuisse iis terrori, ut annuo qvodam tributo, pacem, ad tempus redimere coacti fuerint.

Anno 856. Inter *Melachlinum* Regem & *Danos* atrox ortum est bellum, qvo multi utrinqve ceciderunt.

Anno 857. *Cathaldus Albus*, dum res novas moliretur, ab *Amlavo* & *Ivaro*, prælio profligatus est in Momonia.

Anno 859. *Amlavus* & *Ivarus* cum magno exercitu in *Midiam* profecti sunt. De successu, tacent Annales *Hibernici*; sub eo vero tempore (ut videtur) induciæ inter *Melachlinum* & *Danos* sunt pactæ.

Anno 862. Defuncto *Melachlino* Rege *Hiberniæ*, *Lorcanus* filius *Cathalai* & *Cornelius* filius *Dermitii* regnum *Midiæ* inter se partiti sunt. Iis vero ab *Edano* cognomento *Finliath*, *Danorum* auxilio, postea captis, *Edanus* Rex *Hiberniæ* salutatus est. *Lorcanum* ab *Edano* tunc oculis orbatum, & *Cornelium*, ab *Amlavo*, *Clonardæ* submersum ferunt.

Anno 869. *Amlavus Armacham* diripuit, & incendit, postqvam mille homines ibi prælio interfecisset.

Anno 870. *Amlavus* & *Ivarus*, cum classe 200 navium in *Britanniam* solverunt, in auxilium *Hinguari* & *Hubbæ Danorum*. De qvibus *Florilegum* petas & alios rerum *Anglicarum* Scriptores. Anno seqventi, cum ingenti præda, multisqve captivis, *Dublinium* reversi sunt. Sed brevi postea *Amlavus* naturæ cessit.

Anno 871. *Ailillus* Rex *Lageniæ* a *Danis* occisus est.

Anno 872. Fato functus est *Ivarus*, qvem Annales *Hibernici* regem *Normannorum* totius *Hiberniæ* appellant.

Anno 875. *Ossinus Amlavi* filius, postqvam *Pictos* magna strage profligaverat, *Danorum* sive *Ostmannorum* dolo, occisus est.

Tum-

Tumqve imperium suscepisse videtur *Godfridus Ivari* filius.

Anno 888. Atrox prælium inter *Flannm Regem Hiberniæ* & *Danos* commissum est, qvo multi utrinqve ceciderunt, & inter alios ex parte *Flani*, *Edanus* filius *Cornelii* Rex *Conatiæ* cæsus est. Paulo postea, *Godfridus* filius *Ivari* Danorum Princeps, per *Sitrici* fratris sui males artes, interemptus est.

Anno 892. Simultas inter *Sitricum* filium *Ivari*, & *Galfridum* qvendam *Merlum* cognominatum tunc temporis virum magni nominis apud *Dublinienses*, eousqve in apertam inimicitiam erupit, ut inter eos, *Urbs* qvasi divisa fuerit, dum una pars *Sitricum*, altera, *Galfridum* seqveretur.

Anno 895. *Ostmanni Dublinienses* in *Ultoniam* profecti *Armacham* diripuerunt.

Anno 896. *Sitricus* filius *Ivari*, qvi fratrem (uti diximus) occiderat, poena licet clauda reum asseqvente, a suis occisus est. Prælium inter *Amlavum* filium *Ivari* & *Ultonienses*, in *Tirconalia*, commissum est, in qvo *Amlavus* victus est & occisus.

Anno 902. *Dani* nova classe appellentes, a *Lageniensibus* prope *Dublinium*, magna strage profligantur.

Anno 914. Acris pugna navalis prope *Manniam* Insulam, inter *Baredum* & *Reginaldum O-Hivar* Danos, commissum est, in qvo *Reginaldus*, *Barredo* & suis occisis, victoriam reportavit.

Anno 915. *Dani* magna classe appellentes *Momoniæ* partem devastant.

Anno 916. *Dani* sive *Ostmanni*, in *Momonia*, præliis aliqvot superati sunt: cæterum in *Lagenia*, meliori successu pugnarunt. Nam, sub ductu *Sitrici*, *Angarrus* filius *Aililli* Rex *Lageniæ* prælio occisus est, & cum eo ceciderunt multi *Lageniæ* Proceres. Sub eodem tempore, *Dani* sive *Ostmanni Dubliniæ Monam*, sive *Anglesciam* in *Cambria*, vastarunt, ut e *Caradoco Lhancarvanensi* intelligimus.

Anno 918. *Dani Momoniæ Albaniam*, hodie *Scotiam*, infestarunt.

Anno 919. Prælium atrox inter *Niellum Glundubb* Regem *Hiberniæ* & *Ostmannos* commissum est *Septembris* 15, prope *Dublinium*, qvo Rex ipse, una cum multis proceribus, periit. *Niello* occiso, Imperium suscepit *Donatus Flani* filius, qvi, anno seqventi, *Ostmannos* magna strage profligavit.

Anno 921. *Reginaldo* regno *Ostmannorum Dublinii* defuncto successit *Godfridus*, qvi eodem anno, contracto exercitu, in *Ultoniam* profectus est, ubi mense *Novembri*, *Armacham* diripuit.

Anno 924. *Godfridus* in expeditione *Limericum* versus, magnam exercitus sui partem amisit.

Anno 926. *Godfridus* copias in *Ultoniam* misit, sub ductu *Aulafi* filii sui, qvi ab *Ultoniensibus*, bis in fugam conjectus, ægre tandem a patre, qvi eum novis e *Dublinio* auxiliis secutus est, liberatus.

Anno 934. *Godfridus* obiit, ob crudelitatem infamis, successit filius *Aulafus*, alias *Aulavus*, idem opinor cum *Anlapho* illo qvi in prælio ad *Bruneburgum* in *Northumbria*, ab

K 3 *Athel-*

Athelstano Anglorum Rege victus est, Anno 937. De qvo vid. *Ingulph.* & *Hen. Huntindon.*

Anno 941. *Aulafus* morte repentina sublatus interiit. Hunc *Caradocus Lhancarvanensis Abloicum* præcipuum *Hiberniæ* regem appellat, & obiisse asserit Anno 939. Liber *Marganensis* an. habet 940.

Anno 942. *Dunum, Clonarda* & *Kildara*, regionesqve adjacentes variis *Ostmaunorum* exercitibus, vastantur.

Anno 943. *Dani* in *Lecalia* degentes, sedibus suis, ab *Ultoniensibus* ejiciuntur; eodem vero anno *Murtachum Ailechæ* regulum; prælio interficiunt 26 Febr. & die seqventi, *Armacham* diripiunt.

Anno 944. *Donato* Rege *Hiberniæ* morte repentina sublato, *Congelachus* filius *Malmithi* imperium suscepit, qvi eodem anno *Brieui* Regis *Lageniæ* auxilio, *Dublinium* vi cepit & diripuit, *Ostmannis* ibidem partim occisis, partim in fugam conversis.

Anno 945. *Blacarus Ostmanuus*, *Aulafi* frater, copiis auxiliaribus, *Dublinium* recuperavit & restauravit.

Anno 946. *Ostmanni Dublinienses*, ut cladem nuper acceptam ulciscerentur, hoc anno non parvam *Midiæ* partem devastarunt.

Anno 947. *Ostmanni Dublinienses* a *Congelacho* Rege, prælio profligantur.

Anno 948. Bellum redintegrarunt *Dublinienses*, sed a *Congelacho* Rege iterum superati sunt, ipso *Blacaro* rege, & e suis ferme 1600 in prælio occisis. *Blacaro* successit *Godfridus Sitrici* filius. Circa hæc tempora *Ostmanni* *Hibernici* ad religionem *Christianam* conversi sunt. Neqve desunt qvi, hoc ipso anno, *Ostmannos* coenobium *B. Mariæ Virginis* juxta *Dublin.* *Monachis Benedictinis* posuisse tradunt, qvamvis alii, diu antea fundatum asserunt, a *Melachlino* al. *Malachia* Rege *Hiberniæ*, (qvi obiit 862) *Gillemoholmoc* nescio qvo & *Roisia* uxore ejus, & alii, a *Donaldo Gillemoholmoc*. Ut ut fuerit, *Monachos* ibidem *Ordinis Cistertiensis* institutionibus se submisisse anno 1139 *imitantes patrem suum Abbatem Saviniacensem* docent ejusdem coenobii Annales. *Jacobum* Abbatem primum obiisse 5 nonas *Martii* prodit loci codex antiqvus MS. penes *Rogerum Twysdennm* eqvitem & *Baronetum*. De anno silet, sed *Everardum* Abbatem qvartum obiisse tradit 4 Idus *Aprilis* 1131. Qvæ si vera sint, vel pleriqve eorum *Macrobii* fuerunt, vel coenobium diu Abbate fuit viduatum.

Anno 950. *Ostmanni Dublinienses Slanam* in *Midia* diripuerunt & incendio deformarunt. Eo incendio, *Cinnum* virum doctum & loci Prælectorem, multosqve alios in ecclesia congregatos periisse ferunt. Cæterum anno seqventi, postqvam magnam *Midiæ* partem, sub ductu *Godfridi* devastassent, ingenti præda onusti, in reditu *Dublinium* versus, ab *Hibernis* intercepti sunt & magna strage profligati.

Anno 956. Prælium atrox inter *Congelachum* Regem *Hiberniæ*, *Ostmannos* & *Dublinienses*, ad *Tiguiran*, in *Lagenia*, commissum est, ubi *Congelachus* fusus est & occisus. Eo cæso, *Hibernorum* Imperium arripuit *Donaldus Nellus*.

Anno

Anno 959. *Aulafus Dublinii* regulus a *Caradoco Lhancarvanensi, Abloicus rex Hibernia* appellatus, Promontorium sacrum (qvod nos *Holy head*, incolæ *Caer-gubi* vocant) in *Mona* sive *Ang'eseia* insula, deinde regiunculam *Lhinnensem*, classe sua diripuit. Atqvi liber *Margana* sive liber *Hergessi* hanc deprædationem ascribit *Abloici* filiis.

Anno 962. Mortem obiit *Godfridus Ostmannus, Aulafi* filius. Circa hæc tempora (ut videtur) *Eadgarns* Rex *Angliæ* magnam *Hiberniæ* partem subegit, & speciatim *Dublinium Urbem*. Qva de re, vide qvæ supra dicta sunt cap. 4, ex Præfatione Chartæ *Eadgari*.

Anno 970. Pugna *Kilmonæ* commissa est, inter *Donaldum* Regem *Hiberniæ* & *Donaldum Congelachi* filium, *Aulafi Ostmanni* copiis adjutum. In eo prælio multi utrinqve ceciderunt; sed plures ex parte *Donaldi* regis.

Anno 977. *Aulafus Sitrici* filius prælio vicit & interfecit *Murtachum* & *Conzelachum, Donaldi* Regis filios.

Anno 980. *Donaldo* Regi defuncto successit *Melachlinus*, alias *Malachias*, filius ejus, qvi eodem anno, *Temoriæ*, prælio memorabili, *Ostmannorum* vires fregit & qvodammodo pessumdedit. Nam in eo prælio, præter millia aliqvot militum gregariorum, primarii *Ostmannorum* Duces ferme omnes cæsi sunt, inter qvos numeratur *Reginaldus Aulafi* filius; ob cujus interitum & maximam eam *Ostmannorum* cladem, *Aulafus* ipse, anno inseqvente, peregrinatione ad Insulam *Hyensem* suscepta, ibidem (ut ex Annalibus coenobii Insulæ omnium Sanctorum in occiduo limite agri

Longfordiensis intelligimus,) poenitentia peracta, vi moeroris obiit. Successit ei filius *Gluniarandus*. Pugna *Temoriensi* finita, *Melachlinus* in *Fingalliam*, ditionis *Ostmannicæ* regiunculam profectus, eam igne & ferro devastavit, eodemqve tempore *Hibernos* omnes, qvos *Ostmanni* captivos tenuerunt, in libertatem asseruisse fertur. Cæterum pace tandem inter *Melachlinum* Regem & *Ostmannos Dublinii* certis conditionibus facta, ii, ut priorem jacturam, aliqvo modo, resarcire viderentur, auxiliaribus copiis contractis, in *Brieni* filii *Murchardi* Regis *Lageniæ* territoria irruperunt, qvæ dum *Brienus* tueri conaretur, ipse, ab iis captus est & paulo post occisus.

Anno 983. *Melachlinus* Rex, ab *Ostmannis Dubliniensibus* adjutus, *Donaldum Clan Lorcani* filium regem *Lageniæ*, prælio fudit. In ea pugna, inter alios melioris notæ, cecidit *Patricius Ivari* reguli *Waterfordiensis* filius.

Anno 989. *Gluniarandus* al. *Glumainus, Aulafi* filius Rex *Ostmannorum Dublinii*, a famulo suo interremptus est. Successit frater ejus *Sitricus*. Circa idem tempus, *Elirmannum* filium *Abloici* occisum asserit *Caradocus Lhancarvanensis*, qvem regem *Hiberniæ* appellat: & nomine & titulo deceptus. Eodem anno *Godfridus Haraldi* filius *Hebridum* Insularum regulus a *Dalriadinis* occisus est; cui successit filius *Reginaldus*.

Anno 994. *Sitricus Aulafi* filius, ab *Ostmannis Dublinii*, in exilium pulsus, circa annum circumactum revocatus est, regnoqve restitutus.

Anno 999. *Marianus* alias *Malmurrius Murchardi* filius a jam d'cto *Sitrico* adjutus *Lagenia* regnum obtinuit, *Donato* prædecessore ejus in prælio capto & abdicare coacto. Ante finem ejusdem anni *Brienus Borous* Rex *Momoniæ Ostmannos Dublinienses* in prælio ad *Glenanauin* fudit, ac *Dublinium* vi cepit & diripuit.

Anno 1000. *Ostmanni* (obsidibus *Brieno* traditis) *Dublinium* restaurarunt & firmarunt. Eodem anno, *Ivarus Ostmannorum Waterfordiæ* regulus obiit, successit ei filius *Reginaldus*.

Anno 1013. *Lagenia*, primum a *Murchardo* filio *Brieni Boroi* tum Regis *Hiberniæ*, deinde a *Bricno* ipso, ad muros, usqve *Dublinii*, misere direpta est. *Lageniensibus* interim & *Ostmannis*, pace inter se facta, conjunctis copiis, se suaqve frustra tueri nitentibus.

Sub initium anni 1014, vel paulo ante, *Brienus Borous* Rex cum plurimis *Hiberniæ* regulis egit, ut conjunctis viribus, *Sitricum*, omnesqve *Ostmannos Dublinii*, utpote publicos regni hostes, ex *Hibernia* expellere conarentur. *Sitricus* contra, certior factus, qvid *Brienus* moliebatur, nullum non movit lapidem, ut se suosqve propugnaret. Pace igitur (ut antea diximus) cum *Malmurrio Murchardi* filio Rege *Lageniæ* facta, suppetias, tam ab eo, qvam a *Danis*, sive *Nervegis*, qvi *Manniam* & *Hebrides*, (*Hibernis Inche-gall*) incolebant, obtinuit. Magnis copiis sic utrinqve coactis, concurritur tandem *Clontarfæ* prope *Dublinium*, Aprilis 23, ubi post longam acerrimamqve pugnam,

victoria (sic pleriqve habent) cessit *Brieno* qvi tamen ex vulnere, qvod in prælio acceperat, mortifero, mox expiravit. Sunt contra qvi asserunt *Danos* sive *Ostmannos*, cum eorum acies nutare coeperit, *Brieno* occiso, redintegratis viribus, in *Hibernos* irruisse, eosqve magna strage profligasse. Qvi hanc sententiam tenent, addunt etiam *Brieni* temeritatem magno fuisse *Danis* commodo. Ille enim (ut fertur) auxilia cum filio ejus *Donaro* intra triduum ventura, non præstolans, ne priorum actorum gloriam obscurare videretur, cum hostibus congredi facile persuasus est, id qvod sibi suisqve postea fuit exitio. In exercitu suo, *Melachlinum* porro habuit, tunc *Midiæ*, antea *Hiberniæ* regem, qvi in prælio, ob priores injurias, alienati in eum animi indicia dedisse fertur. Cum *Brieno* ceciderunt, filius ejus *Murchardus* & *Murchardi* filius *Tirdelvacus*, magnus etiam Procerum numerus, & cæterorum 7000, vel ut aliqvi habent, 11000. Ex *Danis* sive *Ostmannis* & *Lageniensibus*, plurimi etiam perierunt, sed numerus incertus est. Inter eos primarii numerantur *Dubgallus Aulafi* filius, *Bruodarus* classis Danicæ præfectus, qvi *Brienum* occiderat, *Melmurrius* Rex *Lageniæ*, *Donaldus* Dux *Fortuallensium*, & alii qvos prætereo. Sunt qvi tradunt cadavera *Brieni* & filii ejus *Murchardi*, necnon *Donati O-Kelli*, *Donlani O-Hartegan*, & *Gille-Barmedi*, ad *Kill-mainan*, villam unico milliari a *Dublinio* distantem, juxta antiqvam crucem lapideam, ab *Hibernis* sepulta esse. Alii vero asserunt corpora *Brieni* & *Murchardi* filii, *Swordam* (villa est ad 6 a *Dublinio* lapidem) delata, inde

a *Mel-*

a *Malmurrio Eocha* filio Archiepiscopo *Arma-chano*, (qvem Annales *Hibernici S. Patricii Comorbanum* appellant) *Clero* comitante, *Armacham* deportata, in ecclesia Cathedrali ibidem, cui benefactor fuerat *Brienus*, fuisse condita. Prælio finito, *Sitricus*, cum *Ostmannorum* reliqviis, *Dublinium* se recepit, ac *Melachlinus* Rex *Midiæ*, a popularibus, Rex maximus *Hiberniæ* denuo declaratus est.

Anno 1018. Jam dictus *Melachlinus* copias *Lagenienses Ostmannicas*, in prælio ad *Fodvay*, fudit.

Anno 1019. *Brienus Malmurrii* filius Rex *Lageniæ* oculis orbatus est *Dublinii*, a *Sitrico* Rege.

Anno 1020. *Reginaldus Ivari* filius regulus *Ostmannorum Waterfordiæ* improles obiit. Successit ei *Sitricus* frater.

Anno 1022. *Ugairus* Rex *Lageniæ* in conflictu ad *Delgne*, *Sitricum* Regem *Dublinii* fugavit.

Anno 1023. *Sitricus Ostmannorum Waterfordiæ* regulus, ab *Ossoriensibus*, occisus est. Successit ei *Reginaldus O-Hivar*.

Anno 1029. *Sitricus* Rex *Ostmannorum Dublinii*, peregrinatione Romam usqve suscepta, in via defunctus est. Successit ei filius *Aulavus* sive *Auloedus*, qvi anno seqvente, a *Mathæo* alias *Mathgauno O-Riagan* captus, pro lytro solvit 200 vaccas, 80 eqvos *Britannicos*, tres uncias auri, & gladium qvendam vulgo dictum *Caroli* gladium.

Anno 1035. *Aulavus* filius *Sitrici* Rex *Dublinii* Romam profecturus, in *Anglia* occisus est. Successit ei filius *Sitricus*.

Anno 1036. *Reginaldus O-Hivar Waterfordiæ* regulus occisus est *Dublinii* a *Sitrico* Rege.

Anno 1038. *Commuanus O-Raban* regulus *Waterfordiæ* domesticis insidiis periit. Eodem anno *Waterfordia* a *Dermitio* Rege *Lageniæ* direpta est & incensa.

Anno 1042, (aliis 1041) *Sitricus Aulavi* filius Rex *Ostmannorum Dublinii* decessit. Hic fuit (ut reor) *Sitricus* ille, qvem liber niger ecclesiæ *S. Trinitatis Dublinii Sitricum* filium *Ableb* appellat, de qvo ibidem hæc legimus, *Sitricus Rex Dublinii filius Ableb Comitis Dublinii dedit Sanctæ Trinitati & Donato primo Episcopo Dublinii locum ad ædificandam Ecclesiam S. Trinitati, ubi fornices sive voltæ sunt, cum terris subseqventibus, viz. Bealdulck, Rechen, Portrahern, cum villanis & vaccis & bladis; nec non aurum & argentum, sufficienter ad ædificandum Ecclesiam, cum tota curia, consulit.* *Sitrico* successit *Aulavus* sive *Auloedus*, qvem *Caradocus Lbancarvanensis Alpbredum* perperam appellat. Sub eodem tempore *Conanus ap Jago*, *Aulavi* gener, copiis *Dublinii* collectis, in *Walliam* trajecit, contra *Gruffinum ap Lhewellin* regulum, qvi *Venodotiam Conano* profugo debitam, usurpârat. *Gruffinum* ibi dolo cepit, sed dum captivum, naves versus, secum duceret, *Walli*, de ea re certiores facti, tanto numero confluxerunt, ut facile *Gruffinum* liberaverint, & *Conanum* ad naves repulerint.

Anno 1050. *Conanus* cum alia classe, e *Dublinio Walliam* versus solvit, spe plenus, *Venedotiam*, hæreditario jure sibi debitam, recuperandi. Sed operam denuo lusit; nam

maxima

maxima classis parte tempestate amissa, ipse ad litora *Hibernica* rejectus est.

Anno 1066. *Godredus*, sive *Gothricus* cognomento *Crovan* Rex *Manniæ* (ut e Chronico Regum *Manniæ* intelligimus) *subjugavit sibi Dublinium & magnam partem de Laynester: Scotos vero ita perdomuit, ut nullus qvi fabricaret navem vel scapham, ausus esset plusqvam tres clavos inserere.* Eum regem *Hiberniæ* appellat *Lanfrancus* Archiepiscopus *Cantuariensis*, in epistola qvandam, cujus exemplar habetur in Tomo undecimo Annalium Cardinalis *Baronii*.

Anno 1071. *Murchardus* filius *Dermitii* Rex *Lageniæ* mortem obiit, & *Dublinii* ab *Ostmannis* sepultus est.

Anno 1074, Maii 6, e vita migravit *Donatus* alias *Dunanus Ostmannorum* primus Episcopus *Dubliniensis*, & in ecclesia sua Cathedrali, prope summum altare, sepultus est. Tumqve *Patricius* qvidam, *Ostmannus* itidem, *Godredo* Rege petente, successor electus a *Dubliniensibus*, in *Angliam* missus est, a *Lanfranco Cantuariensi* Archiepiscopo consecrandus, cum epistola seqvente, *Venerando S. Cantuariensis ecclesiæ Metropolitano Lanfranco, Clerus & populus ecclesiæ Dubliniensis debitam subjectionem. Vestræ Paternitati est cognitum, qvod ecclesia Dubliniensis, qvæ Hiberniæ Insulæ Metropolis est, suo sit viduata Pastore, ac destituta rectore. Propterea elegimus Presbyterum nomine Patricium nobis sufficientissime cognitum, natalibus & moribus nobilem, Apostolica & Ecclesiastica disciplina imbutum, fide Catholicum, in scripturarum sensibus cautum, in dogmatibus Ecclesiasticis exercitatum, qvem nobis qvantocius petimus ordinari Episcopum, qvatenus authore Deo, regulariter nobis præesse valeat, & prodesse, & nos sub ejus regimine salubriter militare possimus, qvia integritas Præsidentium salus est subditorum, & ubi est incolumitas, ibi est forma doctrinæ.* Ante finem ejusdem anni, *Patricius* ille *Londini*, in ecclesia *S. Pauli*, a dicto *Lanfranco* consecratus est, obedientiæ professione seqventi præstita. *Qvisqvis aliis præsidet, si & ipse aliis subjaceat, dedignari non debet, sed potius obedientiam, qvam a subditis suis desiderat habere propter Deum, studeat prælatis sibi per omnia humiliter exhibere. Propterea ego Patricius ad regendam Dubliniam Metropolim Hiberniæ electus Antistes, tibi, venerande pater Lanfrance Britanniarum Primas, & Sanctæ Doroborniensis ecclesiæ Archiepiscope, Professionis meæ Chartam porrigo, meqve tibi tuisqve successoribus, in omnibus, qvæ ad Christianam religionem pertinent, obtemperaturum esse promitto.* Hæc ex vetusto codice MS. bibliothecæ *Cottonianæ*, una cum aliis Episcoporum *Ostmannicorum* professionibus, in lucem emisit, inter veteres epistolas *Hibernicas*, eruditissimus *Jacobus Usserius Armachanus*, Anno 1632.

Anno 1076. *Godredus Crovan* Rex *Dublinii*, necnon *Manniæ* & *Hebridum* Insularum obiit in *Ila* Insula, *Ptolemæi Epidio*. Successit ei, in Regimine *Manniæ* & *Hebridum*, filius ejus *Lagmannus*. Cæterum a *Dubliniensibus*, in Regem electus est (ni fallor) *Godfridus* cognomento * *Meranagh*.

* f. *Mannanach* i. e. *Mannicus*.

Octobris 10, 1084. *Patricius Dubliniensis* Episcopus, in Oceano Britannico, naufragio periit, Episcopatus sui anno 10.

Anno 1085. *Donatus* (alias *Dongus*) O-*Haingly Ostmannus*, *Dubhnii* natus, sed *Cantuariæ* in *Angliæ* educatus, ubi monachus factus est *Benedictinus*, *Tirdelvaci* Regis cleriqve *Dubliniensis* consensu, *Cantuariæ*, a *Lanfranco* Archiepiscopo *Cantuariensi*, professione consueta præstita, consecratus est Episcopus *Dubliniensis*, ac in patriam reversus, libros nonnullos, & ecclesiastica ornamenta, qvæ *Lanfrancus* ecclesiæ *S. Trinitatis Dubhnii* dederat, secum reportavit.

Anno 1088 (aliis 1087) *Waterfordia* vi capta est & combusta, ab *Ostmannis Dublinii*.

Anno 1089. *Ostmanni Dubhuii*, *Waterfordiæ* & *Wickloæ* dum conjunctis viribus, *Corcagiam* diripere intenderent, ab *Oncaghensibus*, in prælio fusi sunt & profligati.

Anno 1095. *Moriertacbus O-Brien* Rex *Hiberniæ*, *Dublinium*, cum exercitu pervenit, ac inde expulit *Godfridum Meranagh* regulum. Eodem anno mortem obiit *Donatus O-Haingly* Episcopus *Dublin.ensis*, cui successit ejus nepos *Samuel O Haingly*, coenobii *S. Albani* monachus *Benedictinus*. De qvo vid. plura apud *Endmerum*, in Historia *Novorum*. Sub eodem tempore *Godfredus Meranagh* moerore confectus e vivis excessit.

Anno 1096. Sedes Episcopalis *Waterfordiæ* instituta est, & primus ibi Episcopus electus est *Malchus* qvidam, in *H bernia* natus, sed educatione *Monachus* ecclesiæ *H'intoniensis* in *Anglia*. Is consecrationem obtinuit Cantuariæ 5 Kal. *Januarii*, ab *Anselmo* Archiepiscopo *Cantuariensi*, assistentibus *Radulpho Cicestriensi* & *Gundulpho Roffensi*, Episcopis, professione seqventi præstita. *Ego Malchus ecclesiæ Waterfordiæ electus, & a te Reverende pater Anselme, sanctæ Cantuariensis ecclesiæ Archiepiscope,& totius Britanniæ Primas,Antistes consecrandus, tibi & omnibus successoribus tuis, canonicam obedientiam me per omnia servaturum promitto.* Literarum in ejus gratiam conscriptarum exemplar habes apud *Eadmerum*, a Doctissimo *Seldeno*, in lucem ed.tum, anno, 1623, cum notis & spicilegio. Sub exitum hujus seculi XI, ecclesia cathedralis *S. Trinitatis Waterfordiæ* ab O*:tmannis* constructa est.

Anno 1103. *Magnus* Rex *Norvegiæ*, *Manniæ* & *Orcadis* expugnatis, foedus temporarium percussit cum *Moriertacho O-Brien* Rege *Hiberniæ*, sed anno seqventi (dum in *Ultonia* exploratorem egit) ab *Ultoniensibus*, improviso interceptus interiit. De hac re, si non pigeat legere, en tibi verba Chronici Regum *Manniæ*, *Magnus Murecardo* (rectius *Muriertacho*) *Regi Hiberniæ misit calceamenta sua, præcipiens ei ut ea super humeros suos in die Natalis Domini, per medium domus suæ portaret, in conspectu nunciorum ejus, ut inde intelligeret se subjectum esse Magno Regi. Qvod audientes Hibernienses, ægre ferebant & indignati sunt nimis: Sed Rex saniori consilio usus, non solum inqvit calceamenta ejus portare, verumqve manducare mallem, qvam Magnus Rex unam Provinciam in Hibernia destrueret. Itaqve complevit præceptum, & nuncios honoravit.* Multa qvoqve munera per eos *Magno Regi* transmisit,

84   *ANTIQVITATES*

misit, & foedus composuit. Nuncii vero redeuntes ad Dominum suum, narraverunt ei de situ Hiberniæ & amoenitate, de frugum fertilitate & aeris salubritate. Magnus vero hæc audiens, nihil cogitabat qvam totam Hiberniam sibi subjugare. Itaque præcepit classem congregare. Ipse vero cum sedecim navibus procedens, explorare voleus terram, cum incaute e navibus discessisset, subito a Hibernensibus circumvallatus interiit, cum omnibus fere qvi secum erant. Sepultus est autem juxta ecclesiam S. Patricii in Duno. Regnavit sex annis, sc. in Mannia. Exordiis illis qvam dispar exitus.

Anno 1106. Donaldus Archiepiscopus Armachanus Dublinium profectus, ut pacem inter *Moriertachum* Regem *Hiberniæ* & *Donaldum O-Loghlin* procuraret, in ægritudinem incidit, qva *Duleka* in reditu *Armacham* versus ætatis suæ anno 58, consecrationis 15, sublatus est.

Anno 1109. *Limericum* incendio (maximo *Ostmannorum* damno) deflagravit.

Anno 1121, 4 nonas Julii, obiit *Samuel O-Haingly*, *Ostmannorum* qvartus Episcopus *Dubliniensis*. Successit ei *Gregorius, Lambethæ* consecratus, 2 inseqventis Octobris, a *Radulpho* Archiepiscopo *Cantuariensi.*

Anno 1125. *Torfinus* filius *Torkelli Ostmannorum Dublinii* regulus, in ipso juventutis flore, morte repentina obiit.

Anno 1131. Defuncto *Everardo Ostmauno* Abbati coenobii *B. Mariæ* juxta *Dublin.* successit *Andreas.*

Anno 1134. *Cornelius* filius *Murchardi* Regis *Midiæ*, in conflictu, a *Donaldo* filio *Gillemobolmoc* & *Ostmannis Dublinii*, occisus est. Sed *Donaldo*, subita rotæ conversione, in alio conflictu occiso, & *Dubliniensibus* fugatis, *Midenses* in *Fingalliam* irruunt, eamqve ferro & flamma devastant.

Anno 1136. *Mæl-Ies O-Hammire* Episcopus *Ostmannorum Waterfordiæ* ex hac vita migravit, successit *Tuistius*, alias *Tostius Ostmannus.*

Anno 1140. Mortuo *Gille* sive *Gilleberto* episcopo *Limericensi*, vel saltem resignante, *Patricius* qvidam, ab *Ostmannis Limerici* Episcopus electus, in *Angliam* trajecit, ubi a *Theobaldo* Archiepiscopo *Cantuariensi* consecrationem obtinuit, professione seqventi præstita. *Ego Patricius ad regimen Ecclesiæ Limericensis electus, & a te, Reverende Pater Theobalde Sanctæ Cantuariensis ecclesiæ Archiepiscope & totius Britanniæ Primas, per gratiam Dei Antistes consecrandus, tibi & omnibus successoribus tuis, tibi canonice succedentibus, debitam subjectionem, & canonicam obedientiam, per omnia me exhibiturum fore promitto.*

Anno 1142, vel circiter, *Cadwaladrus* a fratre suo *Oweno Gwinerh*, *Venedotiæ* principe, deficiens in *Hiberniam* profugit, ac *Ostmannis* duo millia marcarum pollicetur, si justo exercitu bellum contra fratrem moverent. Annuunt *Ostmanni*, ac copiis collectis, partim e suis, partim ex *Hibernis* exercitum *Octero* filiisqve *Torcalli* & *Cherulphi* ducibus in *Walliam* mittunt. Cæterum paulo post eorum appulsum pacem inter fratres factam audientes, *Cadwaladrum* captivum detinent, donec pro 2000 marcarum, 2000 pecudum acceperant. Tum vero *Owenus* in *Ostmannos* & eorum

eorum socios sic onustos, improviso irruens, anteqvam naves conscenderent, eorum numerum permagnum interfecit, & cum spoliis reversus est, cæteri fuga ad naves evaserunt. Sic, paucis mutatis, *Cavadocus Lbaucarvanensis*.

Annô 1147. *Reginaldo Torkelli* filio *Dublinii* regulo, in acie occiso a *Midensibus Godfredus* filius *Olavi* Rex *Manniæ*, (si fides sit adhibenda Chronico *Manniæ*) ab *Ossmannis Dublinii*, Rex salutatus est. Atqvi in Annalibus Hibernicis *Oiterus* (alias *Oſternſ) Reginaldo* successisse dicitur, forte tamen *Godredi* imperio subjectus; utcunqve, *Oſtero* biennio post occiso, *Dublinii* principatum obtinuit *Brodarus Reginaldi* frater.

Anno 1151. Obiit *Haraldus Ostmannus* Episcopus *Limericensis*, successit popularis ejus *Torgesius*.

Anno 1161. *Brodaro Torkelli* filio *Ossmannorum Dublinii* regulo, a *Midensibus*, in prælio, occiso, successit frater ejus * *Asculphus*. Eodem anno (Octobris 8) decessit *Gregorius* primus Archiepiscopus *Dubliniensis*, cui successit *Laurentius* (indigenis *Lorcanus) O-Toole*, Abbas *Glendelacensis*, a *Gelasio* Archiepiscopo *Armachano, Dublinii* consecratus, in Ecclesia cathedrali *S. Trinitatis* anno inseqventi.

Anno 1167. *Rodericus O-Connor* Rex *Hiberniæ Lageniam* cum copiis ingressus, *Dermitio* filio *Murchardi* Rege *Lageniæ* in fugam conjecto, *Lagenienses* & speciatim *Ossmannos Dublinienses* sibi obsides tradere coegit.

* L *Askel McTorkel* qvi occisus est A. D. 1171.

Anno 1169. E *Wallia*, cum copiis, sub initio *Maji*, in *Hiberniam* appulerunt *Robertus* filius *Stephani, Meilerus* filius *Henrici, Milo* filius *Davidis Menevensis*, & *Hervans* de *Montemarisco*. Primi appulsus locus, bono omine, dicebatur *Banna*, sive *Beatus*, vulgo *Bag & Bun* prope *Fethardam*, in agro *Wexfordiensi*, qvem aliqvi (perperam opinor) eundem esse existimant cum *Ptolemæi Sacro Promontorio*. Postridie eos seqvutus est *Mauritius* de *Prendergast* , cum 10 militibus & 60 sagittariis. *Dermitius Murchardi* filius, de eorum adventu certior factus, *Bannam* qvanta potuit celeritate contendit, eosqve lætissimus excepit animo. Die seqvente, *Wexfordiam* versus movent, qvæ postqvam obsidionem paulisper sustinuisset, *Dermitio* in manus tradita est. *Wexfordia* sic capta, & *Mauritio Giraldi* filio, cum novis copiis ibi appulso, (nam qvæ ad res Ossmannicas non pertinent hic prætermittimus) iis Rex *Dermitius* ex pacto, suas etiam copias adjunxit. De armis tum in *Ossmannos Dublinii* convertendis , initur consilium, qvod cum omnibus placuisset, *Dublinium*, qvanta possunt celeritate, contendunt, urbemqve deditione capiunt. Sed, obsidibus acceptis, protinus *Asculpho Torcalli* filio (de qvo supra) restituunt.

Anno 1170. Rex *Dermitius* ad *Richardum* cognomento *Strong-bow*, *Penbrochiæ* vel (ut *Giraldus Cambrensis* eum appellat) *Striguliæ* comitem, literas perscripsit, qvibus vehementer ab eo petiit auxiliares eas copias qvas promiserat. Comes his literis acceptis, a Rege *Henrico II*, licentia ironica potius qvam vera (ait dictus Giraldus) *impetrata, Raimundum Crassum*,

sub initium Maji, 10 viris eqvestris ordinis & 70 sagittariis stipatum, in *Hiberniam* præmisit, ipse brevi postea secuturus. *Raimundus* exscensionem fecit ad *Dundonil*, ad qvartum a *Waterfordia* lapidem. De *Anglorum* appulsu, *Ostmanni Waterfordienses* facti certiores, eos anteqvam auxiliis firmarentur, aggredi ratuunt. Tumqve a *Malachia O-Felan Desiensi*, & *O-Riano Idroneusi* adjuti, exercitum conscribunt, in qvo 3000 erant eqvitum & peditum. Hi in *Anglos* impetum facientes, ab illis, paucis duntaxat adjutis, sub ductu *Hervæi* de *Montemarisco*, (qvi illuc forte *Raimundum* visendi gratia venerat) fortiter excepti sunt, & post aliqvot horarum pugnam, profligati. In eo prælio, ex *Ostmannis Waterfordiæ* & *Hiberuis*, plus minus mille cæsi occubuerunt. Capti sunt præterea 70, qvi omnes, *Raimundo* procurante, in vindictam interitus amici sui *de Buein*, qvi in prælio ceciderat, occisi sunt. Sic *Mauritius Regauns*. At *Giraldus Cambrensis* eos, *Hervæi* suasu, adversante *Raimundo*, e rupibus in mare præcipitatos asserit. Hæc mense Maio. Augusto seqvente, *Richardus* Comes *Penbrochiæ*, e *Milfordia* solvit, ventoqve secundo in portum *Waterfordiæ* invectus, exercitum exposuit, in qvo fuerunt 200 milites primarii, præter mille ordinis inferioris. Post diem unum vel alterum, *Waterfordiam* contendit, qvam Augusti 25 vi cepit, ac in ea *Reginaldum Ostmannorum Waterfordiæ* Principem, & *Malachiam O-Felan*, de qvo supra. Illi ad mortem damnati, intercessione *Dermitii* Regis, (qvi una cum *Stephenide*, multisqve *Anglis* & *Wallis*, post victoriam partam, *Wa-*

terfordiam venerat) servati sunt. Nuptiis tunc inter *Richardum* Comitem & *Evam Dermitii* Regis filiam ibidem celebratis, Comes ejusqve uxor *Dermitii* hæredes publice sunt declarati. Paulo post, *Dermitius* & gener, præsidio *Waterfordiæ* relicto, conjunctis copiis *Dublinium* contendunt, urb.mqve (*Roderico* Rege viam frustra obstruere nitente) obsident. *Asculphus Ostmannorum* Princeps, cum resistere (qvod viribus impar) sibi non tutum putaret, *Laurentii* Archiepiscopi *Dubliniensis* intercessione, de deditione cito agere coepit. Cæterum *Raimundus* & *Milo* de *Cogan*, durante intercessionis tempore, selecta manu urbem invadentes, ea primo impetu, 21 die Septembris (qvi *S. Matthæo* sacer) potiti sunt. *Asculphus* tamen & civium pleriqve naviculis & cymbis, eo tempore in portu conscensis, evaserunt.

Anno 1171. Circa festum *Pentecostes*, *Asculphus* a *Johanne* qvodam (qvem *Orcadiensem* appellant Annales *Ultonienses*) & copiis suæ gentis auxiliaribus, e *Mannia*, adjutus, cum 60 navium classe, portum *Dubliniensem* ingressus est, & militibus expositis, in urbis partem orientalem irrumpere tentavit, ubi, dum *Milo Coganus*, qvi urbi præerat, præsidio haud satis firmatus, urbem propugnare conaretur, *Richardus* frater ejus, e porta *S. Pauli* australi, cum parva manu, egressus, hostes (qvi auxiliares copias *Cogano* advenisse putarant) in fugam facile conjecit. Partim in prælio, partim in fuga, multi eorum cæsi feruntur, &, inter eos, dictus *Johannes Orcadiensis*. *Asculphus* etiam ipse captus est, & qvod lingvæ fræuum intemperantius laxasset, ultimo supplicio

plicio postea affectus. De adventu *Henrici II.* in *Hiberniam*, & de aliis licet magni momenti rebus hoc anno in *Hibernia* gestis, non est hic dicendi locus, ut qvæ ad rem, de qva nunc agimus non pertinent. Deniqve satis erit hic indicare, captis, intra paucos annos postea, *Urbibus Limerico* & *Corcagia*, ab *Ostmannis* plerumqve possessis, penitus fractas fuisse eorum vires, postqvam (ut ex iis qvæ supra dicta sunt liqvet) in *Hibernia*, per aliqvot annorum centurias, sedes fixerant. Veruntamen, remansisse ibi aliqvas *Ostmannorum* familias diu postea, ex archivis, in promptu colligere est. Speciatim ex *Rotulo Placitorum* anni 4 *Edwardi Secundi*. Huc etiam facit, (si ad antiqviora recurramus tempora) *Recognitio facta* (anno Dom. 1201) *per Sacramentum* 12 *Anglorum*, & 12 *Ostmannorum*, & 12 *Hiberniensium, de terris, Ecclesiis* & *cæteris pertinentiis, ad Limericensem Ecclesiam spectantibus.* Recognitio ea habetur in *Regesto Decani Limericensis.* Atqve ita res ab *Ostmannis* in *Hibernia* gestas maxime memorabiles, paucis perstrinxi.

HIBERNIÆ Antiqvæ Populi & Loca, de qvibus fit mentio apud PTOLEMÆUM, qvi floruit sub ANTONINO PIO: una cum adjunctis Nominibus recentioribus. Ex *Waræo*.

Rem arduam hic aggredior, tantaqve obscuritate passim involutam, ut hæreant sæpe qvi acutissimi qvicqvam certo statuere. Siqvidem nomina antiqva, temporum revolutionibus, ita mutata sunt, ut in hodiernis, sæpissime vix vestigia aliqva veterum remaneant, &, ut cum *Seneca* loqvar, *nova Urbium fundamenta jaciuntur, nova gentium nomina, extinctis nominibus prioribus, aut in accessionem validioris conversis, oriuntur.* Idcirco tanqvam optimi duces habendi locorum situs, prout a *Ptolemæo*, ex *Marino Tyrio* plerumqve descripti, inveniuntur. Facem mihi in multis, qvod libens fateor, prætulit *Camdenus;* qvam non negem, in non paucis, me, veritatis studio, ab illo dissentire coactum. Neqve decerunt (spero) alii, qvi plura invenient corrigenda. Interim hæc, qvaliacunqve sunt, ordine digesta alphabetico, lectori hic visum est exhibere, una cum *Tabula Chorographica* seqvente *Hiberniæ* veteris, secundum *Ptolemæum*, additis duntaxat *Lucenis*, ex *Orosio*, qvi claruit sub *Theodosio Juniore*. Ad notationem graduum longitudinis & latitudinis qvod attinet, vide *Ptolemæi* regulam, lib. 2, cap. 1, qvæ & semper observanda, ad sinceram lectionem cognoscendam.

A.

	Long.	Lat.	
Argita flu.	O-		Nunc portus seu lacus dictus
	stium.		*Logbfoil*, in agro *Londino-derensi*,
	Αργιται		*Camdeno, Suilly* lacus.
	14 30.61	20	
Aurona flu. al.			Fluvius e lacu *Curb* emissus,
Auroba,			qvi *Galviam* perluit. Hic flu.
Αυςόβα			idem est opinor cum *Galvia* seu
	10 30.61	30	*Galiva*, cujus meminerunt Annales *Roscomanenses*, ad annum 1177 & 1190. Flumen *Galviam Urkem*

88 ANTIQVITATES

Auteri populi.
Αυτεροι

B.
Boreum Promontorium.
Βορειον
11 00. 61 00
Brigantes pop.

Brigus flu. al.
Βαργος
12 30. 57 30.

Buuinda flu.
Βουουινδα
14 49. 59 40.

C.
Cauci pop.
Καυκοι

Urbem nomini suo adoptasse videtur. Sed nominis rationem venentur alii. Hi olim incolebant partes aliqvas regionum, qvæ hodie comitatus *Galviensis* & *Roscomauensis* dicuntur. Auterorum nomen in se prodit *Athenria* urbecula in pago *Galviensi.*

Hodie *Saint Helens-head* alia *Telen,* in *Donegallensi* Comitatu. Habitabant regiones qvæ nunc appellantur comitatus *Catherlaghensis, Kilkenniensis* & *Reginalis.*

Hodie *Barous* dictus, qvi *Neoro* auctus, post aliqvot milliaria, *Suiro* se consociat. Hi tres fluvii e *Bladinis* montibus *Hibernicæ Sleu-bloom*, profluunt, & divisis alveis diu decurrentes, uno tandem eodemqve ostio in mare se exonerant, prope turriculam de *Hook*, in agro *Wexfordiensi,* unde *tres sorores* olim dictæ.

Qvi, nomine non prorsus deperdito, *Boinus* hodie dicitur, Nechamo, *Boand fluvius in Midia*, a *Buan* dictione tam *Britannica* qvam *Hibernica*, qvæ velocem significat, ita, ut opinantur, denominatus.

Olim incolebant regiones qvæ nobis hodie comitatus *Wickloensis* & *Kildarensis* appellantur. Hi

Coriondi &
Udiæ al. Vodii pop.
Κοριονδοι & Ουοδιοι

D.
Darnii, vel
Darini pop.
Δαρινοι

Daurona flu.
Δαβρωνα
11 15. 57 30.

de Caucis Germaniæ orti videntur. Vid. *Ortelii Thesaur. Geogr.* in *Chaucis.*

Hi olim insidebant regiones qvæ hodie dicuntur Com. *Corcagiensis, Tipperariensis & Limericensis. Corcagia* urbs *Coriondorum* nomen in se prodere videtur. An *Coriondi* hi a *Coritanis Britanniæ* in *Hiberniam* demigraverint, dubium. Haud multum sane abludunt nomina.

Incolebant eas regiones qvæ nobis hodie vulgo appellantur Comitatus *Londonderry, Antrim* & *Tir-oen.* In *Deria* (olim *Daire-calgaic*) nominis *Darniorum* nonnullæ supersunt reliqviæ, uti etiam in *Dalriera,* qvo nomine ager *Antrimensis,* vel magna ejus pars *Roura* hodie dicta, antiqvitus appellabatur.

Camdeno, *flumen qvod Corcagiam præfluit,* Giraldo *Cambrensi,* (ut ille habet) *Saverennus.* Giraldus qvidem *Top. Hiberniæ* distinct. 1, cap. 6, asserit *Saverennum & Luvium per Corcagiam* (Trovinciam scil. ita dictam, non urbem) manare. *Fluvius* vero qvi urbem eam circumfluit, hodie *Læus* dicitur, & eundem esse censeo cum jam dicto *Luvio. Daurona* autem nunc (ni fallor) *Avenmore,* i. e. *fluvius maguus,* qvi Ocea-

HIBERNICÆ. 89

Dunum.
Δουνον
1220.58 45

Oceanum prope *Yoghallam* ingreditur.

Dunamause, in Comitatu *Reginæ*, ut situs loci apud *Ptolemæum*, a qvo inter urbes mediterraneas numeratur, indicare videtur. Ibi, ante aliqvot secula, *Marchiæ* comites castrum habuerunt firmissimum, æditiori colli impositum, cujus cadaver etiamnum visitur. *Camdenus* qvasi sub alio sole locat, & *Dunum* vult esse in agro *Duncnsi*. *Dunum* priscis *Gallis, Britannis* & *Saxonibus*, montem seu collem denotabat, unde *Lugdunum* in *Gallia* & *Dunelmum, Camalodunum Sorbiodunum*, & similia in *Anglia* manarunt.

Dur. flu.
Δουρ
940.58 40

Dingliæ sinus, seu *Mangi flu.* ostium, in agro *Kerriensi*, Camdeno, male fluviolus qvi *Tralciam* præterfluit. *Dur Britannis* aqvam denotat, ut habet *Humfredus Lhuydus Cambro-britannus*, & ventos venare videtur qvi aliam vocis originem indagat.

E.
Eblana urbs.
Εβλανα
1400.59 30

Dublinium Hiberniæ Metropolis, Jocelino, Atheliath, aliis, *Balleclath*, id est, *Opidum super crates*, u pote subjectis olim in palustri loco cratibus, conditum.

Ebiani pop. al.
Blanti.
Βλανοι
P. Εβλανοι

Incolebant regionem prope *Dublinium* qvæ nunc ager *Dublinicnsis* appellatur, nec non *Midiam*, vel majorem ejus partem.

Edri Insula.
Εδρος
1500.57 30

Plinio, *Andros*. Hæc Insula a *Ptolemæo*, inter eas ponitur qvæ orientali parti *Hiberniæ* adjacent. Et eadem est, uti conjicio, cum *Beg-Eri*, id est, parva *Hibernia*, Insula sub ostium *Slani* flu. in agro *Wexfordiensi*. *Camdenus Berdsey* alia *Enbly* vult esse, qvæ ad *Cærnarvouensem* agrum in *Wallia* spectat. Sed perperam opinor.

Erdini pop.
Εβδινοι
Επεδιτανοι

Hi olim habitabant regiones qvæ sunt prope lacum & flu. *Ern*, speciatim utramqve *Bren'um* & regionem qvæ hodie appellatur com. *Fermanaghensis*. In *Erno*, nominis *Erdinorum* reliqviæ supersunt.

G.
Gangani pop.
Γαγγανοι

Incolebant *Tuomoniam* & australes aliqvas partes agri *Galviensis*. *Camdenus* ortos putat a *Concanis Hispaniæ*, a *Scytbis* procreatis.

H.
Hieron, id est, sacrum Prom.
Ιερον ακρον
1400.57 30

Grenore, non longe a portu *Wexfordiensi*. Sunt qvi locum, *Salangam*, & postea monrem Domini dictum volunt, vel montem *S. Dominici* (*Ossoriensis* sc.) de qvo loqvitur *Giraldus Cambrensis, Topograph. Hiberniæ* distinct. 1, cap. 5.

I.
Iernus flu.
Ιερνος
800.58 00
Isamnium Prom.
Ισαμνιον
1500.60 00
M

Kilmar flu. in agro *Kerri.nsi*, ubi portus est nobilis.

Nautis dictum *Saint Johns Toxeland*, in agro *Dunensi*.

Juer-

ANTIQVITATES

Juernis.
Ιουρνις
11 00 58 10
L.
Laberus.
Λαβηρος
13 00.59 51

Dunkeran esse censuit *Camdenus* ad *Jernum* flu. Qvid judicem nescio: in hac re me execuitre fateor.
Forte *Cenanus*, vel *Canenus*, temporis progressu nunc vulgo *Kells* in *Midia*, antiqvitus inter insigniores urbes numerata, *Jos.* *Molesio*, *Ampresson* nescio qvæ, *Camdeno*, *Killair* in *Midia Occidentali*. Sed in hac urbe indaganda desudent alii.

Libnius, alia
Libocus flu.
Λιβειες
alii Λιμνες
10 30. 60 00

Sligaus flu. qvem *Slichneium* vocat *Giraldus Cambrensis*, & situs apud *Prolemæum Sligoæ* sinum indicat. *Camdenus* male eundem vult cum *Liffio* flu. qvi *Dublinium* perfluit.

Limni Insula.
Λιμνες
15 00.59 00

Nunc *Lambey*, Insula litori vicina, ad agrum *Dublinieusem* spectans, idqve tum nomen indicare videtur, cum situs apud *Prolemæum*, *Camdeno*, *Ramsey*, apud *Penbrochienses*, in *Wallia*. *Lambeia* exponitur *insula agnorum*, sicuti jam dicta *Ramseia*, insula *arietum*, & *Shepeia* in *Cantio*, insula *ovium*.

Logia flu.
Λεγια
15 20.60 40

Bannus flu. (ex *Lacu Loghtagh* amplissimo emissus) in limite Orientali agri *Londinoderensis*, opima *Silmonum* piscatione celebris, *Villanovauo*, corrupte *Bone*, *Camdeno*, lacus *Loghfoil*.

M.
Macolicum.
Μακολικον
11 30.58 40

Mercator & *Camdenus* hunc locum *Malc* vocant. Sed ubi locum sic dictum inveniam, plane nescio, Ego existimo *Milick* esse, qvam *Shenanus* alluit, in agro *Calviensi*: nec multum absonant nomina.

Menapia.
Μεναπια
13 30.58 40

Situs apud *Prolemæum*, *Wexfordiam* indicat. Sunt vero qvi eandem cum *Waterfordia* putant, *Hibernis* & *Cambris Port-largi* dicta. Vox *Ford* in posteriore parte utriusqve nominis, exoticam sapit originem; *Anglis* & *Germanis* vadum significat vel trajectum. Sic *Oxford* in *Anglia*, utraqve *Francofordia* in *Germania*, a vadis vel trajectibus nomina sua deducunt.

Menapii pop.
Μεναπιοι

Incolebant regiones qvæ nunc Comit. *Wexfordiensis* & *Waterfordiensis* appellantur. An ex his, vel e *Galliæ Belgicæ Menapiis*, *Carausius* ille fuerit, qvi purpuram in *Britannia* assumpsit, *Dioclesiano* & *Maximiano* imperantibus, non facile qvis dicat. Videtur tamen fuisse ex *Menapiis Hibernia*, nam *Menapia* civem, eum diserte appellat Sextus *Aurelius* Victor. Et *Menapia Urbs* (ut recte notat *Camdenus*) *Non in Belgica, sed in Hibernia* a *Prolemæo* ponitur, licet *Menapiorum*

HIBERNICÆ.

rum populus utrobiqve ab eodem statuatur.

Modonus flu.
Μοδονος
13 40.58 40
N.

Nunc (antiqvato priore nomine,) *Slanus* vocatur, in agro *Wexfordiensi*, ut situs apud *Ptolemæum* innuit.

Nagnata alia Magnata.
Ναγνατα
11 15.60 15

Hanc urbem insignem appellat *Ptolemæus*. Situs loci apud eum, locum aliqvem denotare videtur non procul a *Sligoa*. Atqvi in eo tractu, nulla (qvod sciam) vestigia supersunt urbis sic dictæ, ita omnia delet temporis vetustas. Sunt qvidem nominis antiqvi reliqviæ, in *Magio* hodie *Maia*, (cujus meminit *Beda*) non proximi (ad austrum) comitatus villa, *Ptolemæi* tamen *Magnatam* fuisse, repugnat situs distantia, forte suspicentur aliqvi urbem loco suo apud eum paulum exturbatum. Sed hæc viderint alii.

Nagnatæ pop. alia Magnati.
Ναγναται

Nagnata, vel, pro exemplarium varietate, *Magnati* incolebant regionem qvæ hodie dicitur ager *Sligoensis*, fortasse etiam pagum *Majonensem*.

Notium, sive australe prom.
Νοτιον
7 40.57 45
O.

Nautis *Willen-head* in comitatu *Corcagiensi*.

Ovoca alii Oboca flu.
Οβοκα
13 12.59 00

Aven more, vel *Owen-more* ut vulgo appellatur, id est, fluvius magnus, qvi *Arkloam* præterfluit in agro *Wickloensi*, *Josepho Moletio*, perperam, *Arcellius* dictus.

R.

Ravius flu.
Ραουιος
11 20.61 20

Erntæ fluvius ex *Erno* lacu emissus, in agro *Donegallensi*, a *Giraldo Cambrensi Samarius* dictus, a *Camdeno, Mercatore* & *Spensero* male *Trowis*.

Rheba.
Ραιβα
12 00.56 54

Rheban ad *Baroum* flu. in agro *Kildarensi*, nunc solum castello nota, olim urbe.

Ricina Insula.
Ρικινα
17 00.62 00

Insula *Reeran*, vulgo *Rachlin*, *Plinio, Ricnea*, qvæ hodie pars censetur agri *Antrimensis*.

Rigia al. Regia.
Ρηγια
13 00.60 20

Gerardo *Mercatore, Limericum, Gulielmo Camdeno*, e nomine & situ probabilius, locus aliqvis non procul a *Logbrie* lacu insuloso & amplo, in qvem *Shenanus* flu. se refundit.

Rigio al. Regia altera.

Camdeno *Reglis* in Insula (petrosa) Lacus *Derg*, ubi *S. Patricii Purgatorium*. Atqvi refragatur tum situs apud *Ptolemæum*, tum ipsius Insulæ exiguitas, qvæ continet vix tres qvartas partes unius acræ ordinariæ *Hibernicæ*. Ego censeo *Athnery*, seu *Athenrium* esse, in Comitatu *Galviensi*.

Robogdii, alia Rhobogdii, &
Vennicnii, p. p.
Rhobogdium. Prom.
Ροβογδιον
16 20.61 30

Incolebant regionem qvæ hodie appellatur ager *Donegallensis*, nec non partem agri *Lundino-derensis*.

Extremum totius *Hiberniæ* Promontorium qvod Oceano *Deucalidonio* incumbit, in Peninsula de *Inis-Oen*.

S.

ANTIQVITATES HIBERNICÆ.

S.
Senus flu.
Σηνος
930. 930

V.
Udia, vel Vodii,
vid. Coriondi.
Ουιδιαι
Κοριονδαι

Velabri pop.
nonnullis
exemplaribus,
Vellibori.
Ουελαβοροι
Vennicnii pop.
vid. Rhobogdii.

Ουεννικνιοι
Vennicnium
Prom.
Ουεννικνιον
12 50. 61 20
Viduæ fluvii
Ostium.
Ουιδουα
13 00. 61 00
Vinderii fluvii
Ostium.
Ουινδεριος
15 00 60 15
Voluntii pop.
alia Uluntii.
Ουολουντιοι

Shenanus, Orosio Scena, fluvius totius *Hiberniæ* celeberrimus, e monte *Slew-neren* (ita dicto a ferri venis qvibus abundat) in agro *Leyrrimensi* effusus.

Incolebant partes *Kerriæ Boreales*, an ab *Iberis* ita nominati, dubium. His *Lucenos* vi inos facit *Orosius, ad Scenæ fluminis ostium.*

Nautis *Rams-head*, aliis *Horn-head*, qvod in cornu tenuatur, in agro *Donegallensi*.

Lacus *Suilly*, in eodem comitatu.

Carigfergusii sinus, sive *Laganus* fiu, qvi ibi in mare se exonerat.

Incolebant regionem olim dictam *Ullagh,* sive *Ulidiam*, ubi hodie comitatus *Dunensis*. His forte *Ultonienses* nomen suum

Uterni pop.
Ουτερνοι

debent, si non, qvod alii asserunt, *Ollomaino* Regi antiqvo ethnici *Hiberniæ*.

Vel, pro exemplarium varietate, *Iberni*, *Iberi* & *Juerni* incolebant australiores *Desmoniæ* partes. Forsan coloniæ fuerunt *Iberorum*. E nomine & positu contra *Hispaniam*, hoc conjectare licet.

Hæc, ordine alphabetico digessimus. Cæterum non alienum erit, qvantuluncunqve sit, hic etiam annotare *Ptolemæum*, in Geographia sua, Septentrionale *Hiberniæ* latus primum descripsisse, postea Occidentale, deinde Australe, ac demum Orientale; tumqve, post latera, civitates mediterraneas, ac postremo Insulas *Hiberniæ* adjacentes. Ex iis vero plurimæ hodie inter Insulas magnæ *Britanniæ* cui propriores, numerantur, *Ebudæ* scilicet *Maleos*, *Epidium*, *Mona-ada* & *Mona*, qvas ideo in hac disqvisitione prætermissimus. Deniqve cum de antiqva *Hibernia* hic agatur, non tacendum est, qvod de ea *Marcianus Heracleota*, in *Periplo* suo, tradit, *Habet* (Hibernia) *Gentes seu Provincias XVI, Urbes insignes XV, Promontoria insignia V, Insulas insignes VI.* De *Hiberniæ* veteris descriptione, hoc dixisse sufficiat.

RICAR-

RICARDI MONACHI DE SITU BRITANNIÆ.

RICARDI MONACHI Westmonasteriensis commentarioli geographici de situ BRITTANIÆ & stationum qvas ROMANI ipsi in ea insula ædificaverunt.

LIBER PRIMUS.
Cap. I.

Finis erat orbis ora *Gallici* littoris, nisi *Brittania* insula, non qvalibet amplitudine, nomen pene *orbis alterius* mereretur. Octingentis enim & amplius millibus passuum longa porrigitur: ita ut eam in Caledonicum usqve promuntorium metiamur.

II. Veteres *Britanniam*, ab albis rupibus, primum ALBIONEM, postea, vocabulo gentis suæ, BRITTANIAM cognominaverunt, cum BRITTANICÆ vocarentur omnes, de qvibus mox paulo dicemus.

III. Inter Septemtriones & occidentem locata est, *Germaniæ, Galliæ, Hispaniæ*, maxumis *Europæ* partibus magno intervallo adversa, oceano *Athlantico* clauditur.

IV. Habet ipsa *Brittania* a meridie *Galliam Belgicam*, cujus proximum littus transmeantibus civitas aperit, qvæ *Rhutupis* portus dicitur, hic abest a *Gessoriaco Morinorum, Brittanicæ* gentis portu, trajectu m'llium L. sive, ut qvidam scripsere, stadiorum CCCCL. illinc conspiciuntur BRITTONES qvos
— — *penitus toto divisos orbe* — — canit *Virgilius Maro* in *Eclogis*.

V. *Agrippa*, vetus orbis descriptor, latitudinem ejus CCC. m. p. credit. Beda vero rectius CC. exceptis duntaxat prolixioribus diversorum promuntoriorum tractibus qvibus efficitur ut circuitus ejus qvadragies octies septuaginta qvinqve millia passuum compleat. *Marcianus* author *Græcus* mecum MDIƆƆLXXV. miliaria habet.

Cap. II.

ALBION, qvæ *Brittania Magna* a *Chrysosthomo* authore *Græco* dicitur, natura, ut refert *Cæsar*, triqvetra & *Siciliæ* maxume similis est, cujus unum latus est contra *Galliam Celticam*, hujus lateris alter angulus, qvi est ad *Cantium*, ad orientem solem; inferior, qvi est ad *Ocrium* promuntorium apud *Damnonos*, ad meridiem & *Hispaniam Tarraconensem* spectat, hoc latus tenet circiter millia passuum D.

II. Alterum latus vergit ad *Hiberniam* & occidentem solem, hujus est longitudo lateris, ut fert Veterum opinio, DCC. m. p. .

III. Tertium est contra Septemtriones cui parti nulla est objecta terra, præter insulas; sed ejus angulus lateris maxume ad *Germaniam Magnam* spectat, huic a Novanto chersoneso per *Taixalorum* regionis angulum *Cantium* promuntorium usqve millia passuum DCCC. in longitudinem esse existimatur. Ita omnes

omnes insulam computabant in circuitu vicies centena millia passuum, sed erant, nam a *Cantio Ocrinum* usqve m. p. est distantia CCCC. inde Novantum M. deinde *Cantium* MMCC. totius insulæ circuitus, ut supra, MMMCCCCCC. millia passuum est.

IV. Formam totius *Brittaniæ Livius* & *Fabius Rusticus*, veterum doctissimi authores, oblongæ scutulæ vel bipenni assimilavere, &, ut annalium conditor *Tacitus*, est ea facies citra *Caledoniam*, unde & in universam fama est transgressa; sed immensum & enorme spatium procurrentium extremo jam littore terrarum, velut in cuneum tenuatur. Sed *Cæsar*, inclutissimus Dictator, cum *Mela Romanorum* nobili scriptore, pluribus eam triqvetræ dixere similem, de qvo supra.

V. Si *Ptolemæo*, orbis terrarum descriptori egregio, aliisqve, coævis illi scriptoribus habenda fides, litteram Z, sed inversam, repræsentat hæc insula, nec tamen ex omni parte exacte qvadrare hoc simile sufficienter præbet recentiori ævo descriptarum mapparum inspectio. Triqvetra tamen figura soli *Angliæ* qvodammodo videtur conveniens.

Cap. III.

Cæterum *Brittaniam* qvi mortales initio coluerint, indigenæ an advecti, ut inter nationes cæteras, parum compertum. Solis qvippe *Judæis*, & per ipsos finitimis qvibusdam gentibus, hoc contigit felicitatis, ut a primo inde mundi exordio gentis suæ originem continua serie ex infallibilibus deducere possint monumentis.

II. Habitus corporum varii, atqve ex eo argumenta. Namqve rutulæ *Caledoniam* habitantium comæ, magni artus, *Germanicam* originem asseverant; Silurum colorati vultus, & torti plerumqve crines, & positu contra Hispaniam, ut author est *Tacitus*, *Iberos* veteres trajecisse, easqve & in *Hibernia* sedes occupasse fidem faciunt. Proximi *Gallis* & similes sunt, seu durante originis vi, seu procurrentibus in diversa terris, positio coeli corporibus habitum dedit.

III. Heic, si luberet indulgere fabulis, notare possem Venetos ope commercii navalis incolas religionesqve his terris primum intulisse, imo non desunt scriptores qvi *Herculem* huc qvoqve pervenisse, regnumqve constituisse, referunt; his vero tam alte reconditis antiqvitatibus, fabulis hinc inde refertis, immorari vix operæ pretium videtur.

IV. In universum tamen estimanti, *Gallos* vicinum solum occupasse credibile est. Eorum sacra deprehendas, superstitionum, ait *Tacitus*, persuasionem. Sermo haud multum diversus, pro ulteriori signo inservit *Druidum* traditio, una cum nominibus civitatum, qvæ vero omnes iis nominibus appellabantur, qvibus gentes, ortæ ex *Galliæ* civitatibus, qvæ eo pervenerunt, atqve agros colere ceperunt.

V. Hominum est, inqvit *Cæsar*, infinita multitudo, creberrimaqve ædificia, fere *Gallicis* consimilia, pecora sinc numero.

VI. Omnium tamen humanissimi, qvi *Brittaniam* austrinam incolebant, neqve multum a *Gallis* differebant consvetudine; ulteriores pleriqve frumenta non serebant, sed lacte, fructu

DE SITU BRITANNIÆ.

fructu & carne vivebant, lanæ iis usus ac vestium ignotus erat, & qvanqvam continuis frigoribus utebantur pellibus, tamen cervinis aut ovinis vestiti erant, & lavabantur in fluminibus.

VII. Omnes vero se *Brittones* olim vitro infecerunt, qvod coeruleum efficit colorem, atqve, refert *Cæsar*, hoc horribiliore sunt in pugna adspectu. Capilloqve sunt, ut ait *Romanorum* Dux, promisso, atqve omni parte corporis rasa præter caput & labrum superius.

VIII. Uxores habebant *Brittones* deni duodeniqve inter se communes, & maxume fratres cum fratribus, parentes cum liberis; sed, si qvi erant ex his nati, eorum habebantur liberi, a qvibus primum virgines qvæqve ductæ erant. Sua qvemqve mater uberibus alit, nec ancillis, nec nutricibus delectantur.

IX. Utebantur aut nummo æreo, aut annulis ferreis, ad certum pondus examinatis, pro nummis, ut author est *Cæsar* Dictator. .

X. Leporem & gallinam & anserem gustare *Brittones* fas non putabant, hæc tamen alebant animi voluptatisqve causa.

XI. Erant autem margaritæ, frena heburnea, & armillæ, & electrina atqve vitrea vasa, & gagates lapides, &, qvod cæteris excellit, stannum, magna copia merces.

XII. Utebantur & navibus, qvarum carinæ primum ac stamnina ex levi materia fiebant, reliqvum corpus navium ambitus viminibus con'extus coriis bubulorum integebatur. Qvantocunqve tempore cursus tenebant, ut author est *Solinus*, navigantes, escis abstinent.

De Re militari Brittonum.

XIII. Fert ipsa *Brittania* populos Regesqve populorum, ut Mela lib. III. scripsit, sed sunt inculti omnes, atqve ut longius a continenti absunt, ita aliarum opum ignari, magis tantum pecore ac finibus dites; causas autem & bella contrahunt, ac se freqventer invicem infestant, maxume imperitandi cupidine studioqve ea prolatandi, qvæ possident. Solitum qvidem, *Brittones* foeminarum ductu bellasse, neqve sexum in imperiis discrevisse.

XIV. Dimicabant *Brittones* non solum eqvitatus peditatusqve modo, sed etiam bigis & curribus, Gallice armati, covinos, essedas vero more vulgari, vocabant, qvorum falcatis axibus utebantur.

XV. Eqvitum genus est, iis, qvum est usus, atqve aliqvod bellum incidit, ut *Cæsar* est author, qvod ante *Romanorum* adventum fere qvotannis accidere solebat, uti aut ipsi injurias inferrent, aut illatas propulsarent. Omnes in bello versantur, atqvi eorum, ut qvisqve est genere copiisqve amplissimus, ita plurimos circum se ambactos clientesqve habet. Hanc unam gratiam potentiamqve noverunt.

XVI. In pedite erat *Brittonum* robur, proeliantur autem telis & ingentibus gladiis & brevibus cetris. Erant *Brittorum* gladii, ut ait *Tacitus*, sine mucrone.

XVII. Genus hoc erat ex essedis pugnæ, ut *Cæsar* in IV. narrat. primo per omnes partes pereqvitant. Et tela conjiciunt, ac ipso terrore eqvorum, & strepitu rotarum, ordines plerumqve perturbant: & qvum se inter eqvitum turmas insinuavere, ex essedis desiliunt

&

& pedibus dispari proelio contendunt. Aurigæ interim paululum e proelio excedunt, atqve ita se collocant, ut, si illi a multitudine hostium premantur, expeditum ad suos receptum habeant. Ita mobilitatem eqvitum, stabilitatem peditum in proeliis præstant; ac tantum usu qvotidiano, & exercitatione efficiunt, ut in declivi, ac præcipiti loco incitatos eqvos sustinere, & brevi moderari, ac flectere, & per temonem percurrere, & in jugo insistere, & inde se in currus citissime recipere consveverint.

XVIII. Eqvestris autem proelii ratio, & cedentibus & inseqventibus par atqve idem periculum inferebat. Accedebat huc, ut nunqvam conferti, sed rari, magnisqve intervallis proeliarentur, stationesqve dispositas haberent, atqve alios alii deinceps exciperent, integriqve & recentes defatigatis succederent. Utebantur & telis.

XIX. Formam regiminis *Brittanici*, ante adventus in hanc insulam *Romanos*, determinare haud facile: hoc certum, qvod nullum ibi ante hæc tempora Monarchici imperii vestigium, sed *Democraticum* fuisse, potius videtur, nisi forte *Aristocratiam* æmulari videatur. *Druidum* in rebus maxumi momenti authoritas non exigua. Commemorantur qvidem in antiqvissimis eorum monumentis Principes nonnulli, hi vero brevioris plerumqve imperii, nec, nisi ingruente eximio qvodam periculo, & more Dictatorum *Romanorum* ex tempore creati videntur. Nec desunt inter ipsos, apud alias fortes gentes, rarissima exempla, electi ab illis in futurum antisignanum ipsius hostium Duces,

ut pro illis in posterum militaret, qvem nuper hostem habuerant.

XX. Proceritate corporis *Gallos* æqve ac *Romanos* vincunt *Brittones*, ita ut visos sibi *Romæ* juvenes nondumqve adultos *Brittones Strabo Philosophus*, orbis terræ descriptor antiqvissimus, affirmet, qvi solitam *Gallorum Romanorumqve* staturam non levi momento excedebant.

XXI. Ditiores australis *Brittaniæ* incolæ aureo digitorum sinistræ medium annulo ornare in more habuerunt, aurea vero e collo suspensa torqves a vilioris conditionis hominibus discernebat optimatum eminentiores. Septentrionales vero (hi veteres erant regni indigenæ) vestium usus sicuti ac a longo inde tempore avi abaviqve, tantum non ignari, ventrem & cervicem ferreo cingunt, ut fert *Herodianus*, nobilis *Græcorum* scriptor, annulo. Ornamentum id esse ac divitiarum argumentum existimantes, accedente in usum potius qvam ornatum scuto angusto, & lancea, gladioqve e nudis & pictis corporibus dependente. Loricam interim galeamqve, futura nempe paludes transeuntibus impedimento, rejiciunt atqve contemnunt.

XXII. Inter cætera autem fuit & hoc *Brittanicæ* consvetudinis, ut viatores & mercatores etiam invitos consistere cogerent, & qvod qvisqve eorum de una alterave re apud exteros memorabile audierit, aut cognoverit, qværerent, & mercatores peregre advenientes in oppidis vulgus circumsisteret; qvibus ex regionibus veniant; qvasqve ibi res cognoverint, pronunciare cogentes, his rumoribus
atqve

atqve auditionibus permoti, de summis sæpe rebus consilia ineunt, qvorum eos e vestigio poenitere necesse est, qvum incertis rumoribus serviant, & pleriqve ad voluntatem eorum ficta respondeant.

XXIII. Funera eorum sunt magnifica & sumptuosa, omninqve, qvæ vivis cordi fuisse arbitrantur, in ignem inferunt, etiam arma & animalia. Sepulchrum tumulus ex cespitibus erigit.

Cap. IV.

Natio *Brittonum* fuit omnis, ut *Gallorum*, admodum dedita religionibus; atqve ob eam causam qvi gravioribus affecti morbis, qviqve in proeliis periculisqve versabantur, aut pro victimis homines immolabant, aut se immolaturos vovebant.

II. Ad peragenda crudelia hæc sacra, *Druidum* utebantur ministerio; nec credebant placari posse Deos nisi hominis cædes humano sangvine pensaretur. Hinc instituta publice istiusmodi sacrificia, oblataqve, ut gratissima Diis hostia, qvi in furto, latrocinio, aliave graviori culpa deprehensi, his vero deficientibus, ad innocentium qvoqve mactationem descendebant, ut qvocunqve demum modo Dii placarentur.

III. Ni i adfuerint *Druides*, res sacra rite celebrari non credebatur. Hinc publica non minus qvam privata sacra procurandi negotium illis unice incumbebat. Erat penes hoc religionis cura, æqve ac mysteriorum interpretatio, corporis qvoqve & sanitatis sive tuendæ, sive restituendæ curam habebant, continuo medicinæ peritissimi.

IV. Inter Deos ipsis præcipue colebatur *Mercurius*, cujus plurima prostabant simulachra. Post hunc *Justitiam*, qvæ *Brittonibus Adraste* dicebatur. Hinc *Apollinem*, *Martem*, qvi etiam *Vitucadrus* appellabatur. *Jovem*, *Minervam*, *Herculem*, *Victoriam*, *Andatem* vocatam, *Dianam*, *Cybelem* & *Plutonem* venerabantur, eandem fere de his Numinibus ac qvidem aliæ gentes opinionem amplexi.

V. A Dite autem, ut & *Galli*, gentis suæ originem deducere allaborabant *Brittones*. Antiqvissimam hanc venditantes *Druidum* traditionem, eam ob causam qvælibet temporum spatia, non dierum, sed noctium numero definiebant, dieiqve mensis & anni natalis initia ita numerare consveverunt, ut capto a nocte initio dies subseqveretur, qvæ consvetudo omnino convenit cum antiqvtssima illa, qvæ Gen. I. habetur noctium ac dierum computatione.

VI. Ad *Druides* magnus disciplinæ causa confluebat adolescentium numerus, hi qvippe in magno erant apud ipsos honore, nam fere de omnibus controversiis, publicis privatisqve, constituebant, & si qvod admissum erat facinus, si cædes facta, si de hæreditate, de finibus controversia erat, iidem decernebant. Præmia poenasqve constituerunt, si qvis aut privatus aut publicus eorum decreto non stetit, sacrificiis interdicebant. Hæc exclusionis poena apud eos erat gravissima. Qvibus ita interdictum, ii numero impiorum ac sceleratorum habebantur. Iis omnes decedebant, aditum eorum sermonemqve defugientes, ne qvid ex contagione incommodi acciperent: neqve iis peten-

petentibus jus' reddebatur, neqve honos habebatur ullus.

VII. His autem omnibus *Druidibus* præerat unus, qvi summam inter eos potestatem habebat & authoritatem. Hoc mortuo, successor dabatur, qvi inter reliqvos excellebat dignitate. At si plures essent dignitate pares, suffragio *Druidum* res committebatur; nonnunqvam etiam de Principatu armis contendebant.

VIII. *Druides* a bello abesse solebant, neqve tributa una cum reliqvis pendebant, militiæ vacationem, omniumqve rerum habebant immunitatem. Tantis excitati præmiis, & sua sponte multi in disciplinam conveniebant, & a propinqvis parentibusqve mittebantur.

IX. *Magnum* ibi numerum versuum ediscere solebant. Qvod unicum apud eos memoriæ & annalium genus: itaqve nonnulli annos vicenos in disciplina permanebant. Neqve fas esse existimarunt eam litteris mandare, qvum tamen in reliqvis fere rebus, publicis privatisqve rationibus, *Græcis* litteris uterentur. Id mihi duabus de causis, inqvit D. Julius *instituisse videntur; qvod neqve in vulgus disciplinam efferri velint; neqve eos, qvi discunt, litteris confisos, minus memoriæ studere. Qvod fere plerisqve accidit, ut præsidio litterarum, diligentiam in perdiscendo, ac memoriam remittant.*

X. Inprimis hoc persvadere allaborabant, non interire animas, sed ab aliis post mortem transire ad alios; atqve hoc maxume ad virtutem excitari putabant, metu mortis neglecto. Multa præterea de syderibus atqve eorum motu, de mundi & terrarum magnitudine, de rerum natura, de Deorum vi ac potestate disputabant, & juventuti tradebant sollicit:.

XI. Non est omittenda de *Visco* admiratio. Nihil habebant *Druides* visco & arbore, in qva gignatur (si modo sit robur) sacratius. Jam per se roborum eligebant lucos. Nec ulla sacra sine ea fronde conficiebant, ut inde appellati qvoqve interpretatione Græca possint Δρυιδες (*Druides*) videri. Enimvero qvicqvid adnascatur illis, e coelo missum putabant, signumqve esse electæ ab ipso Deo arboris. Est autem id rarum admodum inventu, & repertum magna religione petitur, & ante omnia sexta luna, qvæ principium mensium annorumqve b s facit, & seculi, post tricesimum annum; qvia jam virium abunde habebat. Nec tamen sit sui dimidia. Omnia sanantem appellantes suo vocabulo. Sacrificio epulisqve rite sub arbore præparatis duos admovebant candidi coloris tauros, qvorum cornua tunc primum vinciantur. Sacerdos candida veste cultus arborem scandebat, falce aurea dimetiens. Candido id excipiebatur sago. Tunc demum victimas immolant, præcantes, ut suum donum Deus prosperum faceret, his, qvibus dederant, foecunditatem eo poto dari cuicunqve animali sterili arbitrabantur, contraqve venena omnia, esse remedio. Tanta gentium in rebus frivolis plerumqve religio fuerat!

XII. *Druidarum* disciplina in nostra *Britannia* reperta, atqve inde in *Galliam* translata esse existimatur. Unde *Plinius* eleganter declamat libr. XXX. his verbis; *Sed qvid ego hæc commemorem in arte Oceanum qvoqve transgressa,*

gressa, & ad naturæ inane pervecta? Brittania hodieqve eam attonite celebrat tant s ceremoniis, ut dedisse Persis videri possit. Idem Julius Cæsar affirmat in Ephemeridis. *Et nunc, qvi diligentius eam rem cognoscere volunt, plerumqve illo, discendi causa, proficiscuntur.*

XIII. *Druides certo anni tempore in finibus Brittaniæ, in insulæ Monæ luco consecrato, considebant.* Huc omnes undiqve, qvos inter controversia, conveniebant, eorumqve judiciis decretisqve acqviescebant.

XIV. Præter *Druides* apud *Gallos* atqve *Brittones* erant *Bardi* poetæ, qvi Deum Heroumqve res gestas heroicis expositas versibus cum dulcibus lyræ modulis cantitabant.

XV. De his ambobus ita cecinit *Lucanus* vates his versibus, qvibus hoc caput finiam.

Vos qvoqve, qvi fortes animas, belloqve peremptas
Laudibus in longum, vates! dimittitis avum,
Plurima securi studuistis carmina Bardi.
Et vos barbaricos ritus, morcmqve sinistrum.
Sacrorum, Druidæ, positis repetistis ab armis.
Solis nosse Deos, & coeli Numina vobis,
Aut solis nescire datum: nemora alta remotis
Incolitis lucis. Vobis actboribus, umbræ
Non tacitas Erebi sedes, Ditisqve profundi .
Pallida regna petunt; regit idem spiritus artus
Orbe alio: longæ, canitis, si cognita, vitæ
Mors media est. Certe populi, qvos despicit Arctos,
Felices errore suo, qvos ille timorum
Maxumus, haud urget Lethi metus: inde ruendi
In ferrum mens prona viris, animæqve capaces
Mortis: & ignavum reditura parcere vitæ.

Cap. V.

Optima frugibus atqve arboribus insula, & alendis apta pecoribus ac jumentis. Vineas etiam qvibusdam in locis germinans. Sed & avium ferax terra mariqve generis diversi. Fluviis qvoqve multum piscosis, ac fontibus præclara copiosis, & qvidem præcipue Isicio abundat & anguilla.

II. Capiuntur autem sæpissime & vituli marini, & delphines, nec non & ballenæ, de qvo apud Satyricum mentionem inveniamus: *Qvanto delphinis ballena Brittanica major?*

III. Exceptis autem variorum generibus conchyliorum, in qvibus sunt & masculi, qvibus inclusam sæpe margaritam, omnis qvidem coloris optimam inveniunt, id est, & rubicundi, & purpurei, & hyacinthini, & prasini, sed maxume candidi, ut scripsit venerabilis *Beda* in prima Eccl. hist. ad Regem Colfulfum.

IV. Sunt & cochleæ, satis superqve abundantes, qvibus tinctura coccinei coloris conficitur, cujus rubor pulcherrimus, nullo unqvam solis ardore, nulla valet pluviarum injuria pallescere; sed qvo vetustior est, eo solet esse venustior.

V. Habet fontes salinarum & fontes calidos, & ex eis fluvios balnearum calidarum, omni ætati & sexui per distincta loca, juxta suum cuiqve modum accommodatos.

VI. Nascitur ibi plumbum album in mediterraneis regionibus, in maritimis ferrum; sed ejus exigua est copia. Ære utuntur importato. Gignit & aurum, & argentum. Fert & lapidem gagatem plurimum optimumqve. Est autem nigrogemmeus & ardens igni admotus,

tus, incensus serpentes fugat, adtritu calefactus adplicita detinet æqve ut succinum.

VII. Et qvia *Brittania* prope sub septentrionali vertice mundi jacet, lucidas æstate noctes habet; ita ut medio sæpe tempore noctis in qvestionem veniat intuentibus, utrum crepusculum adhuc permaneat vespertinum, an jam advenerit matutinum? utpote nocturno sole non longe sub terris ad orientem boreales per plagas redeunte. Unde etiam plurimæ longitudinis habet dies æstate, sicu: & noctes contra in bruma, sol: nimirum tunc in *Lybicas* partes secedente, id est, horarum X & VIII, ut author est *Cleomedes*. Plurimæ item brevitatis noctes æstate & dies habet in bruma, hoc est, VI. solummodo æqvinoctialium horarum: cum in *Armenia*, *Macedonia*, *Italia*, cæterisqve ejusdem lineæ regionibus longissima dies sive nox XV, brevissima IX, compleat horas.

VIII. Sed de *Brittania* Brittonibusqve in genere satis prolixe commemoravi. Res ipsa reqvirit ad particularia tandem descendere, atqve, in seqventibus, statum fatumqve diversorum, qvæ hanc insulam incoluerunt, nationum, qvæ eandem nobilitarunt, civitates, cet. Qvales sub ditione *Romana* erant, ex ordine depingere mei jam erit propositi.

Cap. VI.

Brittania, secundum accuratissima veterum, qvæ propius fidem sunt, monumenta, erat omnis divisa in partes septem; qvarum sex alio atqve alio tempore imperio *Romano* adjectæ fuerunt, septima vero sub solis barbaris *Caledoniis*.

II. Supra dictæ *Brittaniæ* partes erant *Brittania Prima*, *Secunda*, *Flavia*, *Maxima*, *Valentia* & *Vespasiana*. Qvorum ultima non diu stetit in manibus *Romanorum*. Ex his *Brittaniam Primam* a *Flavia Thametis* flumen, a *Brittania Secunda* mare dividit. Flavia initium capit a mari *Germanico*, continetur *Thamesi* fluvio, *Sabrina* a finibus *Silurum Ordovicumqve*, vergit ad Septemtriones & Brigantum regionem. Maxima ab extremis Flaviæ finibus oritur pertinet ad inferiorem partem muri, qvi totam ex transverso percurrit insulam, spectatqve in Septemtriones. Spatium inter ambos, hunc & alium, qvi ab Imperatore *Antonino Pio* inter *Bdoram* & *Clyddam* extructus est, murum occupat *Valentiana*. *Vespasiana* autem a *Bdoræ* æstuario ad civitatem *Alcluith*, unde linea ad ostium fluminis *Vararis* ducta terminos ostendit. Secun 'a ad eam partem *Oceani*, qvæ ad *Hiberniam* pertinet, spectat inter occasum & Septemtriones. Sed de provinciis satis.

III. Necessarium vero ducimus, antegvam ad accuratiorem nos conferamus descriptionem, Regiminis in hisce Provinciis constitutionem paucis attingere. Deprehendimus adeoqve, totam antiqvissimis temporibus, plurium Regulorum Statuumqve arbitrio divisim paruisse *Brittaniam*, qvorum nonnulli, etiam post occupatam a *Romanis* Provinciam, superfuisse commemorantur. Sed vix umbra Regiæ dignitatis istis Principibus relicta, contrarium nempe dissuadente politica illa, qva Romani olim, præ cultissimis etiam qvibusqve gentibus, incluruerunt prudentia. Victricibus Romanorum,

rum armis subjugatæ imperatoria authoritate constituturus præerat LEGATUS, ipsa *Brittania* vero Provincia erat PROCONSULARIS. Per plures hæc Imperii constitutio duravit ætates, licet in plures interim ipsa insula divisa fuerit partes. Primum nempe in *superiorem* & *inferiorem*, deinceps vero, uti antea demonstravimus, in *septem* dispertita *Provincias*, mutata regiminis forma. Deinde diu paruit, ut imperatoria sedes, hæc insula *Carausio*, eisqve, qvos in societatem adsciverat, Tyrannis. Gloria & præsidium *Christianismi Constantinus Magnus* creditur Maximam & Valentiam CONSULARES, Primam, Secundam & Flaviam PRÆSIDIALES fecisse, toti vero insulæ præpositus est VICARIUS vir perspicabilis sub dispositione viri illustris Domini Præfecti Prætorii Galliæ. Præter qvem in vetusto qvodam volumine circa eadem tempora commemoratur aliqvis eximiæ dignitatis vir, titulo COMITIS BRITTANIARUM insignis, alius itidem, COMES LITTORIS SAXONICI tertius præterea DUX BRITTANIÆ dictus, aliiqve plures, magnis præfecti muneribus, qvæ, cum distincta eorum notitia, injuria temporis, impetrari non potuerit, cogimur taciti præterire.

IV. Prolixum nunc tandem iter ingredior, totam non minus insulam, qvam singulasqve ejus partes curiosa lustraturus indagine, pressurusqve optimorum in hoc negotio authorum vestigia. Fiat vero ab extrema Prima provinciæ ora initium, cujus littora Galliæ objiciuntur. Tres vero laudatissimos validissimosqve Status, Cantianum nempe, Belgicum & Damnonicum complectitur hæc provincia, de qvibus ea, qva

fieri poterit, cura nobis sigillatim agendum. Cantium primo lustremus.

V. Ad extremam *Brittaniæ* Primæ orientalem oram remotam CANTIUM, Cantiis qvondam habitatum, civitatibus *Durobrobi* & *Cantiopoli*, qvæ eorum metropolis. Hic sepultus est D. *Angustinus Anglorum* Apostolus. *Dubræ*, *Lemanus* & *Regulbium*, præsidio a *Romanis* munita, eorumqve Primarium *Rhutupi*, deducta eo *Colonia*, *Metropolis* factum, portusqve classi Romanorum, qvæ Oceano Septentrionali dominabatur, recipiendæ factus idoneus. Tanti nominis fuit hæc civitas, ut littora vicina ex ea dicta sint *Rhutupina*, de qvibus *Lucanus* poeta:

Aut vaga cum Thetis Rhutupinaqve littora fervent.

inde qvoqve ingentia & grati saporis ostrea Romam translata, ut author est *Juvenalis Satyricus* his verbis:

— — — *Circeis nata forent, an*
Lucrinum ad saxum, Rhutupinove edita fundo
Ostrea, callebat primo deprendere morsu.

Statio etiam fuit sub dispositione viri spectabilis Comitis littoris Saxonici legionis secundæ *Augusta*.

VI. Qvam plurimis hoc Cantiorum regnum fluminibus rigatur, qvorum celebriora: *Madus*, *Sturius*, *Dubris* & *Lemanus*, qvi *Cantios* a *Bibrocis* discernebat.

VII. Inter tria ista præcipua *Brittaniæ* promuntoria, eminet illud, qvod a *Cantio* nomen habet. Ibi *Oceanus* in angulum qvasi redactus cursum ita promovet, fluxionemqve suam donec, ut Veteres tradunt, fretum istud *Oceani,*

Oceani, qvod jam *Brittaniæ* format insulam, effecerit.

VIII. A *Cautio* vasta illa, qvæ *Anteridia* nonnullis, aliis *Caledonia* dicta sylva late extenditur ad CL. milliaria per *Bibrocorum* ac *Segontiacorum* terras ad *Heduorum* usqve fines excurrens. De hac sylva ita cecinit *Lucanus*: *Unde Caledoniis fallit turbata Brittanos.*

IX. *Cantiis* proximi, &, ut putant nonnulli, subjecti *Bibroci*, qvi & aliis *Rhemi* dicuntur; natio in monumentis non penitus ignota, qvibus habitatum *Bibroicum, Regentium, Noviomagumqve* metropolis. *Anderidam* vero occupatam tenuerunt *Romani*.

X. Confines illis apud ripam *Thamesis* habitabant *Aurebates*, qvorum urbs primaria *Caleba*.

XI. Infra hos, proprius flumen *Cunetium*, habitabant *Segontiaci*, qvorum caput fuit *Vindonum*.

XII. Ad *Oceanum, Bibrocis* affines, inferius habitabant, sic dicti, *Belgæ*, qvorum urbes primariæ *Clausentcm*, qvod nunc *Sorhcamprona* dicitur, *Portus Magnus*, omniumqve præcipua Venra, nobilissima civitas ad flumen *Autonam* sita. *Sorbiodunum* vero tenebat præsidium Romanorum. Omnes enim *Belgæ Allobroges* sunt, & suam a *Celtis Belgisqve* originem traxere. Hi, non multis ante *Cæsaris* adventum in hanc insulam seculis, relicta patria *Gallia*, a Germanorum Romanorumqve populis infestata, atqve devicta, illi, qvi, trajecto flumine *Rheni*, eorum expugnatas occupavere regiones, de qvo autem prolixius *M. Dictator Cæsar*, sedem heic sibi elegerunt.

XIII. Omnes regiones, qvæ *Thamesi*, versus meridiem, adjacent, olim, uti vetera monumenta declarant, a bellicosa Senonum gente fuerunt occupatæ; qvi, sub ductu & auspicio decantatissimi Regis *Brenni*, peragrata *Gallia, Alpibusqve*, adhuc inviis, sibi patefactis, *Romam* fastu elatam ista incursione vastam solo facile æqvassent, nisi Rempublicam *Romanam*, qvam more nutricis in sinu qvasi gestare (dum infra destinatum ab illis fastigium agebat) videbantur Fata, cladem aversura *Manlium* clangore anseris excitassent, qvi, circa montem unum pendentes, & nocte subeuntes, *Barbaros* a summo *Capitolio* dejecit. Huic eadem Numinum cura Camillum postea auxilio misit, qvi abeuntes a tergo aggressus ita cecidit, ut *Senonici* sangvinis inundatione omnia incendiorum vestigia deleret, urbemqve ita ruinæ proximam ab interitu vindicaret. *Senones* autem ob valentissimam hanc expeditionem natale solum, ut cultoribus vacuum, ita præda refertissimum alienæ genti, qvam *Belgas* supra nominatos, fuisse, satis liqvet, concesserunt.

XIV. Ad *Sabrinam, Thamesi* inferius, habitabant *Hedui*, urbes eorum *Ischalis* & *Avalonia. Thermæ*, qvæ & *Aqvæ Solis* nuncupabantur, Romanorum, qvi hanc *Brittaniæ* oram tenebant, facta colonia & perpetua sedes. Urbs nominatissima hæc erat, ad flumen Abonam sita, ibiqve fontes calidi, opiparo exsculpti apparatu, ad usus mortalium; qvibus fontibus præsules erant *Apollinis* & *Minervæ Numina*, in qvorum ædibus perpetui ignes nunqvam labascunt in favillas, sed ubi ignis tabuit vertitur in globos saxeos.

XV.

DE SITU BRITANNIÆ. 103

XV. Infra *Heduorum* terras siti erant *Durotriges*, qvi & *Morini* alias vocantur. *Metropolin* habebant *Durinum* & promuntorium *Vindeliam*. In horum finibus sensim coarctatur *Brittania*, & immensum efformare videtur brachium, qvod irruptionem minitantem commode repellit *Oceanum*.

XVI. In hoc brachio, qvæ intermissione *Uxellæ* amnis, *Heduorum* regioni protenditur, sita erat regio *Cimbrorum*. Utrumne vero modernum *Walliæ* nomen dederint, an vero antiqvior sit *Cimbrorum* origo? Non æqve constat. Urbes illis præcipuæ *Termolus* & *Artavia*. Visuntur hic, antiqvis sic dictæ, *Herculis* columnæ, & non procul hinc insula *Herculea*. Sed a fluminis *Uxellæ* finibus continuum procurrit montium jugum, cui nomen *Ocrinum*, extremumqve ejus ad promuntorium ejusdem nominis extenditur.

XVII. Ultra *Cimbros* extremum insulæ angulum incolebant *Carnabii*, unde forsitan, qvod hodieqve retinet nomen, obtinuit*Carnubia*. Urbes habebant *Musidum* & *Halangium*. Cum vero has olim desertas propemodum & incultas *Brittaniæ* partes *Romani* nunqvam salutaverint, minoris omnino momenti urbes eorum fuisse videntur, & Historicis propterea neglectæ, Geographis tamen memorantur promuntoria *Bolerium* & *Antivestæum*.

XVIII. Memoratis modo populis in littore Oceani nostrum versus affines ad *Belgas Alloboges* sedem habebant *Damnonii*, gens omnium validissima, qvæ ratio movisse videtur *Ptolemæum*, ut totum hunc terræ tractum, qvi in mare brachii instar prætenditur, illis adscripse-

rit. Urbes habebant *Uxellam*, *Tamaram*, *Volubam*, *Ceuiam* omniumqve matrem *Iscam*, fluvio cognomini imminentem. Fluvii apud ipsos præcipui memorati modo *Isca*, *Durius*, *Tamarus* atqve *Cenius*. Ora eorum maritima promuntoria exhibet tria, de qvibus mox paulo dicemus. Hanc regionem, utpote metallis abundantem, *Phoenicibus*, *Græcis* & *Gallis* mercatoribus prope notam fuisse constat. Hi enim ob magnam, qvam terra ferebat, stanni copiam eo sua freqventer extendebant negotia; cujus rei præcipua sunt documenta supra nominata tria promuntoria *Helenis* scilicet, *Ocrinum* & Κριου μετωπον, ut & nomina civitatum Græcam Phoeniciamqve originem redolentia.

XIX. Ultra brachium in Oceano sitæ sunt insulæ *Sygdiles*, qvæ etiam *Oestrominides* & *Cassiterrides* vocabantur, dictæ.

XX. Cum prænominatis *Damnoniis Belgisqve* conjunctis XXX proelia commisisse narratur valentissimus ille Imperator *Vespasianus*. Decem hi ad australes *Thamesis* & *Sabrinæ* ripas habitantes populi, a *Romanis* sensim subacti, eorumqve regiones in provinciæ formam redactæ, qvæ BRITTANIA PRIMA fuit appellata, cum hic fuerit in istis terris primus Romanorum victoriæ fructus.

XXI. Succedit ordine BRITTANIA SECUNDA qvæ a prioribus, interfluente *Sabrina* amne, discernitur. A provincia autem Flavia, tum memoratus amnis, tum *Deva* fluvius eandem sejungit, reliqvum cingitur a mari *Interno*. Hæc erat celebrata illa regio *Silurum*, tribus validissimis habitata populis, qvos inter præ reliqvis celebres *Silures* proprie sic dicti,

qvam

qvam ab ora relicta turbidum *Sabrinæ* fretum distinguit. Cujus homines, ut eruditissimus *Solinus* est author, etiam nunc custodiunt morem vetustum, nundinas ac nummum refutant, dant res & accipiunt, mutationibus necessaria potius, qvam pretiis parant. Deos percolunt, scientiam futurorum pariter viri ac foeminæ ostendunt.

XXII. Civitates *Silurum*, *Sariconium*, *Magna*, *Gobaneum* & *Venta*, eorum caput, fuerunt. *Isca* vero, flumini imminentem urbem cognominem, tenebat Romanorum Colonia, ibiqve per annos plures secunda legio, qvæ *Augustæ* alias vocabatur, stationem habebat, donec *Valentiam* & *Rhutupin* transferebatur. Hæc erat provinciæ Secundæ primaria Romana.

XXIII. Olim ac diu potens erat hæc *Silurum* regio, sed, cum eam regno *Charaticus* tenuit, longe potentissima. Hic continuis novem annis, omnia Romanorum arma pro ludibrio habita, sæpe evertit, donec de illo, conjunctis viribus *Romanos* aggressuro, triumphavit Legatus *Ostorius*. Charaticus enim, prælio evadens, auxiliumqve a vicinis Regibus petens, per astutiam matronæ Romanæ *Carthismandvæ* cum Rege *Brigantiæ Venusio* nuptæ, *Romanis* deditus est. Post id temporis mascule tantum suam ipsius ditionem idem ille populus defendit usqve dum a *Varionio* spoliatus, ac tandem a *Frontino* devictus in formam *Romanæ*, cui BRITTANIA SECUNDA, ut supra meminimus nomen erat, provinciæ suum redigi pateretur imperium.

XXIV. Duæ aliæ sub *Siluribus* gentes fuere, primum *Ordovices*, qvi in septentrionali

versus insulam *Monam:* & deinde *Dimeciæ*, qvi in extrema versus occidentem parte degebant, ubi promuntorium qvod Octorupium nuncupatur, unde in *Hiberniam* transitus XXX. milliarium. Dimeciarum urbes *Menapis*, & primaria *Muridunum*. Lovantinm vero sibi habitandum vendicaverant *Romani*. Ultra hos & *Silurum* terminos siti *Ordovices*, qvorum urbes *Mediolanum* & *Brannogenium*. *Sabrina* in montibus illorum oriunda majoribus tribus *Brittaniæ* fluviis merito accensetur, addito nempe *Thamesi* & *Tavo*. Elucet imprimis in historia nomen *Ordovicum* ob sumtam de inclutissimi ipsorum Regis captivitate vindictam. Hinc enim toties redactum in angustias exercitum Romanorum tam misere vexarunt, ut de illorum fere imperio in hac regione actum fuisset, ni in tantæ cladis vindictam postea surrexisset Dux *Agricola*, qvi, victricia circumferens arma, totam qvoqve hanc gentem subjugavit, maximamqve partem ferro delevit.

XXV. Huc qvoqve referendum illud, qvod a septentrione *Ordovicum* situm, ab *Oceano* alluitur, territorium, cum illorum regimini aliqvandiu fuerit subjectum, hoc certo constat, qvod illum *Cangiani* qvondam inhabitaverint tractum, qvorum urbs unica *Segontium*, promuntorio *Cangano* vicina. Incluta hæc erat civitas, freto *Meneviaco*, contra *Monam*, religiosissimam insulam, ubi olim *Druides* habitare, adjacet. In hac insula plurima sita erant oppida, tota autem insula in circuitu LX. m. p. fere complectitur, atqve, ut refert *Plinius*, a *Camaloduno* colonia CC. m. p. abest. fluvii apud ipsos *Tosibus*, qvi & *Canovius*; pro

ter-

DE SITU BRITANNIÆ.

terminis vero erat utraqve *Deva*. In hac vero regione mons *Erici* celsissimus maxumusqve invenitur. *Ordovicia* una cum *Cangiorum Carnabiorumqve* regionibus, ni fama me fallit, nomine *Genania* sub Imperatoribus post *Trajani* principatum inclarescebat.

XXVI. Ordo jam ad illam nos deducit provinciam, qvæ FLAVIA *Romanis* vocata. Unde vero hoc nomen acceperit, utrum a matre *Constantini Magni Flavia Julia Helena*, ex his terris oriunda? an vero a *Romanorum* familia *Flavia*? qvominus determinari possit, obstat injuria temporum, qvæ nobis invidet genuina qvæ Luc facerent antiqvitatis monumenta.

XXVII. Ad fluvium *Devam* primo siti erant *Carnabii*, qvibus habitatæ fuerunt *Benonæ*, *Etocetum*, *Banchorium*, monasterium totius insulæ celeberrimum, qvod in contentione *Augustini* eversum, non postea resurrexit, & reliqvarum mater *Uriconium*, qvæ, inter *Britaniæ* civitates maxumas, nomen possidebat. In extremo hujus terræ angulo flumini *Deva* imminebat cognominis *Romanorum* colonia *Deva*, opus vicesimæ legionis, qvæ *Victrix* dicebatur, &' olim illius erat regionis tutela. Hæc eadem esse existimatur qvæ jam *West-Chestur* vocatur.

XXVIII. Infra nominatos regnum *Cassium* a Rege *Ptolemæo Casieucblaui* appellatum extendebatur, aut Respublica potius, qvæ ex binis gentibus coaluerat. Harum, qvæ *Sabrinæ* proxima, vocabatur *Dobuni*, vel, ut *Dio* celeberrimus scriptor annalibus inseruit, *Boduni*. Apud hos oritur flumen *Thamesis* & deinde longo spatio per fines *Heduorum*, *Atrebatum*, *Cassiorum*, *Bibrocorum*, *Trinobantum*, & *Cantiorum* citatus fertur, & *Oceanum Germanicum* influit. Urbes *Dobunorum* erant *Salinæ*, *Branogena*, ad sinistram *Sabrinæ* ripam, *Alauna*, &, cui reliqvæ nomen laudemqve debent, *Corinum*, urbs perspicabilis, opus, ut tradunt, *Vespasiani* Ducis. *Glevum* vero, in extremo regni contra regionem *Silurum* situm, *Romana* tenebat colonia, qvam deduxit *Claudius Cæsar*, ut scriptores de istis temporibus affirmant. Finitimi illis *Cassii*, qvorum urbes Forum *Dianæ* & *Verulamium*. Cum vero hæc ad municipiam dignitatem a *Romanis* evecta, ejus præ aliis urbibus eminentia illis omnino adscribenda. Hic natus erat *D. Albanus* Martyr. hæc civitas ruina *Camaloduni*, *Londiniiqve*, in seditione a *Bondvica* excitata, cujus in annalibus mentionem facit eruditissimus *Tacitus*, involuta erat. Hi *Cassi* olim, præ cæteris insulæ gentibus, caput extulere, atqve cum inclutissimo eorum Rege *Cassibellino* (cui non paucæ nationes fuere tributariæ) Dictator *Cæsar* multos eosdemqve gravissimos, sub readventum ipsius in hanc insulam, habuit conflictus, sed ab eadem ille gente cum *Siluribus* conjuncta fugatus, unde & emendatissimus *Lucanus*:

Territa qvæsitis ostendit terga Britannis.

adventante autem ipso Imperatore *Claudio*, omnes cum vicinis fracti sunt, eorumqve regio in formam *Romanæ* provinciæ redacta, nomineqve, *Cæsariensis*, & postea FLAVIA, nuncupata.

XXIX. Juxta *Cassios*, ubi se *Oceano Thamesis* propinqvavit, regio *Trinobantum* sita erat. Natio qvæ non modo sponte in *Romanorum*

norum concessit amicitiam, sed illis qvoqve ut colonias ibi ponerent metropolim suam *Lundinum* & *Camalodunum* ad mare sita obtulerunt. In hac urbe *Flavia Jul.a Helena*, piissima conjux *Constantini Chlori*, materqve *Constantini Magni*, e sangvine Regum *Britanicorum* nasci memoriæ proditum dicunt. Prima autem hæc *Romanorum* in *Brittania* coloniarum erat, templo *Claudii*, imagine *Victoriæ*, cum aliis diversis ornamentis insignis. *Lundinum* enim mundo cognita civitas erat & erit. Primum *Trinovantum*, postea *Londinium*, dein *Augusta*, & nunc *Londona* rursum. Urbe *Roma* secundum chronicorum fidem, sane antiqvior est, super ripam *Thamesis* fluminis posita, & ipsa multorum emporium populorum, terra mariqve venientium. Hæc a piissima illa Imperatrice *Helena*. *S. S. Crucis* inventrice, circumvallata, atqve, si fides sit penes traditiones, qvæ non semper erroneæ sunt, nominata est *Augusta*, tota autem *Brittania* ROMANA INSULA.

XXX. *Limes* huic populo ad septentrionem flumen *Surius*, ultra qvem habitabant *Iceni*, celeberrima natio, in duas gentes divisa, qvarum prior, *Cenomanni* habitans ad septentrionem *Trinobantes* & *Cassios*, ad orientem *Oceanum* spectabat. Horum urbes *Durnomagus* & caput regionis *Venta*. *Romanorum* colonia erat *Camboricum*. In mare orientem versus procurrens lingula dicitur *Flavia* extrema. Fluminum notissima sunt *Garion*, *Surius* & *Aufona* in sinum *Metorin* sese exonerans. Ex altera parte ad *Aufonam* incolebant, *Carnabiis Brigantibus* & *Oceano* vicini, *Coitanni*,

in tractu sylvis obsito, qvi, ut aliæ *Brittonum* sylvæ, *Caledonia* fuit appellata. De hac autem III. mentionem facit historicus ille *Florus*. Civitas primaria *Coitannorum* erat *Ragæ*, & præter hanc *Romanorum* colonia *Lindum*, in extrema ad orientem provinciæ ora. Totam vero regionem bifariam secat fluvius *Trivona*. Hæc *Icenorum* gens, qvæ, utpote ferocissima belliqve post hominum memoriam studiosissima, omissis tam rusticis qvam civilibus artibus, sua sponte in *Romanorum* societatem accesserat, non tantum mox defecerat, sed ad sui qvoqve imitationem alios qvam plurimos excitaverat, ab *Ostorio* Duce primum sub jugum missa est, aliqvot post annos, qvum Rex ipsorum, & animo & opibus valentissimus, *Prasutagus* moriens *Cæsarem* ejusdemqve posteros heredes fecerat. *Romani* autem *Icenorum* sic abutentes amicitia, ut nulli non se luxuriæ dederint, ab iisdem postea sociisqve, sub ductu bellicosissimæ *Bonduicæ*, viduæ Regis supra nominati, ita infesti ipsis sunt redditi, ut combustis deletisqve ipsorum coloniis ac municipio, civium denique *Romanorum* LXXX. M. ferro misere sint trucidati; sed postea ad officium redegit *Svetonius Legatus*, multis prudentiæ nominibus suspiciendus.

XXXI. Ad septentrionalem hujus regionis plagam *Oceano* occurrit fluvius *Abus*, qvondam terminorum provinciæ MAXIMÆ unus, uti alter *Seteja*. Dicta qvoqve hæc provincia fuit *Brigantiæ* Regnum scilicet ejusdem nominis regionem complexa, tribusqve habitata nationibus. In extrema orientali plaga, ubi promuntoria *Oxellum* & *Brigantum* extrema in mare pro-

DE SITU BRITANNIÆ.

procurrunt, habitabant *Parisii*, qvorum urbes *Petuaria* & *Portus Felix*.

XXXII. Supra hos, uti & ad latus, siti erant proprie sic dicti *Brigantes*, gens numerosissima, toti olim provinciæ leges præscribens. His cultæ civitates, *Epiacum*, *Vinovium*, *Cambodunum*, *Cataracton*, *Galacum*, *Olicana*, & primaria *Isurium*. *Eboracum* vero, ad *Urum* fluvium, caput provinciæ. Primum colonia nomine *Sexta* a *Romanis* factum, sextæqve deinde legionis, qvæ *Victrix* dicebatur, sedes. Deinceps vero plurium Imperatorum præsentia illustrior factum, municipii qvoqve auctum prærogativis.

XXXIII. Totam in æqvales fere partes provinciam dividunt montes *Alpes Penini* dicti. Hi, ad *Icenorum Carnabiorumqve* fines ad fluvium *Trivonam* surgentes, continua serie per CL. milliaria septentrionem versus decurrunt.

XXXIV. Populi, ad occidentalem hujus jugi partem habitantes, sunt *Volantii Sistuntiiqve* arctiori, ut videtur, foedere conjuncti. Urbes habebant *Rerigonum*, *Coccium* & *Lugubalium*, qvarum tamen posteriores binas *Romanorum* tenebant præsidia.

XXXV. Septentrionales hujus terræ limites tegebat murus iste stupendæ molis, a *Romanis* per *Isthmum* ad longitudinem LXXX. milliarium extensus, cujus altitudo XII. crassities vero IIX. pedes æqvabat, turribusqve ornatus, murus erat.

XXXVI. Gentem hanc, ab Imperatore *Claudio* primum infestatam, deinde ab *Ostorio Legato* devictam, postea a *Cereali* fractam & magnam partem debellatam, ex historia colligitur. Cum vero sponte se *Agricolæ* dedisset, pacem illi datam esse percepimus. Famam hujus gentis in historiis præcipue delerunt turpia Reginæ ipsorum gesta inauditaqve perfidia. Ipsa harum potentium nationum progenies erat, qvæ novas electura sedes, ultimum ultro, patriæ, inter *Alpes*, *Danubium* & *Rhodanum* jacenti, valedicebat. Ex his in *Hiberniam* postea nonnulli, sedem ibi fixuri, transierunt, ut ex documentis constat.

XXXVII. His borealiores erant nationes istæ validissimæ olim sub nomine *Maætarum* venientes, a qvibus, mortuo patre, fratricida iste *Bassianus* suam turpiter pacem emit. Regiones, qvas tenuere, seqventes erant, in orientem *Ottadinia*, inde *Gadenia*, post hanc *Selgovia*, deinde *Novantia*, supra hos etiam *Damnia*.

XXXVIII. *Muro* proximi habitabant *Gadeni*, qvorum metropolis *Curia*. Ad *Oceanum* vero proprius siti *Ottadini*, eorumqve caput *Bremenium*, ac a; ud hos fluvii *Tueda*, *Alauna*, & utraqve *Tina*, infra murum decurrentes.

XXXIX. His occidentaliores ad *Oceanum* siti erant *Selgovæ*, eorumqve urbes *Corbantorigum*, *Uxellum* & *Trimontium*, qvam tamen sat diu tenuit præsidium *Romanorum*, qvod antiqva memorant monumenta. Hujus regionis fluvii præcipui fuerunt *Novius*, *Deva* &, ex parte, *Ituna*.

XL. Ultra *Devam*, nuper dictam, ad *Oceani* qvoqve oram in extrema insulæ parte, *Hiberniam* versus, *Novantes* siti erant. Apud qvos celebris illa *Novantum* chersonesus, *Hibernia* distans

distans milliaria XXVIII. hæc inter cuncta Brittaniæ promuntoria maxume borea antiqvis credebantur, juxta vero, æqve ac illi, causam non video. Metropolis horum *Lucophibia* alias *Casa* candidæ. Fluvii vero *Abrasuanus*, *Jena* &, ad orientem regionis terminus, *Deva*.

XLI. Supra *Novantes*, *Selgovas* & *Gadenos*, interveniente montium *Uxellorum* serie, habitabant *Damnii*, prævalens qvidem natio, sed qvæ condito muro non parvum regionis suæ tractum amisit, a *Caledoniis* subjugatum & spoliatum. Præter illud qvod murum tuebatur præsidium *Vanduarium* tenebat *Romanus* miles.

XLII. Hic *Brittania*, rursus qvasi amplexu *Oceani* delectata, angustior evadit, qvam alibi, idqve ob duo ista rapidissima, qvæ infunduntur, æstuaria *Bodotriam* scilicet & *Cluttam*. Contractus hic *Isthmus* ab *Agricola Legato* primum præsidio munitus erat. Alium murum, in historiis nobilissimum, erexit imperator *Antoninus*, ad XXXV. circiter milliaria protensum; ut hoc medio barbarorum sisteret incursiones, qvi & ab *Ærio* Duce demum reparatus est, undecimqve firmatus turribus. Has vero regiones pro illa habeo provincia, qvæ per victoriosam *Romanorum* aciem sub Imperatore *Theodosio* revocata, atqve in honorem Imperatoris, tunc ad clavum imperii sedentis, VALENTIANA dicta putatur.

XLIII. Extra murum sita provincia VESPASIANA. Hæc est illa *Caledonia* regio, a *Romanis* nimium qvantum & desiderata militibus, & incolis valde defensa. Negotium, cujus amplam historiæ *Romanæ*, alias nimis de istiusmodi rebus silentes, mentionem faciunt.

Hic fluvium *Tavum* conspicere licet, qvi longo cursu regionem in duas qvasi partes dissecare videtur. Hic qvoqve arduum atqve horrendum jugum *Grampium* offendimus, qvod provinciam istam bifariam secabat. Atqve hæc eadem erat regio, qvæ, a commisso inter *Agricolam* & *Galgacum* proelio, *Romanis* utilissimo, famam in annalibus habet insignem. Hic vires eorum veteresqve castramentationes hodieqve magnitudo ostendit moenium. Nam in loco ubi ingens supradictum proelium habitum erat, qvidam ordinis nostri, hanc viam emensi, affirmant, se immania vidisse castra, aliaqve argumenta *Taciti* relationem confirmantia.

XLIV. Nationes vero, *Romanis* hic subjectæ, ordine jam seqventur. Ultra *Isthmum*, usqve ad *Tavum*, gens erant *Horestii*, qvorum urbes, post prætenturam qvidem extructam, prius enim *Damniis* accensebantur, fuerunt *Alauna*, *Lindum*, &, re non minus qvam nomine reliqvis gloriosior, *Victoria*, ab *Agricola* ad flumen *Tavum* XX. milliaria ab ejusdem in mare exitu ædificata, memoriæ proditum dicunt.

XLV. Supra hos ultra *Tavum*, qvi limites constituit, erant *Vecturones*, sive *Venricones*, qvorum urbs primaria *Orrea*, fluvii vero *Æsica* & *Tino*.

XLVI. *Oceani* littus, ultra horum fines, accolebant *Taixali*, his urbium princeps *Divana*, fluvii autem *Deva* & *Ituna*. Pars *Grampii* montis, qvæ, ut promuntorium, late se in *Oceanum*, qvasi in *Germania* occursum extendit, ab illis nomen mutuatur.

XLVII.

DE SITU BRITANNIÆ.

XLVII. His contermini ad occidentem, interveniente montium *Grampiorum* serie, exstitere *Vacomagi*, qvi amplissimam regionem tenebant, qvorum urbes *Tuessis*, *Tamea* & *Banatia*. Romanorum autem statio, simulqve provinciæ urbs primaria, erat, ad ostium fluvii *Varar* in littore situm, *Prororon*. Notiores hujus regionis fluvii præter *Vararem*, qvi provinciam terminabat, fuerunt *Tuesis* & *Celnius*.

XLVIII. Infra *Vacomagos Tavumqve* habitabant *Damnii-Albani*. Gentes parum notæ, & intra lacuum montiumqve claustra plane reconditæ.

XLIX. Inferius adhuc *Clottæ* ripas accolebant *Attacoti*, gens toti aliqvando olim *Britanniæ* formidanda. Maxumus hic visitur locus, cui nomen olim *Lyncalidor*, ad cujus ostium condita a *Romanis* urbs *Alcluith*, brevi tempore a Duce *Theodosio* nomen sortita, qvi occupatam a barbaris provinciam recuperaverat; cum hac comparari potuit nulla, utpote qvæ, post fractas cæteras circumjacentes provincias, impetum hostium ultimo sustinuit.

L. Hæc provincia dicta est, in honorem familiæ *Flaviæ*, cui suam *Domitianus* Imperator originem debuit, & sub qvo expugnata, VESPASIANA. Et, ni fallor, sub ultimis Imperatoribus nominata erat THULE, de qva *Claudianus* vates his versibus facit mentionem:

— — incaluit Pictorum sanguine Thule
Scotorum cumulos flevit glacialis Hierne.

Sed non tam diu sub aqvila suopte tenuerunt *Romani*, ut posteritati innotescerent ejusdem & nomina & subjectio. Cursorio hucusqve oculo, qvalis sub *Romanorum* Imperio erat,

Brittaniam lustravimus. Restat ut pari li compendio *Caledoniorum* terras lustremus.

De Caledonia.

LI. Licet tota ultra *Isthmum* prædictum *Brittania* non improprie dici posset *Caledonia*, ipsi tamen *Caledonii* ultra *Vararem* sedem habuere, unde ducta linea terminum *Romani* in *Brittaniam* imperii accurate satis ostendit. Citerior vero insulæ pars alio atqve alio tempore ab illis possessa fuit, reliqva, ut supra meminimus, a *Brittonibus* barbaris occupata. Hucusqve & proficiscentibus lumen aliqvod foenerant antiqva historiarum monumenta. Trajicientes autem *Varar* flumen, extincto lumine, in obscuro qvasi versamur, & qvamvis non nobis ignotum sit, extructas ibi pro limitibus Imperii *Romani* fuisse aras, *Ulyssemqve*, tempestate fluctibusqve jactatum heic vota persolvisse, siqvidem condensæ arboribus sylvæ cum perpetuis montium saxetis ab ulteriori nos scrutatione prohibent. Relationem seqventem a mercatoribus *Brittonibus* fugitivis acceptam posterisqve relictam, ut sufficientem æstimemus, necesse est.

LII. Ad occidentem igitur *Vararis* habitabant *Caledonii* proprie sic d.cti, qvorum regionis partem tegebat immensa illa *Caledonia* sylva.

LIII. Littus incolebant minores qvidam populi, ex qvorum numero ultra *Vararem* & erectas supradictas aras ad *Loxam* fluvium habitabant *Cantæ*, in qvorum finibus promuntorium *Penoxullum*.

LIV. Huic ordine proxi mus est fluvius *Abona* ejusdemqve accolæ *Logi*. Hinc *Ila fluvius*

fluvius & ad illum siti *Carnabii Brittonum* extremi, qvi ab *Ostorio* Propraetore subjugati jugum *Romanum* indigne ferentes, adscitis in societatem *Cantiis*, ut referunt traditiones, trajectoqve mari ibi sedem eligunt. In varia heic promontoria sese extendit *Brittania*, qvorum primum antiqvis dictum *Vinvedrum*, tum *Verubrium*, aut extremitas *Caledoniae*.

LV. Post illos *Catini*. Deinde, interiores Logisqve proximi, *Mertae* siti sunt. In his oris promuntorium *Orcadum* positum. Cui adjacebant *Orcades* insulae. Ulterius manabat *Nabaeus* fluvius, qvi terminus erat *Carnabicae* jurisdictionis.

LVI. Ad inferiorem hujus regionis partem habitabant *Carnouacae*, in qvorum finibus promuntorium *Ebudum*, ad cujus extrema eximium *Oceanus* sinum efformat, qvi olim *Volsas* appellatus. Ad inferiorem istius sinus ripam tendebant *Cerones*, & infra *Ityn Creones* ad *Longum* usqve procurrit. Inde *Oceanum* inter & sinum *Lelanum* dictum ab incolis *Epidiis* promuntorium.

LVII. Provectus jam ultra flumen *Vararis*, idem illud remetiri non possum, qvin in transgressu admirer *Romanos*, alias satis expertos judicio atqve experientia, heic qvasi destitutos tam perabsurda opinione laborasse, ut istam *Brittaniae* partem, qvae jam armis ipsorum intacta qviescebat, reliqvam jam subactam atqve possessam longe majori & longitudine & latitudine metirentur. (Qvam tamen eos fovisse opinionem satis suberqve constat.) Qvi enim ea, qva par est, mente insignem *Romanorum* ambitionem atqve insatiabilem regnandi cupidinem consideraverit, & qvo hostem vix ira ipsorum & notitia, nedum timore dignum excluderent stupenda ista, qvae totum orbem in admirationem sui facile trahunt, opera erexisse. In hoc ut in caeteris qvam plurimis magnam summi Numinis merito providentiam veneremur, cui ut omnia subjecta sunt regna, ita & sempiterna ab incolis gloria debetur & erit, Amen.

Cap. VII.

LUSTRATIS ita pro instituti ratione cursim terris *Brittanicis*, necessarium videtur, anteqvam ad insularum descriptionem aggrediar, dubio a non nemine moto occurrere; ubinam, inqvit ille, earum qvas tu nobis commemoras urbium nominumqve vestigia? habentur nulla! Licet vicissim qvaerere, ubinam hodie sint *Assyrii, Parthi, Sarmatae, Celtiberi?* at qvi has celeberrimas gentes exstitisse neget, impudentem satis spero futurum neminem, nonne inveniuntur hodienum regiones urbesqve permultae eisdem, qvae ante duo vel plura annorum millia habuerunt, qvae compellantur, nominibus? *Judaea, Italia, Gallia, Brittania*, non hodie minus, qvam priscis illis temporibus nota. *Londinum* hodieqve lingva vernacula sono non adeo discrepante *London* appellatur. Incuria majorum & in colligendis ac conservandis illis, qvae huc facere & tunc temporis non difficulter haberi poterant monumentis negligentia si attendatur, non adeo qvidem graviter illa videtur increpanda, vel ut hujus defectus unica & primaria causa censenda, vix enim praeter illos, qvi ordini sacrorum se dede-

DE SITU BRITANNIÆ.

dederant, operam libris scribendis commodabant. Hi vero a sacro alienum censuerunt munere profanis istiusmodi, ut vocabant, negotiis operam suam impendere. Crediderim potius nos sine periculo scire, & sine piaculo ad posteros transmittere posse illa, qvæ de prisco regnorum statu sedula veterum monumentorum perlustratio & accuratius scrutinium poterit investigare. Ad aliud vero sentiendum me fere compulisset bonus ille *Antistes*, ita me compellare visus: tune solus ignoras qvam breve, nobis in hoc orbe, temporis spatium sit exigendum omnesqve nostros etiam laboriosissimos conatus ob inutilium servorum nomine nos non posse reddere immunes? Omniaqve nostra studia proximi usum pro scopo debent habere? hæc! cui unqvam sunt usui? bullatis istiusmodi nugis mundum deludi! His merito reponimus. An ergo prohibita nobis simul omnis honesta delectatio? Nonne eximiæ divinæ providentiæ documenta produnt istiusmodi narrationes? Indene patet, qvomodo Evangelia de morte & merito Christi concio universum collustraverit & vicerit orbem gentilibus antea superstitionibus obnoxium? Obvertenti porro, non incongrue forte Chronologiæ istiusmodi res in compendio tractari. Denuo repono. Nec ergo nimium qvidqvam est novisse, majores nostros non, ut nonnulli fabulantur, *Autochtones* fuisse e terra prosilientes. Deum potius naturæ librum aperuisse, ut ex illo constaret magni opificis omnipotentia, qvalis in *Mosis* voluminibus eadem descripta proponitur. Deniqve forte respondenti, operibus, authori apud posteros nomen laudemqve parituris, exploratorium ignem esse subeundem, hæc inqvam dicenti, & in his subsistendi gratus profiteor tantum his verbis efficaciæ fuisse, ut etiam suborta mihi nonnumqvam fuerit cœpti hujus laboris poenitentia. Ex altera proinde hujus opusculi parte præter Chronologicam rerum commemorationem amplius qvidqvam exspectare nolit *Benevolus* Lector, qvam adeo benevolentiæ tutelæqve Divinæ, paria ab ipso mihi promittens, devotus commendo, sperans, ut me simul coelesti Patri, qvi misericors & condonationis plenus, commendet.

Ex fragmentis qvibusdam a Duce qvodam *Romano* consignatis & posteritati relictis seqvens collectum est itinerarium, ex *Ptolemæo* & aliunde nonnullis ordinem qvoqve, sed qvod spero in melius, mutatum hinc inde deprehendes.

Fuerunt olim apud *Brittones* XCII. urbes, earum vero celebriores & præ reliqvis conspicuæ XXXIII. Municipia scilicet II. Verolamium & Eboracum IX. Coloniæ sc. Londinium *Augusta*, Camalodunum *Geminæ Martiæ*, Rhutupis. . . . . . Thermæ *Aqvæ Solis*, Isca *Secunda*, Deva *Getica*, Glevum *Claudia*, Lindum. . . . . . . Camboricum. . . . . . . Et civitates Latio jure donatæ X. sc. Durnomagus, Catarracton, Cambodunum, Coccium, Lugubalia, Ptoroton, Victoria, Theodosia, Corinum, Sorbiodunum. Deinde XII. stipendiariæ minoresqve momenti, scilicet: Venta Silurum, Venta Belgarum, Venta Icenorum, Segontium, Muridunum, Ragæ, Cantiopolis, Durinum, Isca, Bremenium, Vindonum, & Durobrovæ. At præter allatas modo urbes plures in *Britannis*

tanis non habuisse *Romanos* ne qvis temere credat, celebriores enim tantum commemoravi, qvis enim dubitet, illos, ut orbis terrarum Dominatores, pro lubitu elegisse sibiqve vindicasse, qvæ suis usibus commoda intelligebant loca? plerumqve alias in castris, qvæ condiderant ipsi, degebant.

Diaphragmata.

Rhutupis prima in *Brittania* insula civitas versus *Galliam* apud *Cantios* sita a Gessoriago Bonnoniæ portu, unde commodissimus in supradictam insulam transitus obtingit, CCCCL stadia, vel ut alii volunt XLVI. mille passuum remota. Ab eadem civitate ducta est via Guethelinga dicta, usqve in Segontium per m. p. CCCXXIV. plus minus sic: Cantiopoli qvæ & Duroverno m. p. X. Durosevo XII. Duroprovis XXV. deinde m. p. XXVII. transis Thamesin intrasqve provinciam Flaviam & civitatem Londinium, Augustam. Sulo Mago m. p. IX. Verolamio municipio XII. unde fuit Amphibalus & Albanus Martyres, Foro Dianæ XII. Magio Vinio XII. Lactorodo XII. Isanta Varia XII. Tripontio XII. Benonis IX. hic bisecatur via alterutrumqve ejus brachium Lindum usqve, alterum versus Viriconium protenditur sic, Manduessedo m. p. XII. Etoceto XIII. Pennocrucio XII. Uxaconia XII. Virioconio XI. Banchorio XXVI. Deva colonia X. fines Flaviæ & Secundæ, Varis m. p. XXX. Conovio XX. Seguntio XXIV.

Iter II. a Seguntio Virioconium usqve m. p. LXXIII. sic, Heriri monte m. p. XXV. Mediolano XXV. Rutunio XII. Virioconio XI.

Iter III. a Londinio Lindum coloniam usqve, sic: Durosito m. p. XII. Cæsaro Mago XVI. Canonio XV. Camaloduno colonia IX. ibi erat templum Claudii, Arx triumphalis & imago Victoriæ Deæ. Ad Sturium amnem m. p. VI. & finibus Trinobantum Cenimannos advenis Cambretonio m. p. XV. Sito Mago XXII. Venta Cenom: XXIII. . . . . . Camborico colonia XX. Durali ponte XX. Durno Mago XX. Isinnis XX. Lindo XX.

Iter IV. a Lindo ad Vallum usqve sic: Argolico m. p. XIV. Dano XX. ibi intras Maximam Cæsariensem, Legotio m. p. XVI. Eboraco municip. olim colonia sexta m. p. XXI. Isurio XVI. Cattaractoni XXIV. ad Tisam X. Vinovio XII. Epiaco XIX. ad Murum IX. trans Murum intras Valentiam. Alauna amne m. p. XXV. Tueda flumine XXX. ad Vallum. . . . .

Iter V. a limite Prætuariam usqve sic: Curia m. p. . . . . . ad Fines m. p. . . . . . Bremenio m. p. . . . . . . Corstoplio XX. Vindomora IX. Vindovio XIX. Catta: actoni XXII. Eboraco XL. Derventione VII. Delgovicia XIII. Præturio XXV.

Iter VI. ab Eboraco Devam usqve sic: Calcaria m. p. IX. Camboduno XXII. Mancunio XVIII. finibus Maximæ & Flaviæ m. p. XVIII. Condate XVIII. Deva XVIII.

Iter VII. a Portu Sistuntiorum Eboracum usqve sic: Rerigonio m. p. XXIII. ad Alpes Peninos VIII. Alicana X. Isurio XVIII. Eboraco XVI.

Iter

DE SITU BRITANNIÆ.

Iter VIII. ab Eboraco Luguvalium usqve sic: Cattaractioni m. p. XL. Lataris XVI. Vataris XVI. Brocavonacis XVIII. Vorreda XVIII. Lugubalia XVIII.

Iter IX. a Luguballio Ptorotonim usqve sic: Trimontio m. p. . . . . . Gadanica m. p. . . . . . Corio m. p. . . . . . ad Vallum m. p. . . . . . . incipit Vespasiano. Alauna m. p. XII. Lindo IX. Victoria IX. ad Hiernam IX. Orrea XIV. ad Tavum XIX. ad Æsicam XXIII. ad Tinam VIII. Devana XXIII. ad Itunam XXIV. ad montem Grampium m. p. . . . . ad Selinam m. p. . . . . . Tuessis XIX. Ptorotone m. p. . . . . .

Iter X. ab ultima Ptorotone per mediam insulæ Isca Damnonorum usqve sic: Varis m. p. VIII. ad Tuessim XVIII. Tamea XXIX. . . . . m. p. XXI. in Medio IX. Orrea IX. Victoria XVIII. ad Vallum XXXII. Luguballia LXXX. Brocavonacis XXII. ad Alaunam m. p. . . . . . Coccio m. p. . . . . Mancunio XVIII. Condate XXIII. Mediolano XVIII. Etoceto m. p. . . . . Salinis m. p. . . . . . Glebon colonia m. p. . . . . . Corino XIV. Aqvas Solis m. p. . . . . . ad Aqvas XVIII. ad Uxellam amnem m. p. . . . . Isca m. p. . . . . . .

Iter XI. ab Aqvis per viam Juliam Menapiam usqve sic: ad Abonam m. p. VI. ad Sabrinam VI. unde trajectu intras in Brittaniam Secundam & stationem Trajectum m. p. III. Venta Silurum VIII. Isca colonia IX. unde fuit Aaron Martyr. Tibia amne m. p. VIII. Bovio XX. Nido XV. Leucaro XV. ad Vigesimum XX. ad Menapiam XIX. ab hac urbe per XXX. m. p. navigas in Hiberniam.

Iter XII. ab Aqvis Londinium usqve sic: Verlucione m. p. XV. Cunetione XX. Spinis XV. Calleba Attrebatum XV. Bibracte XX. Londinio XX.

Iter XIII. ab Isca Uriconium usqve sic: Bultro m. p. VIII. Gobannio XII. Magna XXIII. Branogenio XXIII. Urioconio XXVII.

Iter XIV. ab Isca per Glebon Lindum usqve sic: Ballio m. p. VIII. Blestio XII. Saricomio XI. Glebon colonia XV. ad Antonam XV. Alauna XV. . . . . Vennonis XII. Ratiscorion XII. Venromento XII. Margiduno XII. ad Pontem XII. Croco colana Lindum XII.

Iter XV. a Londinio per Clausentum in Londinium sic: Caleba m. p. XLIV. Vindomi XV. Venta Belgarum XXI. ad Lapidem VI. Clausento IV. Portu Magno X. Regno X. ad Decimum X. Anderida portu m. p. . . . . . . ad Lemanum m. p. XXV. Lemaniano portu X. Dubris X. Rhutupis colonia X. Regulbio X. Contiopoli X. Durelevo XVIII. Mado XII. Vagnaca XVIII. Novio Mago XVIII. Londinio XV.

Iter XVI. a Londinio Ceniam usqve sic: Venta Belgarum m. p. XC. Brige XI. Sorbioduno VIII. Ventageladia XII. Durnovaria IX. Moriduno XXXIII. Isca Damnon XV. . . . . Durio amne m. p. . . . . Tamara m. p. . . . . Voluba m. p. . . . . Cenia m. p. . . . . . .

Iter XVII. ab Anderida (Eboracum) usqve sic: Sylva Anderida m. p. . . . . . . Noviomago m. p. . . . . Londinio m. p. XV. ad Fines m. p. . . . . . Durolisponte m. p.

m. p. . . . . Durnomago m. p. XXX. Corisennis XXX. Lindo XXX. in Medio XV. ad Abum XV. unde transis in Maximam ad Petuariam m. p. VI. deinde Eboraco, ut supra, m. p. XLVI.

ITER XVIII. ab Eboraco per medium insulæ Clausentum usqve sic: Legiolio m. p. XXI. ad Fines XVIII. . . . . . . m. p. XVI. . . . . . . m. p. XVI. . . . . . Derventione. m. p. XVI. ad Trivonam XII. Etoceto XII. Manduesuedo XVI. Benonnis XII. Tripontio XI. Isannavaria XII. Brinavis XII. Ælia castra XVI. Dorocina XV. Tamesi VI. Vindomi XV. Clausentem XLVI.

Plurima insuper habebant *Romani* in *Brittanis* castella, suis qvæqve muris, turribus, portis & repagulis munita.

Finis Itinerariorum.

Qvod hactenus auribus, in hoc capite percipitur pene oculis intuentibus. Nam huic adjuncta est mappa *Brittaniæ* artificialiter depicta, qvæ omnia loca cætera evidenter exprimit, ut ex ea cunctarum regionum incolas dignoscere detur.

Cap. VIII.

Lustravimus jam *Albionem*, dissitæ non procul inde *Hiberniæ*, eadem, qva hactenus usi fuimus brevitate, descriptionem daturi.

II. *Hibernia* omnium, post *Albionem* dictam nuper, maxume est ad occidentem qvidem sita, sed, sicut contra Septemtriones ea brevior, ita in meridiem sese trans illius fines plurimum protendens, usqve contra *Hispaniæ Tarraconensis* septentrionalia, qvamvis magno æqvore interjacente, pervenit.

III. *Mare*, qvod *Brittaniam & Hiberniam* interfluit, undosum & inqvietum est, toto, ut author est *Solinus*, anno, non nisi æstivis pauculis diebus, navigabile. In medio inter ambas insula est, qvæ olim appellabatur *Monoeda*, nunc autem *Manavia*.

IV. *Hibernia* autem, & sui status conditione, & salubritate ac serenitate aëris, multum *Brittaniæ* præstat, ut opinatur *Beda*, ita, ut raro ibi nix plus qvam triduaria remaneat, nemo propter hiemem aut foena secet aut stabula fabricet jumentis.

V. Nullum ibi reptile videri solet, nullæ viperæ aut serpentes valent. Nam sæpe illo de *Britania* allati serpentes mox, ut proximante terris navigio odore aëris illius adtacti fuerint, intereunt. Qvin potius omnia pene, qvæ de eadem insula sunt, contra venenum valent. Deniqve vidimus, qvibusdam a serpente percussis rasa folia codicum, qvi de *Hiberniæ* fuerunt, & ipsam rasuram aqvæ imissam ac potui datam talibus protinus totam vim veneni grassantis totum inflati corporis absumsisse ac sedasse tumorem.

VI. Dives lactis & mellis insula, nec vinearum expers, piscium volucrumqve, sed & cervorum caprearumqve venatu insignis, ut author est venerabilis *Beda*.

VII. Cultores ejus, inqvit *Mela*, inconditi sunt & omnium virtutum ignari, magis qvam aliæ gentes, aliqvatenus tamen gnari pietatis ad modum expertes. Gens inhospita & bellicosa a *Solino Polyhistore* dicti sunt. Sanguine interemptorum hausto prius victores vultus suos oblinunt. Fas ac nefas eodem

animo

animo ducunt. Puerpera, si qvando marem edidit, primos cibos gladio imponit mariti, inqve os parvuli summo mucrone, auspicium alimentorum leviter infert, & gentilibus votis optat, non aliter qvam in bello & inter arma mortem oppetat. Qvi student cultui, dentibus mari nantium belluarum insigniunt ensium capulos, candicant enim ob heburneam claritatem. Nam præcipua viris gloria est in armorum splendore.

VIII. *Agrippa*, geographus *Romanus*, longitudinem *Hiberniæ* DC. millia passuum esse, latitudinem vero CCC. statuit XX. olim gentibus habitata, qvarum XVIII. littus tenebant.

IX. Hæc autem propria *Scottorum* patria erat, ab hac egressi, tertiam in *Albione Brittonibus* & *Pictis* gentem addiderunt. Sed non idem cum magno authore *Beda* sentio, qvi *Scottos* peregrinos esse affirmat. Nam, ut existimo, suam ex *Brittania* non procul sita originem duxerunt, inde trajecisse, atqve in hac insula sedes occupasse, fidem faciunt authores. Certissimum vero est *Damnios*, *Volunios*, *Brigantes*, *Cangos* aliasqve nationes origine fuisse *Brittanica*, qvæ eo postea trajecerunt, postqvam, vel *Diviciacus*, vel *Claudius*, vel *Ostorius*, vel *Duces* alii victores illis domi tumultum fecerant. Pro ulteriori argumento inservit lingua antiqva, qvæ cum antiqva illa *Brittanica* & *Gallica* non parum consonat, id qvod omnibus, utriusqve lingvæ gnaris satis planum videtur.

X. Septentrionali *Hiberniæ* lateri obtenditur Oceanus *Deucaledonicus*. Orientale tegunt *Vergivus* & *Internus*. *Cantabricus* vero australe, uti occidentale magnus ille *Brittanicus*, qvi & *Athlanticus Oceanus*, qvem nos qvoqve ordinem secuti dabimus insulæ & præcipuorum in illa locum descriptionem.

XI. Illud, qvod ab *Oceano Deucaledonico* alluitur, hujus insulæ latus habitabant *Rhobogdii*, cujus metropolis *Rhobogdium* erat, in qvorum orientali regione situm erat ejusdem nominis promuntorium, in occidentali, *Boreum* promuntorium. Fluvii vero *Banna*, *Darabouna*, *Argita* & *Vidua*, austrum versus a *Scottis* ipsos separabant montes.

XII. Infra promuntorium *Borreum* littus *Brittanici* maris ad *Venicnium* usqve caput incolebant gentes *Venicniæ*, qvibus nomen debent ab illis dictæ vicinæ insulæ *Venicniæ*, inferius ad ostium usqve *Rhebii* fluminis, qvarum metropolis *Rheba*. Infra *Rheheum Nagnata* habitabant ad *Libnium* usqve, qvorum celebris erat ejusdem nominis metropolis. Austrum versus in recessu sinus *Ausobæ* siti erant *Auterii* qvibus urbium caput erat ejusdem nominis. Inferiorem ejusdem regionis partem occupabant *Concangii*, ad qvorum fines austrum versus manabat *Senus*, amplus omnino fluvius, cui adjacebat urbium primaria *Macolicum*. In angustum heic apicem coarctata desinit *Hibernia*. Prope *Austrinum* promuntorium, ad flumen *Senum*, sedes habebant *Velatorii* qvorum metropolis *Regia*, fluviusqve *Durius*. *Lucani* vero habitabant, ubi Oceano miscetur fluvius *Ibernus*.

XIII. Ultra *Austrinum* meridionale insulæ latus ab eodem promuntorio ad Sacrum usqve extre-

extremum tendebat. *Ibernii* ad illud habitabant, qvibus metropolis *Rhufina*. Hinc fluvius *Dobona*, ac deinde *Vodiæ* cum promuntorio ejusdem nominis, qvod promuntorio *Albionis Antivestæo* obvertitur, distans inde milliaribus CXLV. non procul inde *Dabrona* fluvius *Brigantum* regionis terminus, qvi fines regionis fluvium *Brigas* & urbem habebant *Brigantiam*.

XIV. Pars hujus insulæ, a Sacro promuntorio ad *Rhobogdium* usqve extensa, *Orientalis* censetur. Habitantes supra promuntorium Sacrum *Menapii*, primariam habebant ejusdem nominis urbem ad fluvium *Modonam*. Hinc ad *Menapiam*, in *Dimeria* sitam, XXX. milliaria numerantur, ut *Plinius* refert. Harum unam, qvam nam vero incertum, patriam habebat *Carausius*. Ultra horum terminos metropolin *Dunum* habebant *Cauci*, qvorum fines alluebat fluvius *Ohoca*. *Teutonica* binas has nationes originis esse extra dubium est. Incertum vero qvo tempore primum in has terras eorum majores trajecerint. Brevi ante *Cæsaris* in *Brittaniam* transitum id contigisse maxume videtur probabile.

XV. *Eblana* ulterius habitabant, primariam vero ad *Loebium* flumen habentes *Mediolanum*. Septentrionali viciniores *Voluntii* civitatem habebant *Lebarum*, fluvios autem *Vinderum* & *Buvindam*. Superiorem his insulæ partem, *Rhobogdiis* affinem, tenebant *Damnii*, his urbium caput *Dunum*, ubi sepulti creduntur *D. Patricius*, *D. Columba* & *D. Brigitta*, eodem tumulo reconditi.

XVI. Restat jam, ut eorum, qvi interiorem hujus insulæ partem habitabant, populorum mentio injiciatur. Contermini *Caucis* & *Menapiis*, supra *Brigantes* autem, incolebant *Coriondii*, reliqvam insulæ partem *Scotti* habebant, qvibus *Scotiæ* nomen tota exinde debet. Plures inter, qvas illi habebant, civitates præ cæteris innotuerunt tantum duæ, qvarum ad nos pervenit memoria. Altera *Rheba* ad flumen & tacum *Rhebium*, *Ibernia* altera, sita ad orientali *Seni* fluminis latus.

XVII. Non possum non hoc loco monere *Damnios*, *Voluntios*, *Brigantes*, & *Cangianos* omnes fuisse *Brittanicæ* originis nationes, qvæ, cum vel ab hoste finitimo non daretur qvies, vel tot tantaqve exigerentur tributa, qvibus solvendis se impares intelligerent, sensim, novas qvæsituræ sedes, in hanc terram trajecerant. Dictum jam antea de *Menapiis*, *Caucis*, nec de iis, qvæ offeruntur ulterius, plura occurrunt, qvibus tuto fides potest haberi. Refert qvidem, *Augustæ* historiæ scriptor, *Tacitus*, qvod pluribus, qvam *Albion*, peregrinis *Hibernia* fuerit freqventata. At, si res ita revera se habuisset, vix dubitandum videtur, plura nobis de statu *Hiberniæ* & fide digniora Veteres fuisse relicturos. Relicturoqve jam mihi descriptionem *Hiberniæ* non abs re fore videtur docere, hanc, non armis, sed metu tantum sub *Romanorum* redactam fuisse imperium. Qvin potius Regem *Ptolemæum* in secunda *Europæ* tabula, aliosqve veterum inclutissimorum geographorum in situ illius delineando errasse, utpote qvi hanc non solum justo longius a *Brittania*, sed etiam prorsus a parte boreali provinciæ Secundæ, statuerunt;

id

DE SITU BRITANNIÆ.

id qvod ex ipsorum libris & Tabulis huc spectantibus patet abunde.

XVIII. Super *Hyberniam* sitæ erant *Hebudes*, V. numero, qvarum incolæ nesciunt fruges, piscibus tantum & lacte viventes. Rex unus est, ut scribit *Solinus*, universis. Nam qvotqvot sunt, omnes angusto interluvio dividuntur. Ille Rex nihil suum habebat, omnia universorum. Ad æqvitatem certis legibus adstringitur, ac, ne avaritia a vero rectoqve eum seduceret, discebat ex paupertate justitiam, utpote cui nihil esset rei familiaris, verum alitur e publico. Nulla illi dabatur foemina propria, sed per vicissitudines, in qvamcunqve commotus fuisset, sibi vendicat usurariam, unde ei nec votum, nec spes conceditur liberorum. De *Hebudibus* hisce nonnulli scripserunt. Dies continuos XXX. sub bruma esse noctem, sed Dictator *Cæsar* nihil de eo, studiose licet inqvirens, reperiebat, nisi, qvod certis ex aqva mensuris breviores fuisse noctes qvam in *Gallia* intellexerit.

XIX. Secundam a continenti stationem *Orcades* præbent, qvæ ab *Hebudibus* porro, sed erroneé, sunt VII. dierum totidemqve noctium cursu ut scripserunt nonnulli, numero XXX., angustis inter sese deductæ spatiis, vacabant homine, non habebant sylvas, tantum junceis herbis horrescentes. Cætera earum nil nisi arenæ & rupes tenent, ut ego, ex *Solino* cum aliis colligi posse, habeo persuasum.

XX. *Thule* ultima omnium, qvæ *Britanniæ* vocantur, *Belgarum* littori apposita statuitur a *Mela*. Græcis Romanisqve celebrata carminibus, de qvo *Homerus Mantuanus*:

— — — *& tibi serviat ultima Thule.*

in ea solstitio nullas esse noctes indicavimus, cancri signum *Sole* transeunte, ut author est *Plinius*, nullosqve contra per brumam dies. Hæc qvidem senis mensibus continuis fieri arbitrantur, qvi hic habitant, ut refert *Solinus*, principio veris inter pecudes pabulis vivunt, deinde lacte, in hyemem conferunt arborum fructus. Utuntur foeminis vulgo, certum matrimonium nullis. *Thule* autem larga & diutina pomona copiosa est, ut tradit idem author. Ultra *Thulen* unius diei navigatione accepimus pigrum esse & concretum mare, a nonnullis *Cronium* appellatur. A *Thule* in *Caledoniam* bidui navigatio est.

XXI. *Thanatos* insula alluitur freto *Oceani*, a *Brittaniæ* continente æstuario tenui, *Wanssuam* dicto, separata, frumentariis campis felix, & gleba uberi, nec tantum sibi soli, verum & aliis salubribus locis, ut author est *Isidorus*, cum ipsa nullo serpatur angue, asportata inde terra, qvoqvo gentium invecta sit, angues necat. Hæc non longe abest a *Rhutupi* sita.

XXII. Vecta, a *Vespasiano* devicta olim, insula est, proximum *Belgis* habet ab oriente in occasum XXX. circiter millia passuum, ab austro in boream XII. in orientalibus suis partibus mari VI. millium, in occidentalibus III., a meridionali supra scripto littore distans.

XXIII. Præter supradictas insulas fuerunt etiam VII. *Acmoda, Ricnea, Silimnus, Andros, Sigdiles* XL., *Vindilios, Sarna, Cæsarea* & *Cassiterides.*

XXIV. *Sena, Ossismicis* adversa littoribus, *Gallici Numinis* oraculo insignis est, ut author est

est *Mela.* Cujus antistites, perpetua virginitate sanctæ, numero IX, esse traduntur, *Senas Galli* vocant, putantqve ingeniis singularibus præditas, maria ac ventos concitare carminibus, seqve in qvæ velint animalia vertere, sanare qvæ apud alios insanabilia sunt. Scire ventura & prædicere. Sed non nisi deditæ navigantibus, & ob id tantum ut se consulerent eo profectis.

XXV. Reliqvæ *Albioni* circumfusæ minoris peripheriæ & momenti insulæ ex depictæ adjectæqve mappæ inspectione melius, qvam ex nudo qvodam recensu, censeri ac dignosci possunt. Heic itaqve subsisto meumqve his rebus locatum studium *Benevolo* Lectori ejusqve favori & judicio studiose commendo.

Liber Secundus.

Præfatio.

1 In supplementum datæ hucusqve *Brittaniæ* antiqvæ descriptionis deductum parili compendio subjungere consultum duxi

2 I. Chronologiæ, a prima inde orbis origine ad vastata a Gothis Romam deductæ, epitomen. Et

II. Imperatorum Legatorumqve Romanorum qvi huic regioni cum imperio præfuerant brevem recensum.

3 Dicant forte nonnulli potuisse istiusmodi operam, utpote non absolute necessariam, vel cultui divino, vel majoris momenti rebus impendi. At sciant illi & subsecivas horas antiqvitatibus patriis pristiniqve terrarum status investigationi posse vindicari, ut tamen nihil propterea sacro cultui decedat. Sin vero *Momus* istiusmodi captatam ex otio licito voluptatem nobis invideat, ad finem properans metæqve jam adstitutus heic pedem figo.

Cap. I.

In principio mundum, nobis hodiernum 4 reliqvisqve creaturis habitatum, VI dierum spatio ex nihilo condidit omnipotens Creator.

Anno Mundi MDCLVI. Crescentem 5 continuo usu humani generis malitiam vindicaturus Creator diluvium *Orbi* immisit, qvod totum obruens mundum omnem delevit viventium ordinem, solis, qvæ arcam intraverant, exceptis & servatis, qvorum deinceps propago novis animalium colonis novum orbem replevit.

A. M. MMM. Circa hæc tempora cul- 6 tam & habitatam primum *Brittaniam* arbitrantur nonnulli, cum illam salutarent Græci Phoenicesqve mercatores. Nec desunt, qvi a Rege qvodam *Bryrone* non diu postea conditum credunt *Londinium.*

A. M. MMMCCXXVIII. Prima urbis 7 *Romæ,* qvæ gentium exinde communis terror, fundamenta posuerunt fratres *Romulus* & *Remus.*

A. M. MMMDC. Egressi e *Brittania* 8 per *Galliam Senones Italiam* invasere, *Romam* oppugnaturi.

A. M. MMMDCL. Has terras intrarunt 9 *Belgæ, Celtæqve* desertam a *Senonibus* regionem occuparunt. Non diu postea cum exercitu

in

DE SITU BRITANNIÆ.

in hoc regnum transiit Rex *Æduorum Diviriacus*, magnamqve ejus partem subegit. Circa hæc tempora in *Hiberniam* commigrarunt, ejecti a *Belgis Brittones*, ibiqve sedes posuerunt, ex illo tempore *Scotti* appellati.

A. M. MMMDCCCCXLIII. Gestum est *Cassibelini* cum civitatibus maritimis bellum.

A. M. MMMDCCCCXLVI. *Cæsar Germanos* & *Gallos* capit, & *Brittones* qvoqve, qvibus ante eum ne nomen qvidem *Romanorum* cognitum fuerat, victor, obsidibus acceptis, stipendiarios facit.

A. M. MMMDCCCCXLVII. Denuo in has terras profectus bellum gessit cum Rege *Cassiorum Cassibellino*, invitatus, ut ipse qvidem prætendit, a *Trinobantibus*. Sed, qvod majore veri specie tradit *Svetonius*, potius avaritiam ipsius sollicitantibus prætiosis *Brittaniæ* margaritis.

A. M. MMMMXLIV. Ipse in *Brittaniam* profectus Imperator *Claudius*, semestri spatio, absqve ulla vi aut sangvinis effusione, magnam insulæ partem in suam redegit potestatem, qvam exinde *Cæsariensem* jussit vocari.

A. M. MMMMXLV. Missus ab Imperatore *Claudio* cum II. *Legione* in has terras *Vespasianus*, adhuc in privata vita, *Belgas Damnoniosqve* oppugnavit, tandemqve, commissis præliis XXXII. urbibus XX. expugnatis, sub obseqvium *Romani* Imperii redegit, una cum insula *Vecta*.

A. M. MMMMXLVII. *Thermas* & *Glebon* occupaverunt *Romani*.

A. M. MMMML. Post novennale bellum 16 Regem *Silurum* Charaticum vicit Dux *Romanorum Ostorius*, magna *Brittaniæ* pars in formam provinciæ redacta, & *Camalodunensis* coloniæ posita fundamenta.

A. M. MMMMLII. *Cogibundo* urbes 17 qvædam apud *Belgas* a *Romanis* concessæ, ut inde sibi conderet Regnum. Circa hæc tempora, relicta *Brittania*, *Caugi* & *Brigantes* in *Hiberniam* commigrarunt sedesqve ibi posuerunt.

A. M. MMMMLXI. *Nero* Imperator, 18 in re militari nihil omnino ausus, *Brittaniam* pene amisit. Nam duo sub illo nobilissima oppida illic capta atqve eversa sunt. Nam insurrexit contra *Romanos Bondvica*, illatam sibi a *Romanis* injuriam vindicatura, colonias illas *Romanorum*, *Londinium*, *Camalodunum* & municipium *Verulamium* igne delevit, occisis ultra octoginta millibus civium *Romanorum*. Superata illa, tandem a *Svetonio*, qvi accerime illatum *Romanis* damnum vindicavit, occiso subditorum ejus æqvali numero.

A. M. MMMMLXXIII. *Brigantes* vicit 19 *Cerealis*.

A. M. MMMMLXXVI. *Ordovices* plectit 20 *Frontinus*.

A. M. MMMMLXXX. Magnum cum 21 Rege *Caledoniorum Galgaco* prælium committit *Agricola*, eoqve devicto, totam insulam cum classe lustrari jubet, maritimamqve ipsius oram totus obiens, *Orcades* submittit Imperio *Romano*.

A. M.

22 *A. M.* MMMMCXX. Ipse in *Brittaniam* transit *Hadrianus* Imperator, immensoqve muro unam insulæ partem ab altera sejungit.

23 *A. M.* MMMMCXL. Missus ab *Antonino Pio Urbicus* victoriis inclarescit.

24 *A. M.* MMMMCL. Nonnullos qvoqve a *Brittanis* victorias reportat *Aurelius Antoninus.*

25 *A M.* MMMMCLX. Luce *Christianismi*, regnante *Lucio* Rege, collustratur *Brittania*, Rege *Cruci Christi* se primum submittente.

26 *A. M.* MMMMCLXX. Provincia *Vespasiana* ejiciuntur *Romani*. Hoc circiter tempore ex insulis in *Brittaniam* cum *Pictis* suis advenisse creditur *Reuda* Rex.

27 *A. M.* MMMMCCVII. Destructum, a *Romanis* conditum, murum restituit transiens in *Brittaniam Severus* Imperator, & non diu post *Eboraci*, manu Dei, moritur.

28 *A. M.* MMMMCCXI. Venalem a *Mantis* pacem obtinuit *Bassianus.*

29 *A. M.* MMMMCCXX. Per hæc tempora intra moenia se continent *Romani* milites, altaqve pace tota perfruitur insula.

30 *A. M.* MMMMCCXC. *Carausius*, sumpta purpura, *Brittanias* occupavit. Post X. annos per *Asclepiodorum Brittania* recepta.

31 *A. M.* MMMMCCCIV. Persecutio crudelis & crebra flagrabat, ut intra unum mensem XVII. millia Martyrum pro Christo passa inveniantur, qvæ & *Oceani* limbum transgressa *Albanum*, *Aaron*, & *Julium Brittones* cum aliis pluribus viris & foeminis felici cruore damnavit.

A. M. MMMMCCCVI. *Constantius*, XVI. imperii anno, summæ mansvetudinis & civilitatis vir, victo *Alecto*, in *Brittania* diem obiit *Eboraci.*

A. M. MMMMCCCVII. *Constantinus*, qvi *Magnus* postea dicitur, *Constantii* ex *Brittanica Helena* filius, in *Brittanis* creatus Imperator, cui se sponte tributariam offert *Hibernia.*

A. M. MMMMCCCXXV. Ductu Regis *Fergusii* in *Brittaniam* transeunt *Scotti*, ibiqve sedem figunt.

A. M. MMMMCCCLXXXV. *Theodosius* Maximum tyrannum III. ab *Aqvileia* lapide interfecit. Qvi, qvoniam *Brittaniam* omni pene armata juventute copiisqve spoliaverat militaribus, qvæ, tyrannidis ejus vestigia secutæ in *Gallias*, nunqvam ultra domum rediere, videntes, transmarinæ gentes sævissimæ, *Scottorum* a circio, *Pictorum* ab aqvilone, destitutam milite ac defensore insulam, adveniunt, & vastatam direptamqve eam multos per annos opprimunt.

A. M. MMMMCCCXCVI. *Brittones Scottorum*, *Pictorumqve* infestationem non ferentes, *Romam* mittunt, &, sui subjectione promissa, contra hostem auxilia flagitant, qvibus statim missa legio magnam *Barbarorum* multitudinem sternit, cæteros *Brittaniæ* finibus pellit, ac, domum reversura, præcepit soci s, ad arcendos hostes, murum trans insulam inter duo æstuaria statuere. Qvi, absqve artifice magistro magis cespite qvam lapide factus, nil operantibus profuit. Nam mox, ut disces-

discessere *Romani*, advectus' navibus prior hostis, qvasi maturam segetem, obvia qvæqve sibi cædit, calcat, devorat.

17 *A. M.* MMMMCCCC. Iterum petiti auxilia *Romani* advolant & cæsum hostem trans maria fugant conjunctis sibi *Brittonibus*, murum non terra, ut ante pulvereum, sed saxo solidum, inter civitates, qvæ ibidem ob metum hostium fuerunt factæ, a mari usqve ad mare collocant. Sed & in littore meridiano maris, qvia & inde hostis *Saxonicus* timebatur, turres per intervalla ad prospectum maris statuunt. Id *Stilichontis* erat opus, ut ex his *Claudani* versibus constat:

— — *Caledonio velata Brittania monstro,*
Ferro Picta genas, cujus vestigia verrit
Cærulus, Oceaniqve æstum mentitur, amictus:
Me qvoqve vicinis pereuntem gentibus, inqvit,
Munivit Stilicho, totam cum Scottus Hyberniam
Movit, & infesto spumavit remige Thetys.
Illius effectum curis, nec bella timerem
Scotica ne Pictum tremerem, ne littore toto
Prospicerem dubiis venturum Saxona ventis.

18 *A. M.* MMMMCCCCXI. Occupata a *Gothis* est *Roma*, sedes qvartæ & maxumæ Monarchiarum; de qvibus *Daniel* fuerat vaticinatus, anno milesimo centesimo sexagesimo qvarto suæ conditionis. Ex qvo autem tempore *Romani* in *Brittania* regnare cessarunt, post annos ferme CCCCLXV. ex qvo C. *Julius Cæsar* eandem insulam adiit.

A. M. MMMMCCCCXLVI. Recedente 19 a *Brittaniis* legione *Romana*, cognita *Scotti* & *Picti* reditus denegatione, redeunt ipsi, & totam ab aqvilone insulam pro indigenis muro tenus capescunt nec mora, cæsis, captis, fugatisqve custodibus muri & ipso interrupto, etiam intra illum crudelis prædo grassatur. Mittitur epistola lachrymis ærumnisqve referta ad *Romanæ* potestatis virum *Fl. Ætium*, ter consulem, vicesimo tertio *Theodosii* Principis anno petens auxilium, nec impetrat.

Cap. II.

Veritatem, qvoad fieri licuit, sectatus fui, si qvid occurrat forte, illi non exacte congruum, illud mihi ne imputetur vitiove vertatur rogo. Me enim ad regulas legesqve Historiæ sollicite componens, ea bona fide collegi aliorum verba & relationes, qvæ sincera maxume deprehendi & fide dignissima. Ad cætera præter *Elenchum* Imperatorum Legatorumqve Romanorum, qvi huic insulæ cum imperio præfuerunt, amplius qvidqvam expectare nolit Lector, qvocumqve meum opus finiam.

II. Igitur, primus omnium Romanorum Dictator *Julius* cum exercitu, principatu *Cassibellino*, Brittaniam ingressus, qvamqvam prospera pugna terruerit incolas, ut *Tacitus* refert, ac littore potitus sit, potest videri ostendisse posteris, non tradidisse.

III. Mox bella civilia, & in rempublicam versa principum arma, ac longa oblivio

Brit-

Brittaniæ etiam in pace. Consilium id *Augustus* vocabat, *Tiberius* præceptum. Agitasse *Caligulam* de intranda *Brittania* satis constat, ni velox ingenio, mobilisqve pœnitentia, & ingentes adversus *Germaniam* conatus frustra fuissent.

IV. *Claudius* vero *Brittaniæ* intulit bellum, qvam nullus *Romanorum* post *Julium Cæsarem* attigerat, transvectis legionibus auxiliisqve, sine ullo proelio ac sanguine, intra paucissimos dies partem insulæ in ditionem recepit Deinde misit *Vespasianum*, adhuc in privata vita, qvi tricies & bis cum hoste conflixit, duas validissimas gentes cum Regibus eorum, XX. oppida & insulam Vectem, *Brittaniæ* proximam, imperio *Romano* adjecit. Reliqvas devicit per *Cnæum Sentium* & *Aulum Plautium*, illustres & nobiles viros, & triumphum celebrem egit.

V. Subinde *Ostorius Scapula*, vir bello egregius, qvi in formam provinciæ proximam partem *Brittaniæ* redegit. Addita insuper veteranorum colonia *Camalodunum*. Qvædam civitates *Cogiduno* Regi donatæ. Is ad *Trajani* usqve Principatum fidelissimus mansit, ut *Tacitus* scribit.

VI. Mox *Avitus Didius Gallus* parta a prioribus continuit, paucis admodum castellis in ulteriora permotis, per qvæ fama aucti officii qværeretur.

VII. *Didium Verranius* excepit, isqve intra annum exstinctus est.

VIII. *Svetonius* hinc *Paulinus* biennio prosperas res habuit, subactis nationibus, firmatisqve præsidiis, qvorum fiducia *Monam* insulam, ut vires rebellibus ministrantem, aggressus terga occasioni patefecit. Namqve Legati absentia remoto metu *Brittones* accendere, atqve *Bonduica*, generis Regii fœmina, duce, sumpsere universi bellum; ac sparsos per castella milites consectati, expugnatis præsidiis, ipsam coloniam invasere, ut sedem servitutis, nec ullum in barbaris sævitiæ genus omisit ira & victoria. Qvod, nisi *Paulinus*, eo cognito provinciæ motu prospere subvenisset amissa *Brittania* foret, qvam unius proelii fortuna veteri patientiæ restituit, tenentibus arma plerisqve, qvos conscientia defectionis, & proprius ex Legato timor agitabat.

IX. Hic cum egregius cætera, arrogantes in deditos & ut suæ qvoqve injuriæ ultor, durius consuleret; missus *Petronius Turpilianus* tanqvam exorabilior & delictis hostium novus, coqve pœnitentiæ mitior, compositis prioribus, nihil ultra ausus, *Trebellio* Maximo provinciam tradidit.

X. *Trebellius* segnior & nullis castrorum experimentis, comitate qvadam curandi, provinciam tenuit. Didicere jam barbari qvoqve *Brittones* ignoscere vitiis blandientibus. Et interventus civilium armorum, præbuit justam segnitiæ excusationem. Sed discordia laboratum, cum assuetus expeditionibus miles otio lasciviret. *Trebellius* fuga ac latebris vitata exercitus ira, indecorus atqve humilis, præcario mox præfuit, ac velut pacti, exercitus licentiam, Dux salutem. Hæc seditio sine sanguine stetit.

XI.

XI. Nec *Vectius Bolanus* manentibus adhuc civilibus bellis agitavit *Brittaniam* disciplina. Eadem inertia erga hostes similis petulantia castrorum: nisi qvod innocens *Bolanus* & nullis delictis invisus charitatem paraverat loco authoritatis.

XII. Sed ubi cum cætero *Orbe, Vespasianus* & *Brittaniam* recuperavit, magni Duces, egregii exercitus, minuta hostium spes : & terrorem statim intulit *Petilius Cerealis, Brigantum* civitatem, qvæ numeros ssima provinciæ totius perhibetur, aggressus. Multa proelia & aliqvando non incruenta : magnamqve *Brigantum* partem aut victoria amplexus, aut bello.

XIII. Sed cum *Cerealis* qvidem alterius successoris curam famamqve obruisset, sustinuit qvoqve molem *Julius Frontinus*, vir magnus qvantum licebat, validamqve & pugnacem *Silurum* gentem armis subegit; super virtutem hostium locorum qvoqve difficultates eluctatus,

XIV. Successit huic *Agricola*, qvi non solum acqvisitam provinciæ pacem constituit, sed etiam annos septem plus minus continuis *Caledonios*, cum bellocissimo Rege ipsorum *Galgaco*, debellavit. Qvo facto *Romanorum* ditioni gentes non antea cognitas adjunxit.

XV. Majorem vero *Agricolæ* gloriam invidens *Domitianus*, domum eum revocavit, Legatumqve suum *Lucullum* in *Brittanias* misit, qvod lanceas novæ formæ appellari *Luculleas* passus esset.

XVI. Successor ejus *Trebellius* erat, sub qvo duæ provinciæ, *Vespasiana* scilicet &

Mæata, fractæ sunt. *Romani* se ipsos autem luxuriæ dederunt.

XVII. Circa idem tempus insulam hancce visitans *Hadrianus* Imperator murum, opus sane mirandum & maxume memorabile, erexit, *Juliumqve Severum* Legatum in *Brittaniis* reliqvit.

XVIII. Postea nihil unqvam notatu dignum audivimus esse perpetratum, donec *Antoninus Pius* per Legatos suos plurima bella gessit, nam & *Brittones*, per *Lollium Urbicum* Proprætorem & Saturninum Præfectum classis, vicit, alio muro, submotis barbaris, ducto. Provinciam, postea *Valentiæ* nomine notam, revocavit.

XIX. Pio mortuo, varias de *Brittonibus, Germanisqve* victorias reportavit *Aurelius Antoninus*.

XX. Mortuo autem *Antonino*, cum ea qvæ *Romanis* ademerant satis non haberent, magnam a Legato *Marcello* passi sunt cladem.

XXI. Hic *Pertinacem* habuit successorem, qvi fortem qvoqve se gessit ducem.

XXII. Hunc excepit *Clodius Albinus*, qvi de sceptro & purpura cum *Severe* contendit.

XXIII. Post hos primus erat *Virius Lupus*, qvi Legati nomine gaudebat. Non huic multa præclara gesta adscribuntur, qvippe cujus gloriam intercepit invictissimus *Severus*, qvi, fugatis celeriter hostibus, murum *Hadrianum*, nunc ruinosum, ad summam ejus perfectionem reparavit ; &, si vixerat, proposuerat exstirpare barbaros, qvibus erat infes-

124 RICARDI MONACHI DE SITU BRITANNIÆ.

infestus, cum eorum nomine, ex hacce insula. Sed obiit, manu Dei, apud *Brigantes* in municipio *Eboraco*.

XXIV. Ejusqve in locum subiit *Alexander*, qvi orientis qvasdam victorias reportavit, in Edissa mortuus.
Sicilia.

XXV. Successores habuit Legatos *Lucilianum, M. Furium, N. Philippum.* . . . . qvi ai defensionem terminorum ab ipsis observatam exceperimus, nil fere egerunt.

Anonymi RAVENNATIS geographia SCOTIÆ cum codice VATICANO collata.

Glascow.	Clidum V. Clindum.	*Romano.*	Rumabo.
	Tadoriton Maporiton.		Civitates Velunio,Volitanio, Pexa, Begesse, Colanica, Medio-Nemetum, Subdobiadon, Lirana, Cibra,
Elgin.	Alitacenon V. Alithacenon.		Credigone, Jano, Maulion.
Inver-Lochy.	Loxa.	*Dumfries.*	Demerosesa.
	Locatrene V. Locatreve Canibroiana V. Cambroianna, Sinetri, Uxela.		Cindocellum, Cermo, Veromo V. Veronio, Matovion, Ugrulentum, Ranatonium V.
Whitern.	Lucotion, Ptol. Leucopibia.		Ravatonium, Iberran, Præmatis
on *Loch Cure.*	Corda.		V. Pinnatis.
Camelon.	Camulosessa præsidium.	*Berwic.*	Tuessis.
Bargenny.	Brigomono, Ptol. Berigonium.	*Dunbar.*	Ledone V. Lodone.
Aberdeen.	Abisson, Ebio.	*Linlithgo.*	Litinomago.
	Coriotiotar f.Curia Ottadenorum.		Devoni, Memanturum, Decha,
Dunkelden.	Celerion V. Celovion.		Bograndium, Ugueste.
	Itucodon, Maremago.	*Dunbarton.*	Leviodanum, vel. Leviodunum.
Duplin.	Duablisis V. Duabsissis.	*Perth.*	Porreo Classis.
Bencachy.	Venusio forte Banatia Ptol.	*Lennox.*	Levioxana V. Levioxava.
Alinto.	Trinuntium V. Triminitium.	*Ardoch.*	Victoria.
	Eburocassum.		Marcotaxon.
Brampton.	Bremenium.	*Menteith.*	Tagea, Taichia.
Coqu.s.	Cocuneda V. Cocenneda.		Voran (f. Car-voran)
Almwick.	Al.una.		Maponi, Panovius V. Panonius,
Ogle-cassle.	Oleiclavis V. Oleaclavis.		Minox, Taba, Manavi, Segloes,
	Ejudensca V. Evidensca.		Daunoni.

KAAT-

ΚΛΑΤΔΙΟΤ ΠΤΟΛΕΜΑΙΟΤ ΓΕΩΓΡΑΦΙΑ ΛΛΒΤΙΩΝΟΣ.

ΙΟΤΕΡΝΙΑΣ ΝΗΣΟΤ ΒΡΕΤΑΝΝΙ-ΚΗΣ ΘΕΣΙΣ.	Long.	Lat.	HIBERNIÆ BRITANNICÆ insulæ tabula.
Ἀρκτικῆς πλευρᾶς περιγραφή, ἧς ὑπέρκειται 'Ωκεανός Ὑπερβόρειος (Palat. addit. ὁ αυτος καλεῖται πεπηγώς 'Ωκέανος, και Κρόνιος, ἤ νεκρός).			Septentrionalis lateris descriptio, qvod ab Hyperboreo Oceano alluitur (Palat. codex addit. idem vocatur congelatus Oceanus & Saturnius & mortuus.)
Βόρειον ἄκρον μοίρας	11 00.61	00	Boreum promontorium.
Ουεννίκνιον ἄκρον	12 50.61	20	Venicnium promont.
Ουιδύα ποτ. ἐκβολαί	13 00.61	00	Viduæ flu. Ostia.
Ἀργίτα ποτ. ἐκβολαί	14 30.61	30	Argitæ flu. Ostia.
Ῥοβόγδιον ἄκρον.	16 20.61	30	Rhobogdium promont.
Παροικοῦσι δὲ τὴν πλευρὰν, ἀπό μὲν δυσμῶν Ουεννέκνιοι			Occident. latus incolunt Venicnii.
Εἶτα ἐφεξῆς καὶ πρὸς ἀνατολὰς Ῥοβογδιοι.			Deinde reliqvum & orientale Rhobogdii.
Δυτικῆς πλευρᾶς περιγραφή, ἤ παράκειται δυτικός ὠκεανός.			Descriptio lateris Occidentalis, cui adjacet occidentalis Oceanus.
Μετά τό βόρειον ἄκρον ὅ ἐστιν	11 00.61	00	Post boreum promont qvod est.
Ῥαυίου ποτ. ἐκβολάι	11 20.61	20	Rhavii flu. Ostia.
Νάγνατα πόλις ευτίσημος	11 15 60	15	Nagnata urbs insignis.
Λιβόιου ποτ. ἐκβολάι	10 30 60	00	Liboji flu. Ostia (Pal. Libnii & Limnii.)
Αὔσοβα ποτ. ἐκβολάι	10 30.59	30	Ausobæ flu. Ostia.
Σήνου ποτ. ἐκβολάι	9 30. 9	30	Seni flu. Ostia.
Δούρ ποτ. ἐκβολάι	9 40.58	40	Dur flu. Ostia.
Ἰέρνου ποτ. ἐκβολάι	8 00.58	00	Jerni flu. Ostia.
Νότιον ἄκρον	7 40.57	45	Notium promont.

126   Κλαυδίου Πτολεμαίου γεωγραφια αλβιωνος.

	Long. Lat.	
Παροικουσι δέ την πλευράν μεθ' τους Ουεννίκνιους, Ερδινοι. Palat. addit. οι και Ερπεδιτάνοι		Post venicnios idem habitant latus Erdini (Pal. addit. qvi & Erpeditani.)
Υφ' ους Ναγναται		Sub qvibus Nagnatæ.
Είτα Αυτεροι		Deinde Auteri.
Είτα Γαγγανοι		Post qvos Gangani.
Υφ' ους Ουελιβοροι (Pal. add. οι και Ελλεβροι)		Sub qvibus Velibori (Pal. qvi & Ellebri.)
Της εφεξής μεσημβρινής πλευράς περιγραφή, ή παράκειται ωκεανός Ουεργίνιος (Palat. Ουεργιόυιος).		Meridionalis reliqvi lateris seqvitur descriptio, cui Verginius adjacet Oceanus. (Palat. Vergionius.)
Μετά το νότιον άκρον ο εστιν	7 40.27 45	Post australe promont qvod est.
Δαβρώνα ποτ. εκβολάι	11 15.57 00	Dabronæ fluv. Ostia.
Βίργου ποτ. εκβολάι (Pal. Βάργου)	12 30.57 30	Birgi flu. Ostia (Pal. Bargi.)
Ιερόν άκρον.	14 00.57 30	Hieron vel sacr. promont.
Παροικουσι δέ την πλευράν μετα τους Ουελλαβορους. (Pal. Ουελλαβροσιους) (Ουτερνοι) (Pal. Ιουερνιοι)		Habitant idem latus post Vellaboros (Pall. Vellabrosios) Uterni (Pal. Iverni.)
Υπέρ ους Ουοδιαι		Supra qvos Vodiæ.
Και ανατολικώτεροι, Βριγαντες		Et qvi orientalissimi sunt, Brigantes.
Ανατολικής πλευράς περιγραφή, ή παράκειται Ωωκεανός καλούμενος Ιουερνιος.		Orientalis lateris descriptio, cui adjacet Oceanus qvi vocatur Hibernicus.
Μετα το ιερόν άκρον ο εστι	14 00.57 30	Post sacrum promontorium qvod est.
Μοδόνου ποταμου εκβολάι	13 40.58 40	Modoni flu. Ostia.
Μαναπία πόλις	13 30.58 40	Manapia urbs.
Οβόκα ποτ. εκβολάι	13 12.59 00	Obocæ flu. Ostia.
Εβλανα πόλις	14 00.59 30	Eblana civitas.
Βουουίνδα ποτ. εκβολαι	14 49.59 60	Bubindæ flu. Ostia.
Ισάμνιον άκρον	15 00.60 00	Isamnium promont.
Ουινδέριος ποτ. εκβολάι	15 00.60 15	Vinderii flu. Ostia.
Λογία ποτ. εκβολάι	15 20.60 40	Logiæ flu. Ostia.
Μεθ' ας το Ροβόγδιον άκρον.		Post hæc Rhobogdium est promontorium.

Idem

Κλαυδιου Πτολεμαιου γεωγραφια αλβιωνος.   127

	Long.	Lat.	
Παροικουσι δέ τήν πλευρὰν ταυτην μετὰ τοῦς Ροβογδίους. Δαρνιοι (Δαρίνοι Pal.)			Idem accolunt latus post Rhobogdios Darnii (Pal. Darini)
Ὑφ' οὕς Ουολουντιοι			Sub qvibus Voluntii.
Εἶτα Βλανιοι (Εβλανοι Pal.)			Deinde Blanii (Pal. Eblani)
Εἶτα Καυκοι			Post Cauci.
Ὑφ' οὕς Μαναπιοι.			Sub qvibus Manapii.
Εἶτα Κοριονδοι ὑπὲρ τοῦς Βρίγαντας. Πολεις δέ εισι μεσόγειοι			Post Coriondi, supra Brigantes, civitates Mediterraneæ hæ sunt.
Ρηγία (Pal. Ρηγία)	13 00.60	20	Rhegia.
Ραίβα	12 00.56	54	Rhæba.
Λάβερος	13 00.59	51	Laberus.
Μακόλικον	11 30.58	40	Macolicum.
Ετέρα Ρηγία (Pal. Ρηγία)	11 00.59	30	Rhegia altera.
Δουνον	12 20.58	45	Dunum.
Ιουρνίς (Pal. Ιερνίς)	11 00.58	10	Iuernis.
Ὑπέρκεινται δέ νῆσοι τῆς Ιουερνίας, ἅι τε καλούμεναι Εβουδαι ε τὸν ἀριθμόν, ὧν ἡ μεν δυτικωτέρα καλεῖται			Hiberniæ subjacent qvinqve insulæ Ebudæ nomine qvarum occidentalior vocatur.
Εβουδα	15 00.62	00	Ebuda.
Ἡ δὲ ἐξῆς αὐτῶν πρὸς ἀνατολὰς ὁμοίως			Deinde qvæ ad ortum extendit, simil.
Εβουδα	15 40.62	00	Ebuda.
Εἶτα Ρικίνα	17 00.62	00	Postea Rhicina.
Εἶτα Μαλεός	17 30.62	10	Post Maleos.
Εἶτα Ἐπίδιον.	18 30.62	00	Post Epidium.
Καὶ ἀπὸ ἀνατολῶν τῆς Ιουερνίας εἰσίν αἵδε νῆσοι.			Juxta orientalem plagam Hiberniæ insulæ hæ sunt.
Μονάοιδα MS. Μοναρινα	17 40.61	30	Monæda.
Μόνα Νῆσος	15 00.57	40	Mona Insula.
Εδρου, ἔρημος (Pal. "Οδρου)	15 00.57	30	Edri qvæ deserta est.
Λίμνου, ἔρεμος (Pal. λίνου)	15 00.59	00	Limni. qvæ deserta est.

De-

Κλαυδίου Πτολεμαίου γεωγραφία αλβιωνος.

ΑΛΟΤΙΩΝΟΣ μερους αρκτικου ΘΕΣΙΣ.	Long.	Lat.	Description of the northern parts of ALBION, or BRITAIN.
Α'ρκτικῆς πλευρᾶς περιγραφὴ,ἧς ὑπέρκειται ὠκεανὸς καλουμενος Δουγκαληδόνιος.			A delineation of the northern coast, which is washed by the Ducaledonian ocean.
Νοουάντων χερσόνησος και ὁμώνυμον ἄκρον	21 00.61	40	Mull (i. e. the henk) of Galloway and the isthmus of the same name.
Ρέργόνιος (F. Περιγόνιος) κόλπος	20 30.60	45	Loch Rian.
Οὐιδότερα (P. Οὐιδόγαρα) κόλπος	21 20.60	30	Air Bay.
Κλώτα ἔισχυσις	22 15.59	40	Firth of Clyde.
Λελαννόνιος (P. Λεμαννόνιος) κόλπος	24 00.60	00	Loch Lomond alii Loch-Fin.
Ἐπίδιον ἄκρον	23 00.60	40	Mull of Ken-tire.
Λόγγου ποτ. ἐκβολαί	24 30.60	40	Loch Long.
Ἴτυος ποτ. ἐκβολαί	27 00 60	00	Loch Etive.
Οὐολσας κόλπος	29 00.60	30	Loch Eri-Bol.
Ναυάιου (P. Ναβάιου) ποτ. εκβ.	30 00.60	30	Nabhern river.
Ταρουιδούμ ἡ και Ὀρκάς ἄκρα.	31 20.60	15	(Tarbet) Dungshy head.
Δυσμικῆς πλευρᾶς περιγραφὴ, ἥ παράκειται ὅ, τε Ιουβέρνιος ὠκεανὸς καὶ ὅ Ουιεργίδυιος, μετά την Νουαντῶν χερσόνησον ἥ ἐπέχει.	21 00.61	40	Delineation of the western coast, which is washed by the Irish and Vergivian sea, extending to the mull of Galloway.
Αυραυάννου (P.'Αβρανάνου, ποτ. ἐκβ.	19 23 61	00	(Aber-aven) Glen-Luce bay.
Ἰηνά ἔισχυσις	19 00.60	30	Bla-Inoch mouth, or Wigton bay.
Δηούα ποτ. ἐκβ.	18 00.60	00	(Dubh-a) Dee river.
Νοουίου ποτ. ἐκβ.	18 20.59	30	(Nye i. e. novus) Nith river.
Ἰτούνα ἔισχυσις.	18 30.58	45	(Iden) Eden mouth.

Κλαυδίου Πτολεμαίου γεωγραφια αλβυιωνος. 129

	Long.	Lat.	
Μορικάμβη είσχυσις (Pal. Μορικαμ-βης χύσις)	17 30.58 20		Moricambe æstuarium (Pal. Moricambais.)
Σεταντίων λιμην (Pal. Σεγαντίων).	17 29.57 45		Setantiorum portus (Pal. Segantiorum.)
Βελίσαμα είσχυτις (Pal. Βελισαμαίς χύσις)	17 30.57 20		Belisama æstuarium (Pal. Belisamais.)
Σετηία εισχ. (Pal. Σεγηιατάτις χυς)	17 00.57 00		Seteia æstuarium (Pal. Segeiatis.)
Τοισόβιος ποτ. εκβολαί	15 40.56 29		Toisobis flu. ostia.
Καγκανῶν ἄκρον (Pal. Γαγγανῶν)	15 00 56 00		Cancanorum prom. (Pal. Gagganorum)
Στούκια ποτ. εκβολαί	15 20.55 30		Stuciæ flu. Ostia.
Τουερόβιος ποτ. εκβολαί	15 30.55 10		Tuerobis flu. Ostia.
Οκταπίταρον ἄκρον	14 20.54 30		Octapitarum promont.
Τοβίου (Pal. Τουβίου) ποτ. εκβολ.	15 30.54 30		Tobii flu. Ostia (Pal. Toubii)
Ρατοσταθυβίου ποτ. εκβολαί	16 30.54 30		Rhatostathybii flu. Ostia.
Σαβριάνα εισχυσις (Pal. Σαβριανάις χύσις)	17 20.54 30		Sabriana æstuarum (Pal. Sabrianis)
Ουέξαλα είσχυσις (Pal. Ουεξαμαίς χύσις)	16 00.53 30		Vexalla æstuarium (Pal. Vexamais)
Ηρακλέους ἄκρον	14 00.53 00		Herculis promontor.
Αντιουεσταιον ἄκρον τὸ και βολέριον	11 30.52 30		Antævestæum promontor. qvod etiam dicitur Bolerium.
Δαμνόνιον τὸ και ὄκρινον ἄκρον	12 00.15 30		Damnonium qvod etiam dicitur Ocrinum promontor.
Τῆς ἐφεξῆς μεσημβρινῆς πλευράς περιγραφή, ἡ υπόκειται Βρεττανικός Ωκεανός μετα το "Οκρινον ἄκρον.			Reliqvi meridionalis lateris descriptio, qvod Britannicus Oceanus alluit. Post Ocrinum promontor.
Κενίωνος ποτ. εκβολαί (hic & in seqv. habet Pal. singulariter εκβολή)	15 00.51 54		Cenionis flu. Ostia.
Ταμάρου ποτ. εκβολαί	15 40.52 10		Tamari flu. Ostia.
Ισάκα ποτ. εκβολαί	17 00.52 20		Isacæ flu. Ostia.
Αλάυνου ποτ. εκβολαί	17 40.52 40		Alaunii flu. Ostia.
Μέγας λιμήν	19 00.53 00		Magnus portus.
Τρισάντωνος ποτ. εκβολαί	20 20.53 00		Trisantonis flu. Ostia.
Καινὸς λιμήν	21 00.53 30		Novus Portus.
Κάντιον ἄκρον	22 00.54 00		Cantium promontor.

130   Κλαυδίου Πτολεμαιου γεωγραφια αλβυιως.

	Long.	Lat.	
Τῶν εφεξῆς πρὸς ἕω καὶ μεσημβρίαν πλευρῶν περιγραφὴ, αἶς παράκειται Γερμανικὸς ὠκεανὸς.			The delineation of the coast, towards the east and south, which is bounded by the German ocean.
Μετα τὸ Ταρουεδούμ ἄκρον ἤ 'Ορκας, ὅπερ ἔιρηται.			Beyond (Tarbet-drum) Dungsby head above mentioned is.
Οὐιερουέδρον ἄκρον	31 00.60 00		(Ard-drum) Nefs head.
Βερουβίουμ (P. ουερ.) ἄκρον	30 30.59 40		(Ber-wic) Ord-head, or Wick.
''Ιλα ποτ. εκβολαὶ	30 00.59 40		Yla mouth, or Dornoch firth.
''Οχθη υψηλή	39 00.59 40		Tarbert Nefs.
Οὐάρα ἔιτχυσις	27 30.59 30		Murray firth, or Farar mouth.
Λόξα ποτ. ἐκβολαὶ	28 30.59 40		Inver-Lochy, i.e. Locha, or Nefs mouth.
Τουὰ ἔισχυσις	27 00.59 00		(Dubh-avon, i.e. black water) Dovern.
Κελνίου ποτ. ἐκβολάι	27 00.58 45		(Caoil-aven i.e. narrow river) Cullen.
Ταίζαλον ἄκρον (f. Τάξαλον)	27 30 58 30		Bo-chean, Buchan.
Διούα ποτ. ἐκβολαὶ	26 00.58 40		(Dubh-a i.e. black water) Dee.
Ταοὺα ἔισχυσις	25 00.58 30		(Tamh-a quiet water) Tay.
Τίννα ποτ. ἐκβολαί	24 00.58 30		Edin river.
Βοδερία ἔισχυσις	22 30.58 45		Firth of Forth.
'Αλαὐνου ποτ. ἐκβολαὶ	21 40.58 30		Alne river.
Οὐέδρα ποτ. ἐκβολαι,	20 10.58 30		Were mouth.
Οἴκουσι δὲ τὰ μὲν, παρὰ τὴν ἀρκτικήν πλευρὰν ὑπὸ μέν τὴν ὁμώνυμον χερσόννησον Νουανται. Παρ' οἶς εισι και πόλεις αἴδε.			The Novantes dwell on the northern side of the peninsula, which bears their name, and have the fallowing towns.
Λουκοπιβία (f. Λευκοικιδία)	19 00.60 20		Whit-taarn, i.e. White-tower, Whiterne.
Ρετιγόνιον (f. Περιγόνιον)	20 10.60 40		Bargenny.
'Τφ' οὓς Σελγουαι παρ' οἶς πόλεις αἴδε.			Next to them are the Selgovæ (Selkirk or Solway people) who possefs the following towns.
Καρβαντόριγον	19 00.59 20		(Caër-pen-torach) Carlaverock.
Οὔξελον	18 30.59 20		(Uchel-dun, i.e. High-town) Qvære.
Κὸρδα	20 00.59 40		Qvare.
Τριμόντιον (f. Τρεπόντιον)	19 00.59 00		(Bridgetown) f. Penpont, Minto.

Towards

Κλαυδίου Πτολεμαίου γεωγραφια αλβυιωνος. 131

	Long.	Lat.	
Τούτων δὲ πρὸς ἀνατολὰς Δαμνιόι μὲν ἀρκτικώτεροι ἐν οἷς πόλεις αἵδε.			Towards the north of them, but more to the east, dwell the Damnii who inhabit the following towns.
Κολανία	20	30.59 10	Calender.
Οὐανδούαρα	21	40.60 00	Aberdour.
Κορία	21	30.59 20	Currie.
Ἀλαῦνα	22	45.59 20	Dunblane.
Λίνδον	23	00.59 30	(Lin-duin) Stir-ling.
Ουικτορία.	23	30.59 00	Ardoch.
Γαδηνοι (f. Λαδηνοι) δὲ αρκτικώτεροι. Ωταδηνοι δὲ μεσημβρινώτεροι εν οἷς πόλεις αἵδε			The Gadeni lie more to the north. The Otadeni more to the south; they have the following towns.
Κούρια (P. Κέρια)	20	10.59 00	Corbridge.
Βρεμένιον (P. Ἀρεμένιον).	21	00.58 45	Bramton.

Μετὰ δὲ τοὺς Δαμνονίους πρὸς ἀνατολὰς ἀρκτικώτεροι μὲν, ἀπὸ του Επιδίου ἄκρου ὡς πρός ἀνατολὰς, Επιδιοι

Μεθ' οὕς Κερωνες (P. Κρεωνες)

Εἰτα Καρνονακαι ειτε Καρηνοι.

Καὶ ἀνατολικώτεροι καὶ τελευταῖοι Κορναβυιοι

Ἀπὸ δὲ του Λαιλαμονίου κόλπου μέχρι τῆς Ούάραρ ἐισχύσεως, Καληδόνιοι

Καὶ ὑπὲρ αὐτοὺς ὁ Καληδόνιος δρυμός

Ὠν ἀνατολικώτεροι δὲ Κανται, μεθ' οὕς Λογοι συνάπτοντες τοῖς Κορναβυιοις.

Καὶ ὑπὲρ τοὺς Λογοὺς Μερται.

To the east of the Damnonii, but more to the north, and on the east of the mull of Kintire, are the Epidii.

Beyond them the Kerones (Kearnès).

Then the Carnanach (Highlanders).

More to the east and more remote are the Rofs-shire-men.

The country from Loch-Lomund to Glen-farrar is inhabited by the Caledonians i. e. Cael-y-dyn.

Above them is Drum-Albin.

More to the east are the Cathnefs men, next to them the inhabitants of Lochaber, who border on the people of Rofshire.

Next to the Lochabrians are the inhabitants of Mar.

Above

132   Κλαυδίου Πτολεμαίου γεωγραφια αλβυιωος.

	Long.	Lat.	
Υπὲρ δὲ τούς Καληδονίους Ουακομαγοι, παρ οἷς πόλεις			Above the Caledonians are the Murraymen who possess.
Βανατία	24 00.59 30		Ruthven of Badenach.
Τάμεια	25 00.59 20		Quære.
Πτερωτὸν στρατόπεδον	27 15.59 20		Invernefs.
Τούεσις (f. φορεσις).	26 54.59 10		Chanrie.
Υπὸ δὲ τούτους δυσμικώτεροι μέν, Ουενικοντες, εν οἷς πόλεις.			Under them but more to the east are the Oenicones (Angus-men) who have the following towns.
Ορρεα	26 15.59 45		Ath-n'Rhi Invar.
Ανατςλικώτεροι δὲ Τεξαλοι (f. Τοξαλοι)			More to the east is Buchan.
Καὶ πόλις Δηούανα	19 00.57 45		Aberdeen.
Πάλιν δ' υπὸ μὲν τοὺς Ελγούας, καὶ τοὺς Ωταδηνούς διήκοντες εφ' εκάτερα τα πελάγη Βριγαντες, εν οἷς πόλεις.			Next to the Elgovæ and Otadeni, who extend to both seas, are the Brigantes.
Επείακον	18 30.58 30		Epiacum.
Ουιννοούιον	17 30.59 00		Vinnovium.
Κατουρρακτόνιον	20 00.58 00		Caturactonium.
Κάλατον	19 00.57 45		Calatum.
Ισούριον	20 00.57 40		Isurium.
Ριγόδοινον	18 00.57 30		Rhigodunum.
Ολίκανα	19 00.57 30		Olicana.
Εβόρακον	20 00.57 20		Eboracum
Λεγιων ς νικηφοριος.			Legio sexta victrix.
Καμουνλόδοινον	18 15.57 00		Camunlodunum.
Πρὸς οἷς περὶ τὰ ευλίμενον κόλπον, Παρισοι, καὶ πόλις			Apud hos penes sinum portuosum Parisi, & urbs.
Πετουαρία	20 40.56 40		Petuaria.
Υπὸ δὲ τούτους καὶ τοὺς Βρίγαντας οικουσι δυσμικάτατα μέν, Ορδουικες, εν οἷς πόλεις			Sub iis & Brigantibus, habitant magis ad occasum tendentes, Ordvices, penes qvos urbes.
Μεδιολανίον	16 45.56 40		Mediolanium.
Βραννογενίον	16 00.56 15		Brannogenium.

His

Κλαυδίου Πτολεμαίου γεωγραφία αλβιωνος. 133

	Long.	Lat.	
Τούτων δε ανατολικώτεροι Κορναυιοι, εν οις πόλεις			His vero magis orientales sunt Cornavii, in qvibus urbes.
Δηούνα	18 30.55 00		Deouna.
Και λεγιων Κ νικηφοριος			Et Legio XX. victrix.
Ουιροκόνιον	16 45.55 45		Viroconium
Μεθ' ούς Κοριτανοι, εν οις πόλεις			Post hoc Coritavi, inqvibus urbes.
Λίνδον	18 40.55 45		Lindum.
Ράγε (Pal. Εράται)	18 00.55 20		Rhage (Pal. Eratæ)
Είτα Κατυευχλανοι, εν οις πόλεις			Deinde Katyevchlani, in qvibus urbes.
Σαλήναι (Pal. Σαλιναι)	20 10.55 40		Salenæ.
Ουρολάνιον	19 20.55 30		Urolanium.
Μεθ' οις Σιμενοι (Pal. ιμ.) εν οις πόλις			Post hos Simeni, apud qvos urbs.
Ουέντα	20 30.55 20		Venta.
Και ανατολικώτεροι παρα την "Ιμενσαω είσχυσιν. (Pal. Ιμενσκυις χυσιν.) Τρινοαντες, εν οις πόλις			Et magis orientales penes Jamesam æstuarium Trinoantes sunt, in qvibus urbs.
Καμουδέλανον	21 00.55 00		Camudolanum.
Παλιν δε υπο τα ειρημενα έθνη δυσμικώτατοι μέν, Δημηται, εν οίς πόλεις.			Iterum sub dictis populis maxime occidentales sunt Demetæ, in qvibus urbes.
Λουέντινον	15 45.55 10		Loventinum.
Μαριδουνον	15 30 54 40		Maridunum.
Τούτων δέ ανατολικώτεροι, Σιλυρες, εν οις πολις			His magis orientales Silyres sunt, in qvibus urbs.
Βούλλαιον	16 20.55 00		Bullæum.
Μεθ' ούς Δοβουνοι, και πόλις			Post qvos Dobuni & urbs.
Κορίνιον	18 00.54 10		Corinium.
Ειτα Ατρεβατιοι, και πόλις			Post Atrebatii & urbs.
Ναλκούα (Pal. Καλκούα)	10 00.54 15		Nalcua Pal. Calcua.
Μεθ' ους ανατολικώτατοι, Καντιοι, εν οις πολεις.			Post qvos maxime oriental. Cantii, in qvibus urbes.
Λονδίνιον	20 00.54 00		Londinium.
Δαρούενον (Pal. Δαρούερνον)	21 00.53 40		Darvernum.
Ρουτούπιαι	21 45 45 44		Rutupiæ.

134   Κλαυδίου Πτολεμαίου γεωγραφια αλβυιωνος.

	Long. Lat.	
Πἀλιν τοῖς μὲν Ατρεβατίος καὶ τοῖς Καντίοις υποκεινται Ρηγνοι		Rursus Attrebatiis & Cantiis subjacent Rhegini & urbs.
Καὶ πόλις Νοιόμαγος.	19 43.53 46	Noiomagus.
Τοῖς δὲ Δοβουνοῖς Βελγαι, καὶ πόλεις		Dobunis vero subjacent Belgæ & urbs.
Ἰσκαλις	16 40.53 30	Ischalis.
Ὑδατα θερμά	17 20.53 40	Aqvæ calidæ
Ουέντα	18 40.53 30	Venta.
Τούτων δέ αποδυσμῶν καὶ μεσημβρίας Δουροτριγες εν οἷς πόλις		Deinde versus occasum & austrum Durotriges sunt, in qvibus urbs.
Δούνιον	17 00.52 40	Dunium.
Μεθ' οὓς δυσμικώτατοι, ἐν οἷς Δουμνονιοι, εν οἷς πόλεις.		Post qvos maxime occidentales Domnonii, in qvibus urbes.
Ουολίβα	14 45.52 20	Voliba.
Οὔξελα	15 00.52 45	Uxela.
Ταμαρή	15 00.52 25	Tamare.
Ἰσκα	17 30.52 45	Isca.
Λεγιων δευτερα σεβαστη	17 00.52 30	Legio secunda Augusta.
Νῆσοι δὲ παρακεινται τῇ αλουίωνος κατὰ μὲν τὴν Ορκάδα ἄκραν		Insulæ autem adjacent Albioni juxta Orcada promontorium.
Ὀκητις νῆσος	32 40.60 45	Ocetis Insula.
Δουμνα νῆσος.	30 00.61 00	Dumna Insula.

FINIS.

DE

DE SITU ALBANIÆ.

De situ ALBANIÆ, qvæ in se figuram hominis habet: qvomodo fuit primitus in septem Regionibus (sic) divisa, qvibusqve nominibus antiqvitus sit vocata, & a qvibus inhabitata.
Ex MS. Bibliothecæ Coll. 3120.

1. Operæ pretium puto mandare memoriæ, qvaliter *Albania*, & a qvibus habitatoribus primum habitata, qvibus nominibus nuncupata & in qvot partibus partita.

2. Legimus in historiis & in chronicis antiqvorum *Brittonum*, & in gestis & annalibus antiqvis *a*) *Scottorum* & *Pictorum*, qvod illa regio qvæ nunc corrupte vocatur *Scotia b*), antiqvitus appellabatur *Albania* ab *Albanacto* juniore filio *Bruti* primi Regis *Brittanorum* majoris *Brittaniæ*. Et post multum intervallum temporis a *Pictis Pictavia*: qvi regnaverunt in ea per circulum MLXX. annorum. Secundum qvosdam MCCCLX. nunc vero corrupte vocatur *Scotia*. *Scotti c*) vero regnarunt per spatium CCCXV. annorum; anno illo qvo *Vilhelmus* Rex *Rufus*, frater *Malcolmi* viri honestæ vitæ & virtutis, regnum suscepit.

3. Regio enim ista formam & figuram hominis in se habet. Pars namqve principalis ejus, id est, caput est in *Arregathel* in occidentali parte *Scotiæ* supra mare *Hyberniæ*; Pedes vero ejus sunt supra mare *Northwagiæ*: montes vero & deserta de *Arregaithel* capiti & collo hominis assimilantur: corpus vero ipsius est mons qvi *Mound* vocatur. Qvi a mari occidentali usqve ad mare orientale extenditur. *Brachia* autem ejus sunt ipsi montes, qvi dividunt *Scotiam* ab *Arregaithel*. Latus dexteræ partis ex *Murref* & *Ros* & *Mar* & *Buchan*: crura enim illius sunt illa duo principalia & præclara flumina (qvæ descendunt de monte prædicto, i.e. *Mound*) qvæ vocantur *Tae* & *Spe*. Qvorum unum fluit citra montem, alterum vero ultra in mare *Norvegale*. Inter crura hujus hominis sunt *Enegus* & *Moerne d*) citra montem, & ultra montem aliæ terræ inter *Spe* & montem.

4. Hæc vero terra a septem fratribus divisa fuit antiqvitus in septem partes. Qvarum pars principalis est *Enegus* cum *Moerne* ab *Enegus* primogenito fratrum sic nominata. Secunda autem pars est *Adthchodle e*) & *Gouerin*: Pars etiam tertia est *Stradeern* cum *Meneted*. Qvarta pars partium e·t *Fife* cum *f*) *Foth-reve*. Qvinta vero pars est *Marr* cum *Buchen*.

---

a) Hinc patet extitisse annales Scottorum & Pictorum, qvi antiqvi censebantur etiam Seculo XII.
b) Ran. Higden Polychr. ex Giraldo.
c) Polychr. ex Giraldo.   *d*) f. Moreb.
e) Atholia.   *f*) Forth-reef or the extremity of Fife.

DE SITU ALBANIÆ.

Buchan. Sexta autem est *Murref* & *Ros.* Sep ima enim pars est Cathanesia citra montem & ultra montem. Qvia mons *Mound* dividit Cathanesiam per medium.

5. Qvælibet ergo istarum partium Regio tunc vocabatur & erat, qvia unaqværqve earum sub regionem in se habebat. Inde est ut hi septem fratres prædicti pro septem regibus habebantur: septem Regulos sub se habentes. Isti septem fratres regnum *Albaniæ* in septem regna diviserunt, & unusqvisqve in tempore suo in suo regno regnavit g).

6. Primum regnum fuit (sicut mihi verus relator retulit, *Andreas*, videlicet, vir venerabilis Katanensis Episcopus *b*) natione *Scottus* & *Dunfermlini* i) Monachus) ab illa aqva optima, qvæ *Scotticæ* vocata est *Forth*, *Britannice Werid*, *Romane k*) vero *Scotte-wattre* i. e. aqva *Scottorum*; qvæ *l*) regna *Scottorum* & *Anglorum* dividit & currit juxta oppidum de *Strivelin*, usqve ad flumen aliud nobile, qvod vocatum est *Tay*.

7. Secundum regnum ad *m*) *Hilef*, sicut mare circuit, usqve ad montem aqvilonali plaga de *Strivelin* qvi vocatur *n*) *Athrin*.

Tertium regnum ab *Hilef* usqve ad *Dee*.

Qvartum regnum ex *Dee* usqve ad magnum & mirabili flumen qvod vocatur *Spe*, majorem *o*) & meliorem totius *Scotiæ*.

Qvintum regnum de *Spe* usqve ad montem *p*) *Bruin-alban*.

Sextum regnum fuit *Muref* & *Ros.*

Septimum regnum fuit *Arre-gaithel*.

8. *q*) *Arre-gaithel* dicitur qvasi margo-Scottorum seu *Hybernensium*, qvia *Hybernenses* & *Scotti* generaliter *Gaitheli* dicuntur a qvodam eorum primævo duce *Gaithelglas* vocato. Ibi enim semper *Hybernienses* applicare solebant ad damna facienda *Britannis*. Vel idcirco qvia *Scotti r*) (*Picti*) ibi habitabant primitus post reditum suum de *Hibernia*; vel qvia *Hibernienses* illas partes occupavere super *Pictos*; vel qvod certius est, qvod illa pars regionis *Scotiæ* affinitima est, regioni *Hiberniæ*.

9. *Fergus* filius *Eric* ipse fuit primus, qvi de semine *Chonare* suscepit regnum *Albaniæ*, i. e. a monte *Brunalban* usqve ad mare *Hiberniæ* & ad *Inch-gall*. Deinde reges de semine *Fergus* regnaverunt in *Brunalban*, sive *Brun-here*, usqve ad *Alpinum* filium *Eochal. Kined* filius hujus *Alpini* primus *Scottorum* annis XVI. in *Pictinia* feliciter regnavit.

APPEN-

---

g) Cruithne primus Pictorum Rex in Albania filios septem habuit reges juxta Chron: Pictorum infra num 2.

h) Hinc patet autorem hujus libelli non fuisse natione *Scotum*.

i) Obiit *Andreas* Episcopus Catanens. A. D. 1185. juxta Chron. Maylrossen.

k) i. e. Lingva vulgari.   *l*) Hinc apparet autorem hujus libelli fuisse Anglum.

m) Flumen *Ila*,   *n*) Athrie,   *o*) Sic.

p) *Brun-Alban*, i. e. Islandice limites *Scotiæ*. Catanenses Islandicâ linguâ utebantur.

q) vid. Ran. Cest. *Polyc.* p. 209 & Gall.

r) Vox (*Picti*) haud dubium hic redundat errore scriptæ.

APPENDIX.

EXCERPTA E CHRONICIS ANTIQVIS SCOTORUM.

PRIMA PARS CHRONICI sive Catalogi Regum PICTORUM.
E MS. *Colbertino.*

1. *C*ruidne filius Cinge Pater *Pictorum* habitantium in hac insula C. annis regnavit. Septem filios habuit hæc sunt nomina eorum: *Fib, Fidach, Floclaid, Fortreim, Got, Cecircum, Circui.* Id est, *Brudepant, Brude-urpant, Brude-Leo, Brude-urleo, Brude-gant, Brude-urgant, Brude-guith, Brude-urguith, Brude-fec, Brude-urfec, Brude-cal, Brude-urcal, Brude-cuit, Brude-urcuit, Brude-fec, Brude-urfec, Brude-ru, Brude-uru, Brude-gart, Brude-urgart, Brude-cinit, Brude-urcinit, Brude-inp, Brude-urinp, Brude-grid, Brude-urgrid, Brude-mund, Brude-urmund.*

	Annis regn.		Annis regn.
2. Circui	60	16. Gilgidi	101
3. Fidaich	40	17. Tharan	100
4. Fortreim	70	18. Morleo	15
5. Floclaid	30	19. Deocilunon	40
6. Got	12	20. Cinoiod filius *Arcois*	7
7. Ce	15	21. Deoord	50
8. Fibaid	24	22. Bliciblitirth	5
9. Gedeolgudach	80	23. Decloteric frater *Diu*	40
10. Denbacan	100	24. Usconbuts	30
11. Olfinecta	60	25. Carvorst	40
12. Guididgaedbreeach	50	26. Deoartavois	20
13. Gestgurtich	40	27. Uist	50
14. Wurgest	40	28. Ru	100
15. Brude-bout, (a qvo XXX.	48	29. Gartnoithboc, a qvo *Garnait*	4
Brude regnaverunt *Hyberniam* a) & *Albaniam* p.r CL. annorum spatium) XLVIII. an. regn.		30. Vere	9
		31.	

a) Hinc videtur *Pictorum* aliqvos in *Hyberniam* penetrasse & ibidem regnasse; ut etiam apparet ex annalibus *Ultoniensibus.*

	Annis regn.
31. *Breth* filius *Buthut*	7 —
32. *Vipoignamet*	30 —
33. *Canutulachama*	4 —
34. *Wradech vechla*	2 —
35. *Garnaichdi uber*	40 —
36. *Talore* filius *Achivir*	75 —

al.Aber-
trent.
al.Carful
al.Loch-
ful.
al.Ethan

SECUNDA PARS.

A.D. An.regni

37. *Drust* filius *Erp* c. *b*) an. re, n. & c. bella peregit. XIX. anno regni ejus Patricius Episcopus sanctus ad *Hyberniam* pervenit Insulam   406. 45
38. *Talore* filius *Aniel*   451. 4
39. *Necton Morbet* filius *Erp* 455. 25
Tertio *e*) anno regni ejus *Darlugdach Abbatissa Cellæ Darade Hibernia* exulat proxime ad *Britanniam*. Secundo anno adventus sui immolavit *Nectonius Aburnethige* Deo & Sanctæ *Brigidæ*, præsente *Dairlagtach*, qvæ cantavit *Alleluja* super istam hostiam. Obtulit igitur

Nectonius Magnus filius *Urup*, Rex omnium provinciarum *Pictorum*, *Aburnethige* Sanctæ *Brigidæ* usqve ad diem judicii cum suis finibus qvæ positæ sunt (sic) a lapide in * *Apurfeirt* usqve ad lapidem juxta * *Cairfuil*, id est * *Lethfoss*, & inde in altum usqve ad * *Athan*. Causa autem oblationis hæc est, *Nectonius* in *d*) vite *Julie* manens, fratre suo *Drusto* expulsante se usqve ad *Hiberniam*, *Brigidam* sanctam petivit, ut *e*) postulasset Deum pro se. Orans autem pro illo, dixit *f*) si pervenies ad patriam tuam, Dominus miserebitur tui, Regnum *Pictorum* in pace possidebis g).   A.D An.regn.

40. *Drest Gurthinmoch*	480.	30
41. *Galanan Etelech*	510.	12
42. *Da-dress* i.e. *duo Dresti*	522.	1
43. *Drest* fil. *Gyrom* (*Gorm*)	523.	1
Drest fil. *Udrost* (*O'Drost*	524.	5
Drest filius *Gyrom* solus	5 9.	5
44. *Gartnach* filius *Gyrom*	53 1.	7
45. *Cealtraim* filius *Gyrom*	541.	1

46.

b) Regnavit seu rexit hic ponitur pro vixit: nam liber *Pasletensis* tribuit illi tantum 48 annos regni.

c) Prolixior hæc narratio fundationis celebris Ecclesiæ de *Abirnethy* innuere videtur chronicon hoc breve extractum fuisse ex vetusto aliqvo chronico ab alumnis ecclesiæ illius veteris de *Abirnethy* olim scripto.

d) F. in exilio manens, fratre.

e) L. postularet sive oraret.

f) Id est, certe pervenies.

g) Ex *Colgano* de viris S. S. *Hiberniæ* patet *Durlugdacham* (de qva hic fit mentio) fuisse discipulam S. *Brigidæ*, cæterum de antiqva hac ecclesia de *Abirnethy*, hæc habentur in libro *Pasleti*, desumta, ut videtur, ex chronico de *Abirnethy*. "In illa ecclesia (de *Abirnethy*,) fuerunt tres electiones factæ, qvando non fuit nisi unus solus Episcopus in *Scotia*. Tunc enim fuit ille locus principalis, regalis & pontificalis, per aliqva tempora, totius regni *Pictorum*."

APPENDIX.

		A.D.	An.regn.
46.	Talorg fil. *Muircholaich*	542.	11
47.	Dress filius *Munait*	553.	1
48.	Galam cum *Aleph*	554.	1
	cum *Bruide*	555.	1
49.	Brides *h*) fil. *Mailcom*	556.	30

In VIII. *i)* an. regni ejus baptizatus est a *S. Columba*.

50.	Gartnaich filius *Domelch*	586.	11
51.	*Necton* nepos *Verb.* f. *O'Erb*)	597.	20
52.	Cineo*b* filius *Lutbrin*	617.	11
53.	Garnard filius *Wid*	636.	4
54.	Brudei filius *Wid*	640.	5
55.	Talore frater eorum	645.	12
56.	Talorcon filius *Enfret* i. e. *M'n, Bored*	657.	4
57.	Gartnait filius *Donnell*	661.	6
58.	Dress frater	667.	7
59.	Bredei filius *Bili*	674.	21
60.	Taran filius *Entifidich*	695.	4
61.	Bredei filius *Dereli*	699.	11
62.	Nechton filius *Dercli*	710.	15
63.	Drest & *Alpin* conregn.	725.	5
64.	Onnust filius *Urguss*	730.	31
65.	Bredei filius *Wirguss*	761.	2
66.	Ciniod filius *Wirdech*	763.	12
67.	Elpin filius *Wroid*	775.	3½

		A.D.	An.regn.
68.	Drest filius *Talorgan*	779.	4½
69.	Talorgan filius *Onnus*	783.	2½
70.	Canaul filius *Tarla k)*	786.	5
71.	Castant.*n* filius *Urguist*	791.	30
72.	Unnust filius *Urguist*	821.	12
73.	Drest fil. *Constantin*, & *Talorgan* filius *Wthoil*	833.	3
74.	Uven filius *Unnus*	836.	3
75.	Wred filius *Bargoit*	839.	3
76.	Bred uno anno	842.	1
	Keneth *Mac-Alpin*, Rex in *Albany*	843.	16

Tertia Pars.

Excerpta ex veteri Chronico de Regibus SCOTORUM a KENETHO MAC-ALPIN ad MACMALCOLM.

Ex MS. codice *Colbertino*.

1. *Kinadius* igitur filius *Alpin* primus *Scottorum* rexit feliciter istam annis XVI. *Pictaviam. Pictavia* autem a *Pictis* est nominata, qvos, ut diximus, *Kinadius* delevit.

Deus

---

h) Hic ille est *Brudeus* Rex, de qvo *Beda* Libr. 3. Cap. 4. Nomen ejus erat *Maol-Bbride* i. e. servus *Brigidae*, sed *Scoti* montani brevitatis causâ saepius syllabam *Maol* ejiciunt; ita pro *Malcolmo* vulgari sermone *Collum* dicunt.

i) Deesse hic videtur Litterula seu Num. I, ut fiat IX. errore scribae.

k) Hi sunt septuaginta illi reges *Pictorum* usqve ad *Constantinum*.

APPENDIX.

Deus *l)* enim eos, pro merito suæ malitiæ, alienos, & otiosos hæreditate dignatus est facere. Qvia illi non solum Deum, missam, & præceptum spreverunt, sed & in jure æqvitatis aliis æqvi pariter *m)* noluerunt. Iste vero biennio antcqvam veniret *Piɛlaviam Dalrietæ* regnum svscepit. Septimo anno Regni reliqvias *S. Columbæ* transportavit ad *n)* ecclesiam qvam corstruxit: & invasit sexies *Saxoniam o)* & concremavit *Dunbarre* atqve *Malros* usurpata. (sic) *Eritanni* autem concremaverunt *Dulblaʒn*; atqve *Danari* vastaverunt *Piɛlaviam* ad *Duanan* (sic) & *Dunkalden*. Mor-

l. Dun- blaen.

tuus est tandem tumore an. *p)* id. Febr. feria tertia in *Palatio q) Forthuir-sabaicht*.

2. *Dunevaldus* frater ejus tenuit idem regnum 4 annis. In hujus tempora *ic* leges regni *Edi r)* filii *Ecdach* fecerunt *Goedeli s*), cum Rege suo in *Forthuir-thabaicht*. Obiit in *Palario* cum *t) Belachoir*, id, Apr.

3. *Constantinus* filius *Kinadi* regnavit ann's XVI. primo ejus anno *u) Maol-Sechnaill* Rex *Hybernensium* obiit, & *Aed x)* filius *Niel*, tenuit regnum: & post duos annos vastavit *y) Amlaih* cum gentibus suis *Piɛlaviam*, & habitantes eam, a Kal. Januarii usqve, ad festum S. Pa-

l) Ad ea, qvæ hic habentur de declinante apud *Piɛlos* religionis *Zelo*, tanqvam præcipua excidii causa Monarchiæ, spectare etiam videntur, qvæ de depressa a *Piɛlis* libertate Ecclesiastica, continet epitaphium *Gregorii* Regis ad calcem chronici *Maylrossen*. & qvæ de eodem Rege habentur in Cod. MS. Bibliothecæ Coton. (*Vitellins* A. 24.) & iisdem verbis in extracto registri *S. Andreæ* infra, N. 5. Append. in reg. 28. his verbis. Hic (*Gregorius R.*) primus dedit libertatem ecclesiæ *Scoticanæ*, qvæ sub servitute erat usqve ad illud tempus ex consvetudine *Piɛlorum*. Hi tamen abusus videntur invaluisse apud *Piɛlos* sub postremis duntaxat regibus, nam celebris erat pietas & devotio erga ecclesiam regum *Constantini* & *Hungi*, qvi regnaverunt apud *Piɛlos* ineunte hoc seculo nono, vel labente octavo.

m) F. æqviparari noluerunt.

n) Dunkeldensis procul dubio, *Scotiæ* per aliqvod tempus, forsitan, ecclesia Metropolitana.

o) Vid. *Ranulf. Higd. Polycron.* p. 210. ubi ait (*Kenethus*) sexies Saxoniam debellavit.

p) F. tumore ani.

q) Forthuirthabaicht sive *Ferthurthabaicht*, *Forteviot* Regia *Piɛlorum* ut vulgo putatur, sed potius *Fert-er-Tha* trajectum *Tai* i. e. *Perth*, vel aliqvod castellum ad amnem *Teviot* aut *Teith*.

r) ɔ: Regis *Ædi-albi* sive *Æth-fin* filii *Eorach* sive *Ecdac-rinneval*, qvi regnare cæpit circa A. D. 730. de hisce vero juribus & regni legibus altissimum apud scriptores nostros silentium. Exstitisse autem aliqvando & celeberrima fuisse, cum a vicino hoc *Hyberniæ* scriptore memorentur, haud dubitari potest. Perierunt tamen cum reliqvis antiqvis regni monumentis.

s) ɔ: *Scotti*.

t) F. suo *Belachor*, de qvo fit mentio apud scriptorem vitæ *S. Cadroes Scoti*.

u) Mael-seachin Rex *Hyberniæ* obiit A. D. 863. successit ci.

x) Aodh finliath fil. *Niel*.

y) Hic est ille *Aulaphus Danus*, de qvo in scriptoribus *Scotiæ, Angliæ* & *Hyberniæ*.

APPENDIX.

S. *Patricii.* Tertio iterum anno *Áulaib*, trahens cetum z) (sic) a *Constantino* occisus est, paulo post ab eo bello in XIV. ejus facto in *Dolair* inter *Danarios* & *Scottos*. Occisi *Scotti* * in *Coach-cochlum* (sic) : *Normanni* annum integrum degerunt in *Pictavia*.

4. *Edus* tenuit idem uno anno, ejus autem brevitas nil historiæ memoriæ commendavit, sed in civitate *iururin* a) est occisus.

5. b) *Eochodius* autem filius *Ku* (sic) Regis *Britannorum* nepos *Kinadi* ac filius regn. an. XI. licet *Giricium* c) filius alii dicunt hic regnasse eo qvod *Alumpnus*, ordinatorqve *Eochodio* fiebat. ¹ Cujus secundo anno *Aed* fil. *Niel* moritur; ac in nono anno ipso Die *Cirici* eclipsis solis facta est. *Eochodius* cum alumno suo expulsus est nunc de regno.

6. *Donevaldus* filius *Constantini* tenuit regnum XI. annis. *Normanni* tunc d) vastaverunt *Pictaviam*. In hujus regno bellum fuit e) *Invifib Collan* (sic) inter *Danarios* & *Scotos*; *Scotti* habuerunt victoriam. Opidum f) *Foslier* occisum est a gentibus (sic).

7. *Constantinus* fil. *Edii* tenuit regnum XL. annis; cujus tertio anno *Normanni* prædaverunt *Duncalden* omnemqve *Albaniam*. In seqventi utiqve anno *Constantinus* Rex & g) *Kellachus* Episcopus leges disciplinasqve fidei, atqve jura ecclesiarum evangeliorumqve, pariter cum *Scottis*, in colle credulitatis prope regali civitati *Scoan* devoverunt, h) custoditur. Ab hoc die collis hoc (nomen) meruit i. e. collis credulitatis. Et in suo octavo anno cecidit excelsissimus Rex *Hybernensium* & Archiepiscopus apud *Lagnechois* i. e. *Cormac* i) fil. *Culenan*. Et mortui sunt in tempore hujus *Dovenaldus* Rex *Britannorum*, & *Dovenaldus* filius *Ede* Rex k) elig. & *Flanni* filius *Mael* Sech-

f. a Sluagh Lochlin

* Knocmhoid now the Mutehill.

---

z) F. cætum ⊃: exercitum.
a) F. *Invernuie*.
b) Qvæ hic habentur de successore Regis *Edi* sive *Æthi* obscura admodum sunt, & apud *Scotos* omnino inaudita : nusqvam enim mentio hujus *Eochodii*. Et tam vetustorum excerpta annalium nostrorum, qvam catalogi veteres & omnes nostri scriptores unanimi sententia referunt *Gregorium* immediate *Ætho* Regi successisse, & celebrem fuisse ob victorias reportatas in *Anglia*, sed præcipue in *Hybernia*. An hanc ob causam scriptor, his rebus a *Gregorio* præclare gestis obscura hac & incondita narratione detrahere voluerit, alii judicent. Videatur interea Epitaphium ipsius ad calcem chronici *Maylrossensis* cum reliqvis regum Epitaphiis, editum, & qvæ de eo narrantur in excerptis ex registro *S. Andreæ*.
c) F. *Giric, Girgh* ⊃: *Grigor*.
d) t. MS.
e) F. in *Inver-Cullen* i. e. *Cullen*.
f) *Fothair* erat urbs celeber at sæpius diruta. Vid. *Annal. Ult*.
g) *Kellach* Episcopus S. *Andreæ*.
h) L. custodiri.
i) Auctor Psalterii *Cassiliensis* habetur *Cormacus* iste.
k) F. eligitur.

Sechnail & *Nail* fil. *Ede*, qvi regnavit 3 annos post *Flanni* &c. Bellum *Tine-more* factum est in XVIII. anno inter *Constantinum* & *l*) *Regnall*, & *Scotti* habuerunt victoriam: & bellum *m*) *Dunbrunde* in XXXIV. ejus anno ubi cecidit filius *Constantini*; & post unum annum mortuus est *n*) *Dubican* fil. *Indrechtaig Mormair Oengusa* (i. e. *Duffachan* M'*Jonrechtaich* comes *Angusiæ*) *Adelstan* fil. *o*) *Advarrig Saxan*, & *Eocbod* fil. *Alpin* mortui sunt. Et in senectute decrepita baculum cepit (*R. Constantin*) & domino servivit, & regnum mandavit *Mael* filio *Domnial*.

8. *Malcolm* fil. *Domnuil* XI. ann. reg. Cum exercitu suo *Maelcolam* perexit in *Moreb p*), & occidit *Celach*; in VII. an. regn. sui prædavit *Anglos* ad *Amnem Thesis* & multitudinem rapuit hominum, & multa armenta *Dun-* pecorum qvam prædam vocaverunt *Scotti* *kelden.* prædam *Albudorum* (sic, i. e. *Nanudisi* (f. *Naven na Tise* i. e. amnis *Tisis)*. Alii autem dicunt *Constantinum* fecisse hanc prædam qværens a Rege i. e. *Maelcolam* regnum dari sibi ad tempus hebdomadis ut visitaret *Anglos*. *q*) Un tu non *Maelcolam* fecit hanc prædam sed instigavit cum *Constantinus*, ut dixi. Mortuus autem *Constantinus* in X. anno ejus sub corona pænitenti in senectute bona. Et occiderunt viri *na Moerne* (f. *fear na Moerebe* i. e. *Moravienses*) *Malcolaim* in *Fodresach* i. e. in *Claideom* (sic) (f. *Inver-cullen*).

9. *Indulfus* (i e. N'*Dubh*) tenuit regnum octo annis. In hujus tempore oppidum *Eden* vacuatum est, ac relictum est *Scottis* usqve in hodiernum diem. *r*) Classi *s*) *Sumerlidiorum* occisi sunt in *Buchan*.

10. *t*) *Niger* fil. *Maelcolam* regn. V. annis. *u*) *Fothach* Episcopus pausavit: inter *x*) *Iger Caniculum y*) sr. *z*) dorsum *Crap* (sic) in qvo *Niger* habuit victoriam, ubi cecidit *Duchad Abbas* * *Dulcalden* & *Dubleu* satrapas *a*) *Athochlach*; expulsus *Niger* de regno & tenuit *Caniculus* brevi tempore. *Domnall* fil. *Canill* mortuus est.

11.

l) *Reginald* M'*Beolach* proculdubio. vid. *Annales Ulton.* ad An. 917.

m) Alias *Brunchurg, Brunsord*, & *Brunynsfeld*.

n) Genealogia comitum Angusiæ. *Jourechtaig*, *Duffachan*, *Maol Bkrid*, *Gil-Comgan*, *Lugaid*, vulgo *Lulach* fatuus, qvod ego mendam esse credo pro *Lulach* fratruus scilicet M'*Beotha*, vocatur, enim, nepos filii *Boide*. *Lulach* habuit filiam qvæ *Angusio Moraviæ* comiti, nupsit. Vid. *Aunal. Ult.*

o) L. *Edvard*, v. *Eadvard*. *p*) L. *Moravia*.

q) L. verum tamen. *r*) Vide infra.

s) F. D murum, *t*) i. e. *Duff* sive *Duffus* R.

u) *Fothach* Episcopus St *Andreæ*.

x) L. bellum inter *Nigrum* o: *Duffus* &c. *y*) F. Culen.

z) L. super. *Monendus* est lector qvod *Dubh* nigrum, *Culen* 'caniculum & *crib* vel *crib* dorsum (*Donn-albin*) Hibernice significant.

a) *Athalia*.

APPENDIX.

11. *Culen-rig* V. annis regno. *Marcan* fil. *Breodalaig* occisus es in ecclesia *S. Michaelis.* *Leor* & *Sluagadach* exierunt ad *Romam.* *Maelbrigd b*) Episcopus pausavit. *Cellach c*) fil. *Ferdulaig d*) regnavit. *Maelbridge* filius *Dubican* obiit. *Culen* & frater ejus *Eochodius* occisi sunt a *Brittonibus.*

12. *Cinadius* fil. *Maelcolami* regn. ann. statim prædavit *Britanniam;* ex parte, pedestres *Cinadi* occisi sunt maxima cæde in *moni uacornax* (sic), & ad *Staugna e*) de *Rain.* *Cinadius* autem vallavit ripas vadorum *Forthin.* Primo anno perrexit *Cinadius* & prædavit *Saxoniam* & traduxit filium regis *Saxonum.* Hic est qvi tribuit magnam civitatem *f*) *Brechne* domino.

QVARTA PARS.
Chronica Regum SCOTTORUM CCCXIV.
Annorum.
Ex cod. MS. *Colbertino.*

1. *Fergus-mor* filius *Eric* fuit primus, qvi de semine *Chonar* su-

Annis regn.
scepit regnum *Albaniæ* i. e. a monte *Drum-alban* usqve ad mare *Hiberniæ* & ad *Inchegall.* Iste regnavit   3 —
2. *Domangard* fil.   5 —
3. *Comgal* fil. *Domangard g*)   32 —
4. *Gabran* frater *Comgail*   22 —
5. *Conall* filius *Comgail*   14 —
6. *Aodan* filius *Gabbrain*   34 —
7. *Eochaid buide* i. e. *flavus h*) filius *Aodan*   16 —
8. *Connad cear* i. e. *Sinister i*) filius *Conal* tribus mensibus.
9. *Fearchad* fil. *Ev k*)   16 —
10. *Domnal-hreac* i. e. *Varius l*) filius *Ecohoid*   14 —
11. *m*)
12. *Ferchar-fada* i. e. *longus n*) 21 —
13. *Eocoid Rinnembail* i. e. habens *o*) curvum nasum, filius *Domangard* fil. *Domnail* varii,   3 —
14. *Ainbecallach p*) filius *Ferchar* longi   1 —
15. *Eogan q*) filius *Ferchar*   13 —
                                        17.

b) Episcopus *S. Andreæ,* dictus & *Malisius.*
c) Episcopus *S. Andreæ* successor *Millii* sive *Malbrigid.*
d) i. e. rexit seu gubernavit.   *e*) *L. Stagna* de *Rian* f. *Lochryan.*
f) *Brechin* ab *Brekkn* Island. declivitas.
g) In plerisqve aliis catalogis 22 aut 24 anni tribuuntur regno *Congalli,* cui hic dantur 33 errore, ut videtur, scribæ.
h) Hic vocatur lingva montana sive *Gælica Eocha-buydhe* i. e. *Eocha-flavus.*
i) Hic patrio sermone vocatur *connadh cearr,* i. e. sinister.
k) F. *Even* ut in Catalog. *S. Andreæ.*
l) Lingva propria vocatur *Domnal Breac* i. e. *varius.*
m) Hic deest nomen *Maldvini* Regis XI. oscitantia scribæ.
n) Lingva propria *Ferchar-fada* ɔ: *longus.*
o) Lingva veteri propria *Eocheid-rimeval.*   *p*) Alias *Ankelleth.*
q) *Eogan* & *Heargan.*

	Annis regn.	
16. *Muredach* r) fil. *Ainbchellach*	3	—
17. *Eogan* fil. *Muredach*	3	—
18. *Aod-fionn* i. e. *Albus* fil. *Eochal* curvi nasi	30	—
19. *Fergus* fil. *Aod-fion* vel *Edalbi*	3	—
20. *Selbac* fil. *Eogan*	24	—
21. s) *Eocoid Angbuid* i. e. *venenosus* filius *Edalbi*.	30	—
22. *Dungal* filius *Selbac*	7	—
23. *Ailpin* fil. *Eochoid* venenosi	3	—
24. *Cionaod* filius *Alpini* primus Rex *Scottorum*	16	—
25. *Domnal* t) filius *Ailpin*	4	—
26. *Constantin* filius *Cionaod*	20	—
27. *Aod* filius *Cionaoda*	1	—
28. *Gairig* filius *Dungail*	12	—
29. *Donnal* filius *Constantin*	11	—
30. *Constantin* filius *Aod*	25	—
31. *Malcolm* filius *Domnail*	9	—
32. *N' Dubh* filius *Constantin*	9	—
33. *Dubb* filius *Maoile Coluim*	4½	—
34. *Culen* filius *N' Dubh*	4½	—
35. *Cionaod* fil. *Maoile-Colum*	22	—
36 *Constaintin* filius *Culen*	1½	—
37. *Cionaoda* filius *Dubh*	1½	—
38. *Malcolum* filius *Cionaoda*	30	—

f. Carron. Hic magnum bellum fecit apud * *Carrum*. Ipse etiam multas oblationes tam ecclesiis, qvam clero ea die distribuit.

39. Hic oscitantia scribæ omittitur *Doncad* f. *Crionain*, Abbatis de *Dunkelden*.

	An.	reg.	mens.
40. *Macbeata* filius *Fionlaoic* (aliis *Fingal*)	17	—	
41. *Lulach* nepos filii *Boide* (i. e. nepos *M'Beodæ*)			4½
42. *Malcolum* fil. *Doncada*	37½	—	4
43. *Domnal* frater ejus (*Malcolmi R.*) regnavit	3	—	7
44. *Dunchad* fil. *Malcolmi*		—	6
45. *Edgarus* fil. *Malcolmi*	9	—	
46. *Alexander* frater ejus	17	—	
47. *David* frater ejus	30	—	
48. *Malcolm* fil. u) filii (i. e. *Henrici*) *Davidis*	12	—	6½
49. *Willelmus* frater ejus.			

Ab anno x) 1°. *Wilhelmi* Regum *Scottorum* anni CCCXV. y)

Willebelmus Rex *Rufus*, filius *Henrici* f. *Maoile-colum* f. *Donchad*, qvi fuit nepos *Maoile-Colum* f. *Cinaoda* f. *Maoile-Colum* f. *Domnail* f. *Constantin* f. *Cinaoda* f. *Ailpin* f. *Eocoid* f. f. *Aoda-fionn*, f. *Eocoid Angbûd* (sive *ronembail*) f. z) *Eocoid* f. *Domangard* f. *Domnail-breac* f. *Eocoid-buidhe* f. *Aodan* f. *Gabhran* f. *Domangard* f. *Fergus* f. *Eirc* f. *Eocoid-munramhar* f. *Aongus*.

r) Alias *Murdoch*.

s) *Eochal* alias *Eoka*, *Eokel*, *Achajus* nominatur. v. nomina regum supra.

t) *Dofnal* sive *Dovenald*.

u) suple. *Henrici*.

x) i. e. A. D. MCLXV.

y) Scilicet ab unione regnorum *Pictorum* & *Scottorum* circa A. D. 850.

z) Forsitan redundat hoc nomen.

Aongus-fear f. *Feidlimid-aislingig*, f. *Aongus-buidhe* f. *Feidlimid-romnaich* f. *Scan-chormaic* f. *Cruith-linde* f. *Findach* f. *Achir-cir* f. *Echach-an-toir* f. *Fiachrach-caibmail* f. *Cairbre riogh-fhada* f. *Chonair* f. *Modha-lamha* f. *Lughaidh-Allatach* f. *Cairbre-chrup-chin* (vel *chrom-cinn*) f. *Dair-dorn-moir* f. *Cairbre-fion-moir* (vel *fada-moir* f. *Conar-moir* f. *Edersgeoil* f. *Eogain* f. *Oiliola* f. *Jar* f. *Deagha* f. *Suin*, f. *Roisin* f *Iar* f. *Rothrein* f. *Airandil* f. *Maine* f. *Forgo* f. *Feredach* f. *Oiliol aronn* f. *Fiacha-fear-mara* f. *Aongus-tuirmbeach* f. *Fear-charoid* f. *Fear-roid* f. *Fear an-roid* f. *Ferach-bric* f. *Lah-choir* f *Eocoid folcleathan* f. *Oiliol-cassiachlach* f. *Conla-crunid-cenlgach* f. *Jarn-gleofathach* f. *Meilgi malbthach* f. *Cohtaig* f. *Cohtaig-caol-breac* f. *Ugaine-moir* f. *Eocoid-huaidhag* f. *Duach-laighgraich* f. *Fiachrach dualdach* f. *Duach-laighgraich* f. *Fiachrach tollgraich* f. *Mureadhaich-toligraich* f. *Simon-breac*.

Summa Regum XXIII. annorum CCCXXVII. & 9 mensium. *b*)

NB. In Catalogo Regum *Picticorum* inseruntur variantes lectiones ex MS. in Musæo Britannico, qvæ literâ M. distinguuntur.

1. *Fergus* filius *Erth* primus in *Scotia* regnavit tribus annis ultra *Drum-alhan* usqve ad *Sluagh c*) *muner* & usqve ad *Inchegal*.

Annis regn.

2. *Dovenghart* fil. *Fergus* 5 —
3. *Congal* fil. *Dovenghart* 24 —
4. *Gauran* fil. *Dovenghart* 22 —
5. *Conal* fil. *Congal* 14 —
6. *Edhan* fil. *Gauran* 34 —
7. *Heoghedhude* 16 —
8. *Kinashkerr* fil. *Conal* 3 mens.
9. *Ferchar* fil. *Ewin* 16 —
10. *Dovenald Brec* fil. *Heoghedhude* 14 —
11. *Malduin* fil. *Dovenald Durn* 16 —
12. *Ferchar-foda* 21 —
13. *Heoghed Rinnavel* fil. *Dovenghart* filii *Dovenald Brec* 3 —
14. *Armkelleth* fil. *Findan* 1 —
15. *Heatgan* fil. *Findan* 16 —
16. *Murdochus* fil. *Armkelleth* 3 —
17. *Heoghan* fil. *Murdach* 3 —
18. *Hethfin* fil. *Heoghed Rinnevale* 30 —

19.

QVINTA PARS.

Ex Registro Prioratus S. ANDREÆ *z*) a Folio 46. ad Fol. 49 *n*). Nomina Regum SCOTTORUM & PICTORUM.

Series Regum SCOTTORUM Fol. 46.

z) Hoc registrum perditum est.
a) Hæc foliorum registri tam accurata notitio, qvæ & servatur in aliis hujus registri excerptis a V. Cl. D. *Sybaldo* olim transmissis, probat primum exscriptorem hujusmodi excerptorum authenticum registrum ab oculos habuisse. Etsi ab aliqvot annis ipsum authographum, nescio qvo casu, disparuerit.
b) In hoc numero CCCXVI^r. annorum XXIII. regum ab initio *Fergusii* ad exitum *Alpini* manifestus est error sive scribæ, sive codicis ipsius. Qvemadmodum & sæpissime alias erratum est in notis numeralibus annorum regni horum regum.
c) F. *Sluagh more*, *Sliabh-mor*, vel *Loch monar*.

T

APPENDIX.

Annis regn.
19. *Fergus* fil. *Hethfin* 3 —
20. *Sealubauc* fil. *Eogagan* 24 —
21. *Heogbed annuine* fil. *Hethfiu* 30 —
22. *Duugal* fil. *Heogbed annuine* 7 —
23. *Alpin* fil. *Heogbed annuine* 3 —
Hic occisus est in *Gallewathin*, postqvam eam destruxit & devastavit, & hinc translatum est Regnum *Scotorum* in Regnum *Pictorum*.

Nomina Regum *Pictorum*.

Annis regn.
1. *Cruthenus* fil. *Kinne clemens* judex accepit Monarchiam in regno *Pictorum*, & regnavit 50 —
2. *Gede* 101 —
3. *Tharan* M. *Thoran* 10. 100 —
4. *Duchil* 40 —
5. *Duordeghel* M. *Duordeghal.* 20 —
6. *Deoorbeth* M. *Deobleth.* 60 —
7. *Combust* 20 —
8. *Carauathrecht* 40 —
9. *Gernath-bolg* M. *Garnathbholus.* 9 —
10. *Umpopuenet* M. *Winpopnal.* 30 —
11. *Fiachua albus* M. *Fiacha albus.* 30 —
12. *Canatulmel* 6 —
13. *Dinovnacht Neta'ec* M. *Donachinebt* 1 — *netalec* f. *Donach M' Nechtalaig.*
14. *Feodak Finleg* M. *Feredac* fil. 2 —
15. *Garnat-dives* M. *Garnard dives.* 60 —
16. *Talarg* fil. *Keother* 25 —

Annis regn.
17. *Drust* fil. *Urb* 100 an. 100 —
rexit d) & 100 bella peregrit M. *Vixit.*
18. *Talarg* fil. *Amil* 2 —
19. *Nethan Thelcamot* 10 —
   M. *Nechban Thelcamoth* 40 an.
20. *Drust Gormot* 30 —
   M. *Durst Gernot.*
21. *Galam* M. *Gulam* 25 an. 15 —
22. *Drust* fil. *Gigurum* M. 6 an. 5 —
23. *Drust* fil. *Hydrossig* 8 —
24. *Ganut* fil. *Gigurum* M. *Ganal* &c. 6 —
25. *Keltu-an* frater ejus 6 —
26. *Golorg* fil. *Mordeleg* 12 —
   M. *Modeles* 11 an. 11 mens.
27. *Drust* fil. *Moneth* M. *Moner.* 1 —
28. *Tagalad* 4 —
29. *Brude* fil. *Me'chon* M. *Melcho.* 30 —
Hunc ad fidem convertit *S. Columba.*
30. *Garnat* fil. *Domnach* 20 —
   M. *Gernerd* f. *Domnel.*
31. *Nethan* fil. *Ub* M. fil. *Irb* 21 —
   (forte *M' Firb.*)
Hic ædificavit *Aberuethyn.*
32. *Kinel* fil. *Luthreu* M. *Kinet.* 14 —
33. *Nectan* fil. e) *Fottle* 5 —
34. *Brude* fil. *Fathe* 5 —
35. *Talarg* fil. *Fetobar* 11 —
   M. 11 an. 11 mens.
36. *Talargan* fil. *Amfrude* 5 —
   M. fil. *Cousind.*

d) Exemplar *Jacobi Gray* ex iisdem *S. Andreæ* monumentis, ut apparet, descriptum, habet 100 ann. vixit, non autem rexit. Rex antiqvus *Hiberniæ* etiam vocabatur *Cead-cathach* i. e. heros centum præliorum.

e) *Fotle Fathe* & *Fetobar* erroneè pro *Foith.* Vid. *Annales Ultonienses.*

APPENDIX.

		Annis regn.
37.	Garnat fil. Domnal	5 —
	M. Garnard fil. Donnel.	
38	Drust frater ejus	6 —
39	Brude fil. Bile	21 —

Hujus tempore floruit S. Adamnanus.

40.	Taram fil. *f*) Amfredech	14 —
41.	Brude fil. Derili M. fil. Decili.	31 —
42.	Nectan frater ejus	18 —
	M. Ferthen frater ejus.	
43.	Garnath fil. Ferath	24 —
	M. Garnard fil. Ferath.	
44.	Oengusa fil. Fergusa	16 —
45.	Nethan fil. Derili 9 mens. M. Decili.	
46.	Alpin fil. Feret 6 mens.	
47.	Oengusa fil. Brude 6 mens.	
	Idem iterum	36 —
48.	Brude fil. Tenegus M. Enegus. 8 —	
49.	Drust fil. Talargan	1 —
50.	Talargan fil. Drustan	4 —
51.	Talargan fil. Tenegus M. Enegus. 5 —	
52.	Constantin fil. Fergusa	42 —

Hic ædificavit Dunkelden.

53.	Hungus fil. Fergusa	10 —

Hic ædificavit Kilrymont.

54.	Dustalorg M. Drustalorg.	4 —
55.	Eoganan fil. Hungus	3 —
56.	Feras fil. *g*) Baros	3 —
57.	Brude fil. Ferat 1 mens. M. Feret.	
58.	Kinat fil. Ferat 1 mens. M. Kinel.	
59.	Brude fil. Fotel	2 an. regn.
60.	Drust fil. Ferat	3 —

Hic occisus est apud Fortevios; secundum alios apud Sconam.

24. *h*) Kinath Mac-Alpin 16 an. Super Scotos regnavit, destructis Pictis. Mortuus in Fortevioth; sepultus in Yona insula, ubi tres filii Erc, scilicet Fergus, Loarn & Enegus sepulti fuerant. Hic mira calliditate duxit Scotos de Argadia in terram Pictorum.

25. Dovenald Mac-Alpin 4 an. Mortuus in Raith in Veramont (Inver-amond nunc Perth) sepultus in Yona insula.

26. Constantin Mac-Kinath 16 an. Interfectus est a Norwegensibus in bello in Merdo *i*) Fatha (lege Inver-dovet) sepultus in Yona insula.

27. Ed Mac-Kinet 1 an. Interfectus in bello in Strathalin (f. Strathyla vel Strathern) a Girg filio Dungal sepultus in Jona.

28. Girg Mac-Dungal 12 an. Mortuus est in Dundurn (Dun-doir vel forsitan Dundurn ad Lacum Eru) & sepultus in Jona. Hic subjugavit sibi Hyberniam totam & fere Angliam, & hic primus dedit libertatem ecclesiæ Scoticanæ, qvæ sub servitute erat usqve ad illud tempus ex *k*) constitutione & more Pictorum.

29.

---

f) Forte M'n Bhrede.

g) In charta donationis Hnugi Ecclesiæ de Kilrimont vocatur Ferath filius Bergeth; dicitur enim qvod Ethana filius Dudabrach instrumentum scripsit regi Ferath fil. Bergeth in villa Migdale, (hodie Meigle) ubi multa antiqva monumenta pictica exstant.

h) Habetur in veteri codice bibl. Cotton. (Vitellius A. 20.) exemplar hujus chronici regum Scotorum a Kenetho & deinceps.

i) Werdo fatha MS. Cotton.   *k*) Consvetudine MS. Cotton.

APPENDIX.

29. *Dovenal Mac-Constantin* 11 an. Mortuus est in *Fores* & sepultus in *Jona*. f. Mony-vaird.

30. *Constantin Mac-Edba* 40 an. Hic dimisso regno sponte Deo in habitu religionis Abbas factus *Keledeorum* S. *Andreæ* 5 an. *l*) & ibi mortuus est & sepultus.

31 *Malcolm-Mac Dovenald* 9 an. Interfectus in *Ulurn* (*Ulrine*) a *Moraviensibus m*) sepultus in *Jona*.

32. *Induff* (*N'Dubh*) *Mac Constantin* 9 an. Interfectus a *Norwagensibus* in *Iuverculan* (*Cullen*) sepultus in *Jona*. a).Lochgosmane al M' Beth M' Fingel.

33. *Duff Mac-Malcolm* 4 an. & 6 mens. Interfectus in *Fores* & absconditus sub ponte de *Kinlos*; & sol non apparuit qvamdiu ibi latuit *n*) sepultus in *Jona*.

34. *Culin Mac-Induff* 4 ann. & 6 mens. Interfectus ab *Andarch* (forte *Indrechraig*) filio *Dovenald* propter filiam suam in *Laudonia*.

35. *Kinath Mac-Malcolm* 24 an. & 2 mens. Interfectus in *Fotherkern* a suis per perfidiam *o*) *Finella* filiæ *Cunechat* comitis de *Angus*; cujus *Finella* filium unicum prædictus *Kinath* interfecit apud *p*) *Dunfiuoen*.

36. *Constantin Mac Culin* 1½ an. Interfectus a *Kinath* filio *Malcolm* I. in *Rathveramoen* (*Rath-inver-Amon* i. e. *Castrum* ad ostium*Amondi* scilicet *Persh*), & sepultus in *Jona*.

37. *Girg q*) *Mac-Kinath Mac-Duff* 8 annis. Interfectus a filio *Kinet* in * *Moeghanard*, sepultus in *Jona* insula.

38. *Malcolm Mac-Kinath* Rex victoriosissimus 30 an. Mortuus in *Glamis* & sepultus in *Jona* insula.

39. *Donachath r*) *Mac-Trini* Abbatis de *Dunkeld* & *Bethoc* filiæ *Malcolm Mac-Kinath* 6 ann. Interfectus a *Macbeth-Mac-Finleg* in * *Borbguanan* & sepultus in *Jona*.

40. *Macbeth* * *Mac-Finleg* 17 an. Interfectus in *Lunfanan* a *Malcolm Mac-Donechat* & sepultus in *Jona*.

41. *Lu'ach* fatuus 4 mens. Interfectus est in *Effei* in *Strathbolgin* & sepultus in *Jona*.

42. *Malcolm Mac-Donechat* 37 ann. & 8 mens. Interfectus in *Inneraldan* (i. e. *Alnwick*) sepultus in *Jona*. Hic fuit vir S. *Margaretæ*.

43. *Donald Mac-Donechat* prius regnavit 6 menses & postea expulsus est.

44. *Donckan Mac-Malcolm* regn. 6 mens. Hoc interfecto a *s*) *Malpeder Malcoen* Comite de *Moerns* in *Monnacledin*: rursum *Donald Mac-Donechat* regnavit 3 annis. Hic captus est ab *Edgar Mac-Malcolm*, cæcatus est & mortuus in

l) Servivit MS. *Cott*.
m) Per dolum *Cott*.
n:) Et inventus est & *Cotton*.
o) Forte *Fimelath* filii *Conchobar* Comitis de *Angas*; *Finelach* vel *Fingel* crederem fuisse avum M'B*ethæ*.
p) Nunc *Fin-evan-castle* in *Angusia*.
q) *Girg* vel *Gregorius* videtur *Griotgard* appellari ab Islandicis scriptoribus.
r) *Mac trici* C. (al. M'T*rimi* forte M'G*rimi*, atqve idem cum *Albanach* vel *Banchone*.
s) Forte *Malbeth* M'*Gil-Owen*.

APPENDIX. 149

in *Roscolpin*, sepultus in *Dunkelden*, hinc translata ossa in *Jona*.

45. *Edgar* 9 an. Mortuus in * *Dunedin* & sepultus in *Dunfermling*.

46. *Alexander* 17 an. & 3 mens. & dim. Mortuus in * *Crasleti*, sep. in *Dunfermling*.

47. *David* 29 an. & 3 mens. Mortuus in *Carleolo*, sepultus in *Dunfermling*.

48. *Malcolm* fil. *Henrici* filii *David* 12 an. & 6 mens. & 20 dieb. Mortuus apud *Jedword* sepultus in *Dunfermling*.

49. *Willelmus* 52 an. Mortuus in *Strivelin*, sepultus in *Aberbrothok*, cui successit.

50. *Alexander* fil. *Will*. 34 an. & 8 mens. Obiit anno 1249 in expeditione in qvadam * insula *Erregeshal* & sepultus apud *Melrofs* cui successit.

51. *Alexander* filius, puer septem annor. Coronatus apud *Sconam* 3 id. Julii a *Davide* Epo. S. *Andreæ* 1251.

NOTES ON THE CHRONICLE OF MAN.

It is necessary to premise, that, in the original MS., several of the dates have evidently been erased, and others inserted by some ignorant transcriber.

Read *Harald Hardraade* who was killed at *Staneford-bridge* Sept. 25th, 1066.

Ytelandia. Probably for *Yrelandia*; several *Godreds* flourished about this period, as *Godred* (King of *Dublin*) *M'Renald*.

Godred the son of *Sytric* was of the *Northumberland* family, and his pedigree stands thus. *Godred M'Iterig M'Anlay M'Iterig M'Anlay M'Iterig* King of *Northumberland*.

There was another *Godred*, surnamed *Meranach*, (f. *Mananach*) King of *Dublin*; who died A. 1095. *Subjugavit*. This fell out about 1068.

Regnavit antem. The Chronology here is very erroneous, but may be thus restored. *Harald Hardraade* fell at *Staneford-bridge* in 1066. — *Godred Cronan* (or *Cronan*) escaped to *Godred M'Sitric*, whose son *Fingal* soon after died. Between 1067 & 1071, *Godred Cronan* made himself master of *Dublin*, *Man*,

and the *Isles*. From 1072 he reigned in peace; and dying in 1088 was succeeded by his son *Lagman* who held the sceptre 7 years.

A. D. 1094, *Magnus Bare-legs* King of *Norway*, expelled *Lagman*; and *Donald M'Thady* was appointed Guardian to *Olave*. — 1096. *Lagman* died on a pilgrimage. — 1097. *Donald* was banished when *Ottar* and *M'Marras* assumed his office. Soon after *Ingemund* was constituted King of the isles by the *Norwegian* Monarch, but was slain by his new subjects. — 1098. *Ottar* and *M'Marras* were killed during some civil broils among the *Manks*; and *Magnus Bare-legs* made a conquest of the *Islands*.

Hierosolymitanum. This croisade commenced in 1095.

A mistake for 1095. *Murcheard O'Brian's* Genealogy stands thus. *Murcheard-mór M'Toirdhealbach*, *M' Thady*, *M' Brian Boireimhe*. *Donald M' Thady* was, therefore, *Brian's* grandson. *Murcheard M'Toir-dhealbach* is, by the *Icelandic* writers, called *Myrkiartan Thialbsen*.

APPENDIX.

1077 For 1097. There is an error that runs through the dates for a considerable period.
 Insulam St. *Patricii* now the *Peel*.
 Hagones. Hugh Earl of *Chester*, and *Hugh* Earl of *Shrewsbury*.
 Interiit, *Magnus* was killed Aug. 24, 1103. at the memorable battle of *Moicheoba* which liberated *Ireland* from the depredations of the *Danes*.

1102 Read 1103. This *Olave* from his dwarfishness was surnamed *Bitling* or *Kleining*.
 Godredum. *Torfæus* says this Prince's mother's name was *Ingebiarg* probably an *Orcadian*.
 Her-Ergaidel is properly two words signifying Lord of *Argyle*; and in the account of the Bishops, *Jern-os* is a translation of *Yuremouth* whence I suspect the Chronicle of *Man* is a version from the *Norse*. The inhabitants of *Argyleshire* were by the *Norwegians*, called *Dal-weria-at* i. e. the tribes dwellers of the dales. Was this the origin of *Dalrieda*?

1133 This eclipse happened Aug. 2d. at 2 ó Clock.

1142 *Hinge*. Read *Ingni* killed in 1161.
 Eodem rege. i. e. *Olave* his *Uncle*.

1143 His title was "*Godredns* Rex Insularum." Vide *Andersons* diplomata *Scot*.

1144 *Godredus coepit*. The *Icelandic* annals place the beginning of his reign in 1160: and indeed the dates of the Chronicle are again very erroneous.
 Paulo. No doubt the same person with *Pol Boke* the *Paul Bolkoson* of the *Icelandic* writers. See Anecdotes of *Olave* the *Black*.

1158 *Transfretavit*. *Godred* while in *Norway* bore arms for *Ingui* but afterwards joined *Hacos* party.

1164 See the extracts from the *Ulster* Annals ad annum 1164.

1166 *Fordun* with more probability says these comets were observed in 1165.

1172 Rather perhaps 1182.

1185 This eclipse was on May 2d. at 2 ó Clock P. M.

Hy or Jona *a seminary instituted by* Columba. *The* Saxon *chronicle records that An.* 560. " Columba *Mæse preost com to* Pihtum." *Afterwards, a peevish reflection occurs* " There was a succession of Abbots at Hy, and no Bishop; wherefore, all the Bishops of Scotland ought to be subject to Jona, because Columba was an Abbot and no Bishop." *It is well known what animosity the* Saxon *clergy entertained against the school of* Jona, *for adhering to the eastern dogmas; and among other objections they wished to infer a solecism in their ecclesiastical government. To explain this, we must observe, that* Columba *was educated under* Thelaius, *who, with several others of the* Welsh *Bishops, had been consecrated by the Patriarch of* Jerusalem, *and, therefore, modelled their monasteries on the oriental plan. In the east Abbots were antiently of high rank; and it is remarkable, that the Bishops of* Catana *and* Montreal *(once included in the Greek pole) were termed Abbots, tho' they exercised all the episcopal functions. Before Kingdoms were divided into dioceses an Abbey consisted of a great household of* Christians *where a Bishop either actually resided, or occasionally visited; and in the primitive* British *churches we have numberless examples of Bishops who resigned their Charge, that they might found, or retire to, such institutions. This usage was particularly common in* Ireland. *There the offices of Bishop and Abbot, tho perfectly distinct, were often vested in the same person, who, of course, was indiscriminately denominated Bishop in regard to his rank, or Abbot, in respect to his paternal charge. Hence, as Sir* J. Ware *remarks, the Bishops of* Derry *were sometimes styled Abbots which arose no doubt from their superintending the monastery of* Cell-dhu *built by* Columba; *and we read that, so late as the* 13 *century,* Malachias *Bishop of* Down *made many donations to an antient priory at that place, but* " Reservato tibi Custodis & Abbatis TITULO." Columba, *I suppose, held the same joint offices; and we*

APPENDIX. 151

we must lament that we have no genuine memoirs of this great man, written before the Greek hierarchy had fallen into decay. It seems extremely probable, he was of higher rank than Bede, or the writers of the western church, are willing to allow him. Conchubran expressly calls him an Archbishop; in the life of St. Mungo he is repeatedly called Pontifex, an appellation never bestowed on the inferior Clergy; and one subdivision of the Irish church is said to have had many priests, and a few Bishops among whom we find the name of Columba. We sometimes read of the Converb of Jona and Derry; but whether he was a Patriarch, Archbishop, Archimandrite, or Coadjutor over the 100 churches founded by Columba I know not.

In the 9. Century the Hebrides were, almost annually, ravaged by the Norse; and great apprehensions were entertained for the relicks of Columba. Keneth II. therefore, translated, at least part of them, to an Abbey he erected at Dunkeld; and which, for some time, appears to have been the residence of the Escop Halbain or primate Bishop of Scotland. In the Ulster annals we find the death of Tuathal Mc Fergus Archbishop of Fortruim and Abbot of Dunkeld inted A. 864. He probably built the castle of Inch-Tuthil. The curious round towers, in Scotland and Ireland, seem to point out the principal oriental or Culdee establishments; and I shall only observe, that as the Culdees were greatly oppressed by the Roman clergy, so in the Codex of Norway and Iceland, they were proscribed under the designation of Eruscar or Hermits either from their recluse manner of living or their being reputed Armenians.

05   Reginaldus. He was frequently at the Court of John King of England.

10   The Icelandic annals record, that this year Jona was pillaged; and Coll consecrated Bishop of the Sudoreys. The see had been vacant 40 years since the death of Nemar.

Reginald, to liberate himself from doing homage 1217 to the Kings of England, or Scotland, agreed to hold his dominions as a fief of the Roman see, on paying 12. marks Ster. yearly; and accordingly received investiture of Honorius by a golden ring A. 1219.

Olave the Black was carried to Merchmont-castle in 1208, and kept in durance till William's death A. 1214.

Stm. Jacobum, at Compostella.

This year the Bishop of the Sudoreys, and the 1226 Abbot of I-colm-kill were at the Court of Norway.

The Icelandic annals note the battle, between 1228 Olave and Reginald, in 1229.

Husbac. Read Ospac; he long passed for the son of Aumund, but afterwards proved himself the brother of King Dugal, and the grandson of Somerlid.

Both, Rothsay-castle I suppose.   1230

Ting-wall signifies, the place of convention. The 1237 spot where the parliament of Iceland met bore the same name.

Duxit. Her name was Cecilia, the widow of 1247 Gregor Anderson. The marriage was celebrated at Bergen in July 1248.

Ivar was undoubtedly the bastard of Godred, 1249 and Reginalds uncle.

Johannes. His name, perhaps, was Uinnus, or 1250 Angus; hence M. Paris calls him Oenus, and the Icelandic writers Jon.

The Norwegians were repulsed at Largis; but 1260 the Scotch lost Perus (Petrus de Currie) a brave knight, who, after distinguishing himself exceedingly, was killed by Andrew Nicolson.

This transaction was published in the Church- 1270 yard of Christ-Church at Bergen on St. Laurence's eve by the mandate of Magnus King of Norway. The first Governors Alex. appointed were Godred Mc Marras, Allan son to an Earl, Maurice O'Carrelan, and Ronald his own Chaplain.

The

152   APPENDIX

The expedition against *Godred Magnus-sen* was conducted by *John de Vescy*.

Succession of the *Macdonalds* of the *Isles*.

Gil-adomnan. *)   13. Donald.
1. Gil Brid.   Donald frater Joh.
2. Somerled.   14. Donald.
3. Rognvald rex Ins.   15. Donald.
4. Donald.   16. Archibald.
5. Angus, vel Oenus.   17. Donald nepos Arch.
6. Alexander.   18. James Bart. 1625.
7. Angus.   19. Donald.
8. John.   Donald.
9. Donald.   Donald.
10. Alexander.   20. James avunculus Don.
11. Hugo fil. adus Alex. 21. Alexander.
12. John.   22. Alexander.
                         23. Alexander.
*) I believe he was   Created Lord!
father in law to Harald M'Donald of Slate
Gil-ies *King of* Norway.   A. D. 1776.

NOTÆ IN GEOGRAPHIAM RICARDI MONACHI.

Libr. 1.

A *Gessoriaco Morinorum Britanniæ*. Ad hæc intelligenda, lectio Cap. XVII. libr. 4. *Plinii* ita restituenda est "Deinde, *Menapii*, *Morini Pæmani* ac junéti pago qvi *Gessoriacus* vocatur *Britanni*; *Ambiani Bellovaci, Esuni*.

Ut qvidam. *Antoninus* & *Dio Cassius* mensurant 350 stadia a (*Boulogne*) usqve eo ubi *Ritupis* sita erat. *Beda vero restim*. Hæc sunt attamen e *Gilda*. *Dio Cassius* figit latitudinem ad 289 mill. pass.

Qvadragies octies septuaginta qvinqve i. e. 4875 mill. pass.

Marcianus auctor Græcus. Ille inqvit qvod peripli totius albionis stadia non plura 28604 i. e. 3575. mill. pass nec pauciora 20526 sive 2576 mill. pass.

MDIƆƆLXXV. *milliaria*. Qvi monachus noster in hunc mirum compurum inciderit non video. Mentem ejus capere non potuissem ni *Marcianum* in hoc sibi consentientem appellasset. Jam auctor hic, ut nuper dictum, duplum affert numerum, qvorum maximus 3575 mill. cum dimidio complectitur; unde liqvet MD. a numero IƆƆLxxv. subtrahenda esse sic 5075 — 1500 ⸺ 3575.

DƆƆƆ. *Diodorus* dicit alterum a freto ad verticem latus habere 1875. m. p. qvod *Richardus* ad 2200 evehit qvâ auctoritate autem non constat.

Omnes. Non alius præter *Cæsarem*. *Diodorus* statuit 5312⅔ m. p. *Plinius* 3825. *Solinus* qvadragies octies septuaginta qvinqve qvod ex errore *Ricardus* 36-0 interpretatur. *Pytheas* ambitum insulæ 5000 m. p. fecit.

M. mill. pass. Unde *Ricardus* has hauserit emendationes nisi ex scholiis qvibusdam *Cæsaris Solini* aut *Bedæ* conjecturam perqvam difficile, præcipue cum ipsum Cap. 1. §. 5. cum *Marciano* consentientem jam vero dissentientem videamus.

Published by the Author.
Anecdotes of *Olave the Black*, Icel. and Engl. 8vo.
Hacos expedition against *Scotland*, A. 1263. Icel. and Engl. 8vo.
Death-song of *Lodbrock*, Icel. Lat. and Engl. with a vocabulary.
In the press, A small fragment relating to transactions A. 1267.

www.ingramcontent.com/pod-product-compliance
Lightning Source LLC
Chambersburg PA
CBHW031456160426
43195CB00010BB/1000